安徽省高等学校规划教材　物流管理系列

李亦亮◎总主编

现代物流采购管理

第3版

主　　编◎王　红　张支南

副 主 编◎赵亚娟　王方露

编写人员◎（以姓氏笔画为序）

　　　　　王方露　王　红　王　瑛　王　燕

　　　　　朱重生　吴邦雷　张支南　杨国才

　　　　　赵亚娟　高　飞

北京师范大学出版集团
BEIJING NORMAL UNIVERSITY PUBLISHING GROUP
安徽大学出版社

图书在版编目(CIP)数据

现代物流采购管理/王红,张支南主编. —3 版. —合肥:安徽大学出版社,2020.12
(2022.7 重印)
高等学校规划教材. 物流管理系列
ISBN 978-7-5664-2123-4

Ⅰ.①现… Ⅱ.①王… Ⅲ.①物流-采购管理-高等学校-教材
Ⅳ.①F253.2

中国版本图书馆 CIP 数据核字(2020)第 208339 号

现代物流采购管理(第 3 版)

Xiandai Wuliu Caigou Guanli

王红　张支南　主编

出版发行:	北京师范大学出版集团 安 徽 大 学 出 版 社 (安徽省合肥市肥西路 3 号邮编 230039) www.bnupg.com.cn www.ahupress.com.cn
印　　刷:	江苏凤凰数码印务有限公司
经　　销:	全国新华书店
开　　本:	184mm×260mm
印　　张:	21.75
字　　数:	420 千字
版　　次:	2020 年 12 月第 3 版
印　　次:	2022 年 7 月第 2 次印刷
定　　价:	49.00 元
ISBN	978-7-5664-2123-4

策划编辑:方　青　邱　昱　　　　　装帧设计:李伯骥
责任编辑:方　青　姚　宁　　　　　美术编辑:李　军
责任校对:邱　昱　　　　　　　　　责任印制:陈　如　孟献辉

版权所有　侵权必究
反盗版、侵权举报电话:0551-65106311
外埠邮购电话:0551-65107716
本书如有印装质量问题,请与印制管理部联系调换。
印制管理部电话:0551-65106311

总序

《物流管理系列教材》先后被列为安徽省高等学校"十一五"规划教材、安徽省高等学校"十二五"规划教材、安徽省2017年省级质量工程规划教材项目，这套教材反映了该系列教材在建设中能够与时俱进，及时把物流管理新理论、新成果吸收到教材中。

本系列教材从2008年出版以来，进行了两次幅度比较大的修编。虽然修编教材耗神费力，但是作为物流教育工作者要有担当，所以对物流管理教材进行及时修编是十分必要的。主要原因有以下几个方面。

第一，物流发展形势变化很快。2018年与2008年相比，全国社会物流总额从89.9万亿元增长到283.1万亿元，增长215%；全国物流总费用从5.5万亿元增长到13.3万亿元，增长142%；社会物流总费用占GDP的比率，从18.1%下降到14.8%，下降3.3个百分点；全国快递业务量由15.1亿件增长到507.1亿件，增长更是高达3258%。经过十年的发展，我国物流产业已经开始从规模数量向效率提升转变，从要素驱动向创新驱动转变，从价值链中低端向中高端转变，从建设物流大国向物流强国转变。新时代物流业发展的主要矛盾已经转化为社会对高质量的物流服务需求和物流业业发展的不平衡不充分的矛盾。目前，我国物流业正在向高服务质量、高效率目标发展迈进。

第二，物流业相关政策密集出台。国家高度重视物流业的发展，十年来，出台了一系列推动物流业发展的政策举措。2009年3月国务院发布《物流业调整和振兴规划》；2011年8月国务院办公厅印发《关于促进物流业健康发展政策措施的意见》；2013年9月国家发展改革委等部门联合发布《全国物流园区发展规划》；2014年9月国务院发布《物流业发展中长期规划》（2014-2020年）；2015年10月国务院印发《关于促进快递业发展的若干意见》；2017年5月国务院办公厅印发《关于进一步推进物流降本增效，促进实体经济发展的意见》；2017年10月国务院办公厅印发《关于积极推进供应链创新与应用的指导意见》；2018年12月国家发展改革委等部门联合印发《国家物流枢纽布局和建设规划》。

第三，物流管理学科研究进展很快。物流管理学科实践性很强，我国物流业发展的基础和方式快速变化，必然涌现出一大批物流管理研究新课题、新任务，为物流管理学科开展深度和系统地研究提供丰富的素材。十年来，我国物流管理领域推出了一系列重要理论和实践成果，例如：如何从国民经济基础性、战略性产业高度来认识物流产业；如何用"创新、协调、绿色、开放、共享"发展理念指导物流业发展；如何在供给侧结构性改革中提升、完善、强化物流功能；如何推动以"互联网+"高效物流为标志的"智慧物流"发展；如何围绕国家"制造强国""乡村振兴""一带一路"等重大战略做好物流服务保障；如何坚持以人为中心发展能够满足人民日益增长的对美好生活需要的新物流；如何推动现代物流高质量发展；等等。

物流管理教材要体现其先进性，需要把先进的物流理论、物流实践和最新的物流政策，物流管理理论和实践的成果及时吸纳进教材中。唯有这样，教材才能跟上时代发展的脉搏，才会有鲜活的生命力和实践指导力。这也是我们对物流管理系列教材进行高频率修编的根本原因。

近年来，我国物流发生了深刻变化，我国高等教育也发生了深刻变化。2018年9月10日全国教育大会在北京召开，大会对新时代人才培养提出了一系列新的要求。例如，要在增强综合素质上下功夫，教育引导学生培养综合能力，培养创新思维；着重培养创新型、复合型、应用型人才；教材体系要围绕立德树人这个目标来设计。教育部2018年9月17日印发《关于加快建设高水平本科教育全面提高人才培养能力的意见》（新高教40条）要求：要把思想政治教育贯穿高水平本科教育全过程；把深化高校创新创业教育改革作为推进高等教育综合改革的突破口；要使教材更加体现科学性、前沿性，进一步增强教材针对性和实效性。高等教育对人才培养的这些新要求，是我们修编教材遵循的基本原则。

本次系列教材修编中，我们努力做到以下几点：一是积极吸纳物流管理新成果，反映物流管理新趋势，指导物流管理新实践；二是深入贯彻全国教育大会精神，充分发挥物流管理教材育人功能；三是按照理论够用、能力为重、启迪思考、激发兴趣的原则，对教材撰写、编排进行优化设计；四是以针对性、实用性为基本着力点，致力培养有素质、有能力、有担当的现代物流管理人才。

《物流管理系列教材》由安庆师范大学经济与管理学院李亦亮教授担任总主编，参加编写的有安徽省开设物流管理与工程类专业高等学校的几十位专家学者和中青年骨干教师。此次系列教材修编吸纳了物流管理实践一线人士、部分物流管理专业任课教师和使用教材的学生一些富有价值的建议，也得到了北京师范大学出版集团安徽大学出版社编辑的大力支持。系列教材修编参考了国内外大量文献资料，借鉴和吸收了国内外众多学者的研究成果。由于编写时间仓促加上编者水平有限，书中不足之处在所难免，欢迎社会各界专家和广大读者提出宝贵意见，以日臻完善。

李亦亮

2020年10月20日

第一章 采购管理概述 / 001

- 第一节 采购的概述 / 003
- 第二节 采购管理概述 / 018
- 第三节 采购作业流程概述 / 025

第二章 采购管理部门 / 033

- 第一节 采购组织的类型及主要职能 / 036
- 第二节 采购管理部门设置 / 043
- 第三节 采购人员 / 047
- 第四节 优秀采购团队的构建 / 052

第三章 采购计划与预算管理 / 061

- 第一节 采购市场环境分析 / 063
- 第二节 采购计划 / 068
- 第三节 采购预算 / 083

第四章 供应商管理 / 095

- 第一节 供应商管理的概述 / 097
- 第二节 供应商调查与开发 / 101
- 第三节 供应商选择与评价 / 109
- 第四节 供应商的控制与激励 / 114
- 第五节 供应商关系管理 / 121

第五章 采购数量与质量控制 / 131

- 第一节 采购数量控制 / 134
- 第二节 采购质量控制 / 146

第六章 采购价格分析与成本控制 / 155

- 第一节 采购价格分析 / 158
- 第二节 采购成本控制 / 170

第七章 采购谈判与合同管理 / 187

- 第一节 采购谈判的概述 / 189
- 第二节 采购合同管理 / 207

第八章 传统采购方式 / 237

- 第一节 集中采购与分散采购 / 239
- 第二节 联合采购 / 244
- 第三节 政府采购 / 247
- 第四节 招标采购 / 254
- 第五节 国际采购 / 263

第九章 新型采购方式 / 275

- 第一节 JIT采购 / 277
- 第二节 MRP采购 / 283
- 第三节 网上采购 / 291
- 第四节 供应链采购管理 / 296

第十章 采购风险与绩效评估 / 309

- 第一节 采购风险管理 / 311
- 第二节 采购绩效评估 / 315

第一章

采购管理概述

◆学习目标◆

通过本章教学，学生要掌握企业采购及采购管理的基本概念，熟悉采购的特点和分类，掌握采购的基本原则和基本流程，了解采购管理的职能、地位，掌握采购的基本流程和采购管理的内容及目标，了解采购作业流程的基本内容。

采购是人类社会常见的行为，但采购并不只是简单的购买。20世纪90年代以来，世界经济进入了一个新的发展阶段，采购被赋予了新的含义，无论是采购的形式还是采购的职能都发生了变化。新形势下，我们需要重新认识采购，重新认识采购管理工作在企业的重要地位。

开篇案例

中国电信与IBM等6家供应商达成百亿采购意向

2018年11月7日在首届中国国际进口博览会上，中国电信宣布与诺基亚、爱立信、三星、思科、日立、IBM共6家国际合作伙伴达成总金额为100亿元的采购合作意向。采购范围涵盖LTE无线设备、路由器交换设备、IT硬件和手机终端等设备及服务。

中国电信表示，这既是多方合作共赢的成果，也是中国电信对外合作的新开端。中国电信将一如既往地把开放合作视作企业高质量发展的重要举措和前提条件，通过积极参与中国新一轮高水平的对外开放，凝聚全球最广泛最优质的资源，向社会提供更便利、更丰富的通信服务。

诺基亚与中国电信签署了价值数亿欧元的框架协议，主要用来提升中国电信全国4G-LTE覆盖范围和热点容量。诺基亚将为中国电信提供端到端的产品和解决方案，包括FDD-LTE无线接入、智慧家庭宽带接入、核心路由器和多业务边缘路由器、光传输以及专业服务等。双方还将在5G技术上深入合作，共同推进中国5G发展。

中国电信副总经理刘桂清在签约仪式上表示，中国电信将坚持"引进来"和

"走出去"并重,持续推动"网络智能化、业务生态化、运营智慧化"三化转型,努力实现"建设网络强国、打造一流企业、共筑美好生活"三大目标,把全球优质的信息通信制造、互联网信息等资源汇聚起来,全面提升中国电信在全球通信产业的参与度和影响力。

(资料来源:澎湃新闻。)

第一节 采购的概述

一、采购的概念

(一)采购的含义

1. 基本概念

狭义的"采购"就是买东西,是企业根据需求提出采购计划,制定方案并审核,选好供应商,经过商务谈判确定价格、交货及相关条件,最终签订合同并按要求收货付款的过程。这种以货币换取物品的方式,可以说是最普通的采购途径,无论个人、企业,还是机构,消费或者生产的需求大都是通过购买的方式来满足的。因此,在狭义的"采购"之下,买方一定要先具备支付能力,才能换取他人的物品来满足自己的需求。

广义的"采购"是指除了以购买的方式占有物品和劳务,还可以通过其他途径取得物品和劳务的使用权,从而达到满足需求的目的。其他途径主要有租赁、借贷和交换三种途径。租赁,是指一方用支付租金的方式取得他人物品的使用权;借贷,是指一方凭借自己的信用和彼此间的友好关系获得他人物品的使用权;交换,是指双方采用以物易物的方式取得物品的使用权和所有权,但不须支付贷款。

综上所述,所谓"采购"是指以各种不同的途径,如购买、租赁、借贷、交换等方式,取得物品及劳务的使用权或所有权,来满足使用需求的行为过程。在一个大型企业里,采购就其功能来讲不仅是采购员或采购部门的工作,还是企业整体供应链的重要组成部分,是集体或团队的工作。同时,采购还是物流的重要组成部分。

2. 相关概念

（1）订购、购置和购买。采购与订购、购置、购买等概念是不同的。订购是采购过程的一部分，它是指依照事先约定的条件向供应商发出采购订单，是在没有询问供应商的条件下直接发出采购订单的活动。电话订购属于这个范畴，因为电话订购的产品已经列在供应商的产品目录中。订购实际上与采购过程的最后几道程序有关。"购置"一般用于固定资产和设备的采购。购买主要指获取商品所有权的采购活动，是采购中的商流活动。采购比购买更专业，含义更广泛，包括购买、储存、运输、接收、检验及废料处理等。

（2）供应。在美国和欧洲，供应包括有采购、存储和接收在内的更广泛的含义；在中国，供应是指供应商或卖方向买方提供产品和服务的全过程，且偏重于物流活动，而采购更偏重于商流活动。

（3）供应商开发。供应商的开发是采购的核心，其表现关系整个采购部门的业绩。供应商开发包括选择供应源、保证供应的连续性、确保供应的替代源、搜集可获得资源的知识等活动。这些活动大多数与采购过程中供应商的寻找和选择有关。

（二）采购的特点

1. 采购是从资源市场获取资源的过程

采购对于生产或生活的意义在于它能提供生产或生活所必需，自己尚缺乏的资源。这些资源，既包括生活资料，又包括生产资料；既包括物质资源（如原材料、设备、工具等），又包括非物质资源（如信息、软件、技术、文化用品等）。资源市场由能够提供这些资源的供应商所组成。从资源市场获取这些资源都是通过采购的方式来进行。采购的基本功能就是帮助人们从资源市场获取他们所需要的各种资源。

2. 采购是商流过程和物流过程的统一

采购的基本内容，就是将资源从资源市场的供应者手中转移到用户手中的过程。在这个过程中，一是要实现将资源的所有权从供应者手中转移到用户手中；二是要实现将资源的物质实体从供应者手中转移到用户手中。前者是个商流过程，主要通过商品交易、等价交换来实现；后者是个物流过程，主要通过运输、储存、包装、装卸、流通加工等手段来实现。采购过程实际上是这两个方面的完整结合，只有这两个方面都完全实现，采购过程才算完成。因此，采购过程实际是商流过程与物流过程的统一。

3. 采购是一种经济活动

采购是企业经济活动的主要组成部分。既然是经济活动，就要遵循经济规律，追求经济效益。在整个采购活动过程中，一方面，通过采购获取了资源，保证了企业正常生产的顺利进行，这是采购的效益；另一方面，在采购过程中也会发生各种费用，这就是采购成本。科学采购就是要不断降低采购成本，以最少的成本去获取最大的效益，科学采购是实现企业经济利益最大化的源泉。

二 采购的范围

采购的范围是指采购的对象或标的。采购的对象分为有形物品和无形物品。

（一）有形物品

1. 原料

原料就是未经转化或只有最小限度转化的材料，在生产流程中作为基本的材料存在。原料分为矿物原料（如铁矿石、铜矿石、煤）和天然原料（如谷物、大豆和咖啡）。

2. 辅助材料

辅助材料指的是在生产流程中被使用或消耗，但并不被最终产品实际吸收的材料。如润滑油、冷却水、抛光材料、焊条和工业用气等。

3. 半成品

这些产品已经过一次或多次处理，并将在后面的阶段进行深加工。它们在最终产品中实际存在，如钢板、钢丝和塑料薄片。

4. 零部件

零部件是指不再经历额外物理变化的产成品，但是它将被包括进一个系统中，通过它与其他部件相连接。它们被嵌入最终产品内部，如电池、发动机零件、变速箱。它们有专用件和标准件之分。专用件是按照客户的设计或规格生产的，而标准件则是按照供应商的规格生产的。

5. 成品

成品，又称"产成品"是指企业已经完成全部生产过程并已验收入库，符合标准和技术条件，可以按照合同规定的条件送交订货单位，或者作为商品对外销售的产品。成品也可以与其他成品（或制品）一起组合销售，如汽车生产商提供的汽车收音机。汽车制造商并不生产这些产品，而是从专门的供应商那里得到它们。百货公司所销售的物品也属于这个范围。

6. 投资品或固定设备

这些产品不会被立刻消耗，但其采购价值经过一段时间后会贬值。账面价值一般会逐年在资产负债表中报告。投资品一般是生产中使用的机器，也包括计算机和建筑物。

7. 维护、修理和运营用品（MRO物品）

这些产品主要是间接材料和可以用于消费的物品，目的是保持组织的运转，尤其是辅助活动所需要的材料。如办公用品、清洁材料和复印纸，也包括维护材料和备件。

● （二）无形物品

1. 技术

技术是指能够正确操作或使用机器、设备、原料等的专业知识。唯有取得技术，才能使机器或设备发挥效能，提高产品的产出率或确保优良的品质，降低材料损耗率，减少机器或设备故障率。

2. 服务

（1）售前服务。它指卖方在交易前提供产品的资讯，包括产品说明、操作示范、制作过程或材料规范、参观设施等。各种服务活动售后服务的优劣影响买方的满意程度。

（2）售后服务。它指卖方提供机器、设备等安装、修护、操作和使用方法的技术指导，运送及退换货品等。

（3）专业服务。它指律师、管理顾问、建筑师、会计师、广告设计以及程序设计等专业人员所提供的特殊服务。在办理专业服务前，申请部门必须提供工作说明及验收程序，而采购人员必须了解真正的需求，包括设计的美观、技术的优秀、服务的适时以及成本的最低等要素。

（4）勤务服务。它指日常作业性质的服务，包括资讯传达、膳食服务、搬运、清洁等。此类服务经常受到公司管理方式、劳工法令、作业实际状况、费用变动等因素的影响，宜自办或外包。勤务服务采购的成功之道，在于指明服务的详细工作项目，要求业者本身具有必需的配备及工作经验，并对服务绩效有一套奖惩办法等。

3. 工程发包

工程发包包括厂房、办公室等建筑的营造、修缮以及配管工程、空调或保温工程、动力配线工程及仪表安装工程等。工程发包有时要求承包商连工带料，以争取完工时效；有时要自行备料，仅以点工方式计付工资给承包商，如此可节省工程发包的成本。但是规模较大的企业，本身兼具机器制造及维修能力，其有可能购入材料自行施工，无论在完工品质、成本及时间等方面，都有良好的管制与绩效。

三 采购的分类

基于采购的复杂性，采购可以用不同的标准分类，这有助于企业根据每一种采购的特点，合理选择采购方式。

（一）按照采购主体来分类

1. 个人采购

个人采购是大多数人经常进行的采购活动，它是指消费者为满足自身需要而发生的购买消费品的行为。购买对象主要为生活资料，如家用电器和生活必需品等。购买过程相对比较简单。

2. 企业采购

企业采购是企业为了实现自己的经营目标而发生的采购行为。企业采购一般分为生产企业采购和流通企业采购。生产企业采购是为了生产而进行的采购，采购对象以生产资料为主。流通企业采购是为了销售而采购，采购对象主要为一般生活资料。

3. 政府采购

政府采购是以政府为采购主体进行的不以营利为目的的采购活动。我国《中华人民共和国政府采购法》中对"政府采购"作了如下定义："政府采购，是指各级国家机关、事业单位和团体组织，使用财政性资金采购依法制定的集中采购目录以内的或者采购限额标准以上的货物、工程和服务的行为。"政府采购不仅是指具体的采购过程，还是采购政策、采购程序、采购过程以及采购管理的总称，是一种对公共采购管理的制度规定。同时，政府采购也会作为国家的一种宏观调控的手段，对国家宏观经济的运行产生影响。

● （二）按照采购地区来分类

1. 国内采购

国内采购指企业以本币向国内供应商采购所需物资的一种行为。国内采购主要是指在国内市场采购，而不是指采购的物资必须是国内生产的，也可以向国外企业设在国内的代理商采购所需要的物资，只是以本币支付货款，不需要以外汇结算。

2. 国外采购

国外采购，又称"国际采购"或"全球采购"，主要是指国内采购企业直接向国外厂商采购所需物资的一种行为。

● （三）按采购时间分类

1. 长期合同采购

长期合同采购是指采购商和供应商通过合同，稳定双方的交易关系，合同期一般在一年以上。在合同期内，采购方承诺应该在供应方采购其所需要的产品，供应方承诺保证采购方数量、品种、规格、型号等方面的需要。长期合同采购有利于增强双方的信任和理解，建立稳定的供需关系；有利于降低双方的价格洽谈费用，因而通常会有十分明确的法律保证来维护各自的利益。但这种方式也有其不足之处：其一，主要在于价格调整比较困难，一旦将来市场价格下降，采购方就会由于不能随之调整采购价格而造成价差损失；其二，合同对采购数量作了规定，不能根据实际情况的变化来调整；其三，由于有合同的限制，所以即使出现了更好的采购渠道或采购机会，购买商也不能随意调整。长期采购合同主要适用于采购方需求量大并有连续不断需求的情况。

2. 短期合同采购

短期合同采购指采购商和供应商通过合同，实现一次性交易，以满足生产经营活动的需要。在短期合同采购过程中，供采双方的关系不稳定，采购产品的数量、价格可以随现实情况相应调整，对采购方来讲具有较大的灵活性。但由于这种不稳定性，也将出现价格洽谈、交易以及服务等方面的不足。短期合同采购一般适用于非经常消耗物品、价格波动较大物品和质量不稳定的物品。

（四）按采购制度分类

1. 集中采购

集中采购是指企业在核心管理层建立专门的采购机构，统一组织实施企业所需物品的采购进货业务。比较极端的情况是，总公司各部门、分公司以及各个分厂均没有采购权责。

2. 分散采购

分散采购是将企业或企业集团的采购权限分散到下属各需求单位，各需求单位根据自身生产经营需要自行组织实施采购的采购方式。此种采购制度通常适用于规模大、部门分散在较广区域的企业。因为对这类公司，集中采购容易产生延迟，并且不容易应付紧急需要，而且使用部门和采购部门之间的联系也不方便。若实行分散采购可以较好地克服这些缺点。

3. 混合采购

混合采购指部分需求由一个专门机构统一集中采购，部分采购由需求单位自己进行。严格的说，混合采购并不是一种独立的采购模式，它同时具备集中化采购和分散化采购的特点。

（五）按采购的实践分类

1. 招标采购

招标采购是指采购方作为招标方，事先提出采购的条件和要求，邀请众多企业参加投标，然后由采购方按照规定的程序和标准一次性的从中择优选择交易对象，并与提出最有利条件的投标方签订协议的过程。

2. 议价采购

议价采购，是指由买卖双方直接讨价还价实现交易的一种采购行为。议价采购一般不进行公开竞标，仅向固定的供应商直接采购。议价采购分两步进行：第一步，由采购商向供应商分发询价表，邀请供应商报价；第二步，如果供应商报价基本达到预期的价格标准，则可签订采购合同，完成采购活动。议价采购主要适用于需要量大、质量稳定、定期供应的大宗物资的采购。

3. 比价采购

比价采购，是指在买方市场条件下，在选定两家以上供应商的基础上，由供应商公开报价，最后选择报价最低的一家为企业供应商的一种采购方式。实质上这是在供应商有限的条件下进行的一种招标采购。

●（六）按照采购的方法分类

1. JIT 采购

JIT采购也称"准时化采购"，是一种完全以满足需求为依据的采购方法。它对采购的要求，就是要供应商恰好在用户需要的时候，将合适的品种、合适的数量送到用户需求的地点。它以需求为依据，改造采购过程和采购方式，使它们完全适合于需求的品种、需求的时间和需求的数量，做到既灵敏响应需求的变化，又使得库存向零库存趋近。

2. MRP 采购

它主要应用于生产企业，是生产企业根据主生产计划和主产品的结构以及库存情况，逐步推导出生产主产品所需要的零部件、原材料等的生产计划和采购计划的过程。这个采购计划规定了采购的品种、数量、采购时间和采购回来的时间，计划比较精细、严格。它是以需求分析为依据，以满足库存为目的。它的市场响应灵敏度及库存水平都比以前的方法有所进步。

3. 供应链采购

这是一种供应链机制下的采购模式。在供应链机制下，采购不再由采购者操作，而是由供应商操作。采购者只需要把自己的需求规律信息即库存信息，向供应商连续、及时传递，供应商则根据自己产品的消耗情况不断及时、连续、小批量补充库存，保证采购者既满足需要又使总库存量最小。供应链采购对信息系统、供应商的操作要求都比较高。

4. 电子商务采购

电子商务采购就是网上采购，它是在电子商务环境下的采购模式。其基本特点就是在网上寻找供应商、寻找品种、网上洽谈贸易、网上订货，甚至在网上支付货款，但是在网下送货进货。其好处是扩大了采购市场的范围、缩短了供需距离、简化了采购手续、减少了采购时间、减少了采购成本、提高了工作效率，这是一种很有前途的采购模式。

（七）按照采购的目的分类

1. 生产采购

生产采购主要应用于生产企业，它是企业为了实现自己的经营目标而发生的采购行为，是为了生产而进行的采购，其采购对象以生产资料为主。

2. 消费采购

消费采购一般是指消费者为满足自身需要而发生的购买消费品的行为。购买对象主要为生活资料，如家用电器和生活必需品等。购买过程相对比较简单。

四 采购的途径

广义的采购除了"用钱去买东西"这种最基本的购买方式外，还包括租赁、交换、外包等获得所需物资的途径。

（一）租赁

1. 租赁的概念及分类

租赁是指出租人以收取租金为条件，在契约或合同规定的期限内，将资产租借给承租人使用的一种经济行为。租赁行为具有借贷属性，但其涉及的是物品而不是钱。在租赁业务中，出租人主要是各种专业租赁公司，承租人主要是其他各类企业，租赁物大多为设备等固定资产。租赁主要有经营租赁和融资租赁两种。

租赁主要有经营性租赁和融资租赁两种。

（1）经营租赁。经营租赁又称营运租赁、服务租赁，是由出租人向承租人提供租赁设备，并提供设备维修保养和人员培训等的服务性业务。

（2）融资租赁。融资租赁又称资本租赁、财务租赁，是由租赁公司按照承租企业的要求融资购买设备，并在契约或合同规定的较长期限内提供给承租企业使用的信用性业务。

2. 租赁的优点及缺点

租赁的优点主要有以下几点：承租人不必支付大额的首期费用；减少了所租物件过时的风险；可作为正式采购前的有偿试用期；可得到出租人的免费指导或服务；可满足承租人短期或临时需要，如季节性很强的工作。

租赁的缺点是：承租人必须接受出租人的监督，对所租物件不可随意更改、转让；另外，如果租期较长，则承租人所支付的租金比自己购买所租物件的费用还要高。

● **(二) 交换**

在货币出现以前人们通过"以物易物"的方式来获取自己所需的物品，这种古老的方式在如今现代化生产中仍有生命力，例如，生产物料的交换、机器设备的交换等。这种交易方式不仅可以取得自己想要的东西，还可盘活自己闲置或多余的东西，可谓一举两得。

交换这种古老的交易方式在实际操作中的难点在于，如何确定双方欲交换的物品在价值上相当，不能让某一方明显吃亏。切实可行的办法是在交换前由工程、采购相关人员，甚至聘请专家来评估己方与对方的物品的价值。

● **(三) 外包**

1. 外包的优势

外包亦属于采购范畴，它是指将一些与企业核心业务关联性不强的业务外包给别的专业公司来操作的行为。这种方式的优势如下：能有效地减少资金的占用率，化解投入大量资金建造生产线所引起的高额投资风险；可以缩短产品获利周期；可以给企业的实际操作带来一定的灵活性和主动性；可以让企业把更多的精力集中在核心业务上，从而提高企业的核心竞争力。

外包操作模式近几年日趋流行，究其原因是因为工业结构日益合理，社会分工日益细化，特别是因特网的广泛使用，全球工业结构正在进行着新一轮的重组：一方面，全球范围内无生产线公司（如设计型公司和销售型公司等）发展迅猛；另一方面，业内两极分化现象日益明显，很多种原材料的生产更多地集中到了少数的制造商上。这不仅为外包创造了良好的外部环境，也提供了广阔的发展空间。

目前，外包在中国还不算成熟，成交额仍占较小比例，主要原因是相关政策、法规不同步，计划经济的痕迹依然存在。

2. 外包的业务范围

在企业实际运作中常把下列业务外包。

（1）对与生产经营关联性不是很强的辅助性业务进行外包，如物流、厂房的修缮、厂房的清洁、车辆运输、食堂等。大部分企业的外包业务仅限于这一块。

（2）将制造业务、采购业务外包。这类外包业务在国内比较少。企业在进行这类业务外包前需综合考虑各种因素，权衡利弊，因为制造业务、采购业务在许多企业中仍是被关注的核心业务。

3. 外包管理的要点

（1）评审外包的可行性。评审是合同评审和交付能力评审的总称，即对市场部签订的合同条款、产品的市场前景、自身设计能力、生产能力和制造成本进行综合分析。评审是企业决定是否外包以及如何外包的基础，一般由各相关部门的专家组成的评审小组来完成。

（2）合同制造商的评估。合同制造商是外包的载体，对合同制造商的评估是外包管理中最关键的一环。评估通常由工厂评审、制造能力评审和样品认证三部分组成，其中任何一部分不合格，该制造商就不能被视为合格的合同制造商。

（3）跟进管理。选定合同制造商以后，企业需在外包过程中密切跟进，主要是对其供应品质的稳定性和品质保证体系的连续性进行监督和控制，并形成文档，然后定期或不定期反馈给制造商，以便及时采取相应的纠正及预防措施。跟进的主要内容包括交付的及时性、检验与试验、品质保证体系的审核等。

外包是一种灵活的经营模式。在外包过程中，企业应把合同制造商看成与客户同等重要的合作伙伴，应尽可能多地在管理和技术上予以支持，以建立长期、稳定和信任的伙伴关系，从而共同进步、共同受益。

五 采购的 5R 原则

人们经过长期的摸索与总结，提出了用"5R"原则来指导采购活动，并取得了良好的效果。一般认为，最有效的采购就是在适当的时候以适当的价格从适当的供应商处买回所需数量商品的活动。采购必须要围绕"价""质""量""地""时"等基本要素来开展工作，采购应遵循的原则就是要"适价""适质""适量""适地"和"适时"（简称"5R"原则）。

（一）适价原则

价格永远是采购活动中的关注焦点，现在的企业老板们对采购最关心的一点就是采购部今年能节省多少采购资金，所以，作为一个采购人员，不得不把相当多的时间与精力放在跟供应商的"砍价"上。物料的价格与该物料的种类是否为长期购买、是否为大量购买，这与市场当时的供求关系有关，同时也与采购者对该物料的市场状况是否熟悉有关系。如果采购者未能把握市场脉搏，供应商在报价时就有可能"蒙"你，这就要求采购者要时常了解该行业的最新市况，尽可能多地获取相关信息。适价原则即是在保证采购物资同等品质的情况下，价格不高于同类物资的价格。一个合适的价格往往要经过以下几个环节的努力才能获得。

1. 多渠道获得报价

这不仅要求现有供应商报价，还应该要求一些新供应商报价。企业与某些现有供应商的合作可能已达数年之久，但它们的报价未必优惠。获得多渠道的报价后，企业就会对该物料的市价有一个大体的了解，并与企业内部事先作出的估价进行比较。

2. 比价

俗话说"货比三家"，一般的家庭主妇在日常购物时都懂得这一点，但是一个专业采购人员所要考虑的东西远比家庭主妇所想的多，因为专业采购所买的东西可能是一台价值300万元的设备或年采购金额达千万元的电子零件，这就要求他们必须谨慎行事。由于供应商报价单中所包含的条件往往不同，所以采购人员必须将不同供应商报价中的条件转化一致后才能进行比较，也只有这样才能得到真实可信的比较结果。

3. 议价

经过比价环节后，筛选出价格最适当的两至三个报价（注意：是适当价格，不是最低价格），然后进入议价环节。随着进一步的深入沟通，企业不仅可以将详细的采购要求传达给供应商，而且还可进一步"杀价"，因为供应商的第一次报价往往含有"水分"。值得注意的是，如果物料为卖方市场，即使是面对面地与供应商议价，那么最后所取得的实际效果可能还是要比预期的低。

4. 定价

经过上述三个环节后，双方均可接受的价格便作为日后的正式采购价，一般需保持两至三个供应商的报价。这两三个供应商的价格可能相同，也可能不同。

● **（二）适质原则**

一个不重视品质的企业在今天激烈的市场竞争中根本无法立足，一个优秀的采购人员不仅要做一个精明的商人,还要在一定程度上扮演品质管理人员的角色。在日常的采购作业中,他们要安排部分时间去推动供应商完善品质体系及改善、稳定物料品质。

来料品质达不到使用要求的严重后果如下:其一,导致企业内部相关人员花费大量的时间与精力去处理,会增加大量的管理费用;其二,在重检、挑选上花费额外的时间与精力,造成检验费用增加;其三,导致生产线返工增多,降低生产效率;其四,导致生产计划推迟进行,有可能引起不能按承诺的时间向客户交货,会降低客户对企业的信任度;其五,引起客户退货,则有可能令企业蒙受严重损失,如从市场上召回产品、报废库存品等,严重的还会丢失客户。

(三)适时原则

企业已安排好的生产计划若因原材料未能如期到达则会引起企业内部混乱,即会产生"停工待料",产品不能按计划出货会引起客户强烈不满。若原材料提前太多时间买回来放在仓库里"等"着生产,则会造成库存过多,大量积压采购资金,这是企业很忌讳的事情。故采购人员要扮演好协调者与监督者的角色,促使供应商按预定时间交货。若企业实施JIT采购,则交货时机就更显重要。

(四)适量原则

采购量多,价格就便宜,但不是采购越多越好,资金的周转率、仓库储存的成本都直接影响采购成本,应根据资金的周转率、储存成本、物料需求计划等综合计算出最经济的采购量。采购量的大小决定生产与销售的顺畅与资金的调度。物料采购量过大造成过高的存货储备成本与资金积压;物料采购量过小,则采购次数增多,采购成本提高。因此,控制适当的采购量(即适量)是非常必要的。

(五)适地原则

天时不如地利。企业在与距离较近的供应商合作中往往容易取得主动权,供应商离企业越近,所需运输费用就越低,机动性就越高,协调沟通就越方便,成本自然也就越低,同时也有助于紧急订购时的时间安排。

越来越多的企业甚至在建厂之初就考虑到选择供应商的"群聚效应",即在周边地区能否找到企业所需的大部分供应商,这对企业长期发展有着不可估量的作用。目前,全国至少有两个地区已形成明显的"群聚"优势,一个是珠三角地区,包括广州、东莞、深圳、中山、惠州、顺德等市；另一个是江浙沪地区，特别是后者在进入21世纪后更显示出勃勃生机。

做过采购的人员都有这样的体会，就是在实际的采购作业中很难将上述"5R"做得面面俱到，往往只能侧重其中的一两个方面。上述的几个方面有时还存在"效益背反"的情况，过分强调一方面就可能要牺牲其他方面。若过分强调品质，则供应商就不能以市场最低价供货；因为供应商在品质控制上投入了很多精力，所以它必然会把这方面的部分成本转嫁到客户身上。这就要求采购人员必须综观全局，准确地把握企业对所购物料各方面的要求，以便在与供应商谈判时提出合理要求，从而争取更多机会获得供应商合理报价。总之，采购者只有在长期的实际操作中积累经验，综合全面地考虑，才能实现最佳采购。

六 采购的作用

（一）保证企业生产经营正常进行的必要前提

物资供应是生产的前提条件，生产所需要的原材料、设备和工具都要由采购来提供。没有采购就没有生产条件，没有物资供应就不可能进行生产。

（二）保证质量的重要环节

采购物资的质量好坏直接决定着企业产品质量的好坏。供应商上游质量控制的好，可为下游质量控制打好基础，降低成本，减少企业来货时的检验；通过采购将质量管理延伸到供应商，是提高企业自身质量水平的基本保证。

（三）控制成本的主要手段之一

采购的成本构成了生产成本的主要部分，采购的成本太高，会大大降低生产的经济效益，甚至导致亏损。因此，加强采购的组织与管理，对于节约资金、压缩存储成本和加快营运资本周转起着重要的作用。

（四）帮助企业洞察市场的发展趋势

虽然采购人员直接和资源市场打交道，但是资源市场和销售市场是交融混杂在一起的，都处在大市场之中。采购人员应及时为企业提供各种各样的市场信息，供企业进行管理决策。市场对企业生产经营的导向作用是通过采购渠道洞察市场供求变化及其发展趋势，从而引导企业投资方向，调整产品结构，确定经营目标、经营方向和经营策略来实现的。企业生产经营活动是以市场为导向，凭借市场这个舞台而展开的。

●（五）企业科学管理的开端

企业物资采购直接和生产相联系，物资采购模式往往在很大程度上影响着生产模式。如果企业采用一种科学的采购模式，就必须要求生产方式、物料搬运方式都做相应的变动，从而共同构成企业的科学管理模式。

●（六）决定着企业产品周转的速度

采购是企业生产过程的起点。采购人员必须解决好采购中物资的适时和适量问题，如果采购工作运行的时点与把握的量度同企业其他环节的活动达到了高度的统一，则企业可能获得适度的利益。反之，就会造成产品积压，使产品周转速度减缓，产品保管费用增加，以致不得不运用大量人力、物力去处理积压产品，从而造成极大的浪费。

●（七）实现物质资源的合理利用

采购工作必须贯彻节约的方针，通过采购工作可以合理利用物质资源：其一，通过合理的采购，企业可以防止优料劣用、长材短用；其二，优化配置物质资源，防止优劣混用，在采购中要力求优化配置和整体效应，防止局部优化损害整体优化、部分优化损害综合优化；其三，在采购工作过程中，要应用价值工程分析，力求功能与消耗相匹配；其四，通过采购，企业可以引进新技术、新工艺，提高物质资源利用效率；其五，要贯彻执行有关的经济、技术政策和法律，如产业政策、综合利用等法规，防止被淘汰的产品进入流通领域，防止违反政策、法律的行为发生，做到资源的合理利用。

第二节 采购管理概述

一 采购管理的概念

(一) 基本概念

采购管理,是指为保障企业物资供应而对企业采购活动所进行的管理活动,它是对整个企业采购活动的计划、组织、指挥、协调和控制活动。

(二) 采购管理与采购的联系和区别

在日常生活中,常有人不区分采购管理与采购,这是错误的。采购管理是一项管理活动,是面向整个企业的,不但面向企业全体采购员,而且面向企业组织中的其他人员(进行有关采购协调、配合工作的人)。采购管理一般由高级管理人员承担,其使命就是要保证整个企业的物资供应,其权力是可以调动整个企业的资源。而采购只是一种作业活动,是为完成指定的采购任务而进行的具体操作活动,一般由采购人员承担。其使命就是完成采购部门经理布置的具体采购任务,其权力只能调动采购部门经理分配的有限资源。可见,采购管理和采购并不完全一样。但是,采购本身也涉及具体管理工作,它属于采购管理。采购管理又可以直接管到具体的采购业务的每一个步骤、每一个环节、每一个采购员。因此,采购管理与采购既有区别又有联系。

二 采购管理的目标

采购就是实现对整个企业的物资供应,具体有以下四个基本目标:

(一) 适时适量保证供应

物资采购不是货物进得越多越好,也不是进得越早越好。货物进少了不行,在生产需要的时候,如果没有货物供应,就会产生缺货,影响生产,这当然不行;货物进得多,不但会占用较多的资金,而且还会增加仓储和保管费用,使成本升高,造成浪费,这也是不行的。货物进迟了会造成缺货,但是进早了等于增加了存储时间,相当于增加了仓储、增加了保管费用,同样升高了成本。因此,采购要适时适量，既保证供应，又使采购成本最小。

（二）保证质量

保证质量，就是要保证采购的货物能够达到企业生产所需要的质量标准，保证企业生产出来的产品质量合格。保证质量也要做到适度，质量太低，当然不行；但是质量太高，不但没有必要，而且会增加购买费用，也是不合算的。所以，物资采购要在保证质量的前提下尽量采购价格低廉的物品。

（三）费用最省

费用最省是贯穿物资采购始终的准绳。在物资采购过程中，每个环节、每个方面都要发生各种各样的费用，如购买、进货、检验、搬运、装卸、保管等费用。在物资采购的全过程中，我们要运用各种各样的采购策略，尽力降低采购费用。

（四）协调供应商，管好供应链

物资采购要起到企业和资源市场的纽带作用，就要与资源市场建立起良好关系，即协调供应商，管好供应链。可以说，资源市场是企业的生命线，它不但是企业的物料来源，而且是资源市场信息的来源。

三 采购管理的职能

企业作为国民经济的基本细胞，承担着为社会提供产品或服务的功能。企业就是通过提供这种产品或服务而获得它在社会中的存在价值，从而得到社会的回报而生存和发展。

企业为不断形成自己的产品和服务，除了利用已有的人力、物力资源外，还需要不断地从外部市场获取各种资源，这就需要采购，或者叫作"物资供应"。而这方面的工作就是由采购管理来承担的。采购管理一般具有以下三个职能。

（一）保障物资供应

这是采购管理的首要职能。只有有计划地安排好采购，才能保障企业生产的正常进行。当然，保障供应不仅要保障物资的品种数量，还要保障物资的质量。

（二）供应链管理

传统的采购管理把保障供应看成是采购管理的唯一职能。自20世纪90年代供应链的思想出现以后，人们越来越关注企业供应链之间的竞争，而采购管理直接与供应商打交道。如何通过和供应商的沟通、协调和采购供应操作，从而建立和供应商的协调合作关系以及和谐的采购环境，方便供应链运作管理是现代企业的发展赋予采购管理的新职能。

（三）资源市场信息管理

采购管理部门除了是企业的物资输入窗口外，还是企业和资源市场的信息接口。在企业中，只有采购管理部门每天和资源市场打交道。因此，随时掌握市场信息，并及时反馈到企业管理层，为企业改进产品、开发新产品、开发新的供应商等提供信息资源支持，这是新形势下采购管理的一项重要职能。

四 采购管理的内容与模式

为了实现企业采购目标并发挥采购管理的良好作用，企业就必须重视加强企业采购管理。企业物资采购管理的主要内容和模式见图1-1。

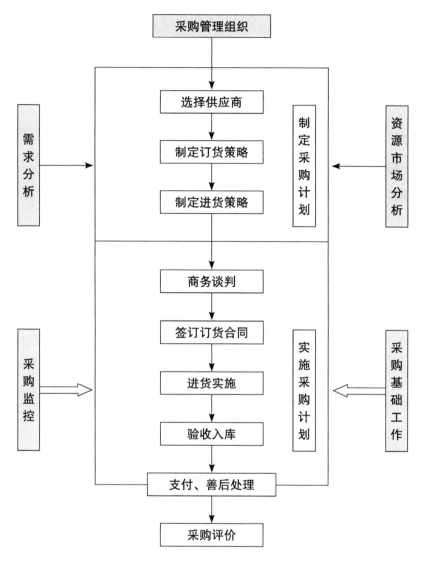

图 1-1 采购管理的主要内容和模式

●（一）采购管理组织

采购管理组织是采购管理最基本的组成部分，企业为了做好复杂繁多的采购管理工作，需要有一个合理的管理机制和一个精干的管理组织机构，要有一些能干的管理人员和操作人员。

●（二）需求分析

需求分析就是弄清楚企业需要采购一些什么品种、需要采购多少、什么时候需要什么品种、需要多少等问题。全企业的物资采购供应部门应当掌握全企业的物资需求情况，制定物料需求计划，从而为制定出科学合理的采购订货计划做准备。

●（三）资源市场分析

资源市场分析，就是根据企业所需求的物资品种，分析资源市场的情况，包括资源分布情况、供应商情况、品种质量、价格情况、交通运输情况等。资源市场分析的重点是供应商分析和品种分析。分析的目的是为制定采购订货计划做准备。

●（四）制定采购计划

制定采购计划是指根据需求品种情况和供应商的情况，制定出切实可行的采购计划，包括选择供应商、供应品种、具体的订货策略、运输进货策略以及具体的实施进度计划等，具体解决什么时候订货、订购什么、订多少、向谁订、怎样订、怎样进货、怎样支付等一些具体的计划问题。它为整个采购订货画了一个蓝图。

●（五）采购计划实施

采购计划实施就是把上面制定的采购计划分配落实到人，根据既定的进度实施，具体包括联系指定的供应商、进行贸易谈判、签订订货合同、运输进货、到货验收入库、支付货款以及善后处理等活动。通过这样的具体活动来完成一次完整的采购活动。

●（六）采购评价

采购评价就是在一次采购完成以后对这次采购活动的评估，或月末、季末、年末对一定时期内的采购活动的总结评估。其主要目的在于评估采购活动的效果、总结经验教训、找出问题、提出改进方法等，通过总结评估，从而肯定成绩、发现问题、制定措施、改进工作，不断提高采购管理水平。

●（七）采购监控

采购监控，是指对采购活动进行的监控活动，包括对采购的有关人员、采购资金、采购事物活动的监控。

●（八）采购基础工作

采购基础工作，是指为建立科学、有效的采购系统而进行的一些基础建设工作，包括管理基础工作、软件基础工作和硬件基础工作。

五 采购管理的发展趋势

进入21世纪后，随着企业供应链竞争的加剧，采购管理职能成为衔接供应链上下游的重要环节，采购的职能逐渐从面向交易的战术职能上升到面向增值的战略职能，采购管理也出现了新的发展趋势。

（一）采购管理战略化

随着《全球供应链国家安全战略》等政策的发布，各个国家已经将供应链平台竞争作为国家竞争的主要支撑；采购供应管理将在国家供应链战略、对外贸易中发挥重要作用。传统采购管理较多涉及企业与供应商之间相对简单的买卖关系，位于供应链不同节点的企业通常独立地进行决策，导致信息贡献度较低、企业间冲突概率增加，一些涉及供应链全局性、战略性的问题难以解决，整体供应链运营效率低下。随着采购管理向供应链国家战略视角的转变，国家和企业将更加注重国际资源及外部资源的整合利用，更加注重与优秀供应商建立战略合作关系，更加注重双方共享需求信息、生产制造信息、库存信息、共同抵御需求和市场变化带来的风险，共同防范采购供应链断裂。

（二）采购管理协同、中心化

采购管理协同、中心化主要体现在采购需求和流程进行协同化管理，采购管理进行集中化管理。近年来，在拥有数家制造厂的公司中，重要的采购优势可以通过合并共同采购需求加以实现，如在计算机硬件和软件的需求进行协同化管理。采购管理流程一体化要求生产计划、库存控制、质量检查和采购之间紧密合作，采购不能只遵循自身的路线，要纳入到整个供应链管理中。在实践中，供应商选择很大程度上由技术规范决定，技术规范一旦确定就很难改变成本。从商业角度来说，依照特别的供应商来制定规定是不合理，会导致供应商处于垄断地位，不利于企业采购进行买卖谈判。因此，有必要要求前期的工程和生产采购计划都整合到采购管理中。采购管理中心化可以集中全公司和集团的采购力，对整个供应市场产生影响，使集团采购处于有利地位。由于共拥一个窗口，便于企业对供应商的管理，偏于企业主体资源配置的优化，偏于企业进行成本管理和控制，增强企业的核心竞争力。

（三）采购管理职能化

随着中国经济和社会的快速发展，各类企业不计其数，特大型企业有上千人的庞大采购人员队伍，最小的企业也至少有1名采购人员。另外政府采购发展迅速，也迫切需要大量专业采购人才，如此庞大的采购人员基数，孕育着对职业采购人员的巨大需求。同时，随着市场竞争不断升级，物资需求和服务日益个性化，产品功能日益复杂化和差别化，采购复杂度的不断增加对采购管理人才培养提出了新的挑战，"一带一路""供给侧结构性改革"等举措的提出使得企业迫切需要复合型、专业型和国际化的采购管理人才。采购已不再是简单的"持币购物""照方抓药"，而演变为一项策略型技术经济工作，未来采购管理领域的人才需求将更多呈现出既懂专业知识，又懂管理、熟悉市场，同时具备信息技术分析能力的专家型、技术型人才趋势。

（四）采购管理互联网、智能化

近年来，大数据、云计算、人工智能等新兴信息技术的发展推动企业供应链发展上升到智慧供应链新阶段，企业供应链与互联网、物联网等深度融合。随着，信息技术的发展和国家政策的推动意味着通过传统线下采购向线上采购、智慧采购等新型技术管理手段的转型。UPS（美国联合包裹运输服务公司）于2019年发布的亚太地区研究报告《工业采购趋势洞察》显示亚洲地区企业线上采购呈现出明显的增长趋势。淘宝网于2019年4月上线了企业服务频道，涉足中小企业采购服务，以解决中小企业在采购上所遇到的痛点；以京东为代表的智慧采购"678"，基于6大通用技术标准，构建8大智能支撑平台，对采购中的7大核心环节进行智能化改造，提高了采购行为的精准化、人性化和生态化水平；以中国银行、平安集团为代表的银行、保险企业纷纷以数字化技术为基础，加速落地全流程电子化的智能采购。

（五）采购管理绿色化

采购作为组织生产运作的上游，直接影响着组织生产运作效率；同时，采购作为组织直接从市场获取资源的环节，实质也是资源配置的一种方式。采购从微观和宏观两个方面影响我国供给侧的结构和质量。传统粗放式采购管理更强调企业采购价格"单一绩效"目标，而对于全生命周期成本、质量、服务、交付、管理等综合绩效目标，以及安全、环保、健康等新兴绩效目标缺乏考虑，未来供应链环境下的采购管理将侧重提升国家经济发展质量，实施高质量采购，实施绿色采购管理。

第三节 采购作业流程概述

一 采购作业流程的含义

采购作业流程是实施采购工作的具体过程，它是采购活动具体执行的标准。对制造企业来说，采购作业流程通常是指有制造需求的厂家选择和购买生产所需的各种原材料、零部件等物料的全过程。在这个过程中，作为制造业的购买方，首先，要寻找相应的供应商，调查其产品在数量、质量、价格、信誉等方面是否满足购买要求；其次，在选定了供应商后，要以订单方式传递详细的购买计划和需求信息给供应商并商定结款方式，以便供应商能够准确地按照客户要求进行生产和供货；最后，要定期对采购物料的管理工作进行评价，以寻求提高效率的采购流程。采购作业流程是覆盖从采购计划的制定、供应商的认证、合同签订与执行到供应商的评审监控的全部过程。这一流程的简单图示如图1-2所示。

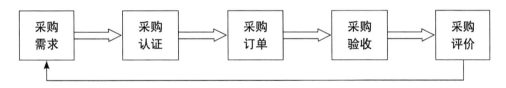

图1-2 采购作业流程图

二 采购作业流程的内容

因采购的来源、方式以及采购对象的不同，采购作业流程会在作业细节上有所差异，但都遵循一个共同的模式。一个完整的采购流程主要由以下步骤组成。

（一）确认需求

任何采购都产生于企业中某个部门的需求，企业业务人员应该清楚本部门准确的需求情况，即需要什么、需要多少、何时需要等一些基本信息。虽说有些需求可以由其他部门的富余物料加以满足，但企业迟早要进行新的物料采购。不管采购请求是来自于生产部门，还是来自于销售部门或其他部门，在接到采购申请后，采购部门都必须对这些采购需求进行确认。因此，我们可以这样认为，确认需求的过程就是采购部门收到采购请求后制定采购计划的过程。

(二) 需求描述

如果不了解使用部门到底需要什么，则采购部门就不能进行采购。出于这个目的，在确认需求后，还需要对需求的细节（如品质、包装、售后服务、运输及验收方式等）加以详细说明。为了使需求说明准确，避免产生不必要的误解，用来描述物品和服务需求细节的概念（如名称、规格、型号）应该统一，因而制定合适的名词手册这一工作就显得非常重要。确保词汇统一性的一个最有效的方法是在采购部门保留一份文件，列出经常购买的物品的名称。如果采购工作人员对于需要采购的产品不熟悉或者觉得需求细节的描述不够准确，则应该向请购部门及相关人员咨询，确保采购的物料和需求物料之间的一致性。

(三) 选择供应商

根据需求说明，在原有供应商中选择业绩良好的厂商，通知其参与招标或以登报公告等方式公开招标。采购活动中的重要一项就是选择供应商，如果供应商选择不当，则影响的不仅仅是效益，它还关系产品的质量保障、生产的顺利进行、企业的形象声誉等重大问题。

(四) 确定合适的价格

选择可能的供应商后，要进行价格谈判，确定合适的价格。企业多使用招投标方式来帮助确定采购价格，但也不是所有的采购活动都通过招投标来进行，如果不通过招投标的方式，则通常是通过查看供应商的价格表，然后通过谈判来确定价格。

(五) 发出订单

价格谈妥后，将合同条款和条件达成一致并记录在案后，可发出订单。订单属于具有法律效力的书面文件，对买卖双方的要求、权利及义务必须予以说明。

订单一般包括下列要素：订货编号、产品的简要说明、单价、需求数量、期望的交货时间或日期、交货地址和发票地址。通常，企业不容许没有订单的采购行为，订单文书可由交易双方任一方准备，具体由哪方准备取决于交易双方实力的强弱和所购物料的特点。

(六) 订单追踪与催货

签约订货之后，为求销售厂商的如期、如质、如量交货，应依据规定，督促厂商按合约交货，并予以严格检验入库。一般说来，订单发出的同时会确定相应的跟踪接触日期，在一些大型的企业，甚至设有专职的跟踪和催货人员。在追踪过程中经常需要询问供应商的进度，这些一般可以通过电话、计算机等通讯工具来完成，一旦发现问题须及时采取行动。对于特别重要的采购事项，必要时要到供应商那里进行走访。此外，采购部门还负责就任何关于送货要求的改变与供应商进行协商。催货是对供应商施加压力，以使其履行最初所作出的发运承诺或加快延期货物的发运（特殊情况下还包括提出提前发货的要求）。如果供应商不能履行合约，企业会取消订单或以后可能的交易。

(七) 核对发票

厂商交货验收合格后，应及时开票付款。财务部门在接到付款请求后，应先经采购部门核对，确认无误后再办理付款手续。在实际工作中，对于发票的核对到底是属于供应部门的职责还是会计部门的职责仍然存在争议，但各企业无一例外的都要先核实后付款。

(八) 不符与退货处理

凡厂商所交货物与合约规定不符或验收不合格者，应依据合同规定予以退货处理。

(九) 结案

不管是验收合格已经付款入库的物品，还是验收不合格予以退货的物品，均需整理各项书面资料以报高层管理者或权责部门核阅批示，并予以结案。

(十) 记录与档案维护

凡经结案批示后的采购案，应分类编号登记入档并妥善保管，以备今后选择供应商时参考或事后发生问题时备查。

三 采购作业流程设计原则

(一) 注意先后顺序与时效性原则

采购作业流程设计要注意其流畅性与一致性，并考虑作业流程所需的时限。譬如，避免同一主管对同一采购案件做多次核签；避免同一采购案件在不同部门有不同的作业方式；避免同一个采购案件会签太多部门，这样会影响作业时效。

(二) 注意关键点设置原则

为了对采购作业进行控制，要注意关键点的设置，使其在各阶段均能进行追踪监管。譬如国外采购，询价、报价、申请输入许可证、开信用证、装船、报关、提货等均有管制要领。

(三) 注意权责区分原则

各项作业手续及查核责任应有明确的权责规定及查核办法。譬如，请购、采购、验收、付款等权责均应区分，并指定主管单位。

(四) 注意弹性原则

要注意采购作业的变化性和弹性范围，及时应对偶发事件。譬如，"紧急采购""外部授权"等均应有预定的方案或流程来处理。避免作业过程发生摩擦、出现重复与混乱的原则。

(五) 注意采购项目重要程度与程序繁简相适合原则

凡涉及数量大、价值高或容易发生舞弊的采购作业项目应有较严密的采购流程以利监督；反之，则简化程序，以求提高工作效率。

(六) 程序设计与时俱进原则

采购作业的流程不是一成不变的，原先设计的作业流程要随着时间的推移及时改进，以适应采购组织的变更或作业上的实际需要。譬如，原来手工式的作业方式随着电脑的普遍使用而改变为电脑化作业，流程与表单需作相应的调整或重新设计。

◆ 本章小结 ◆

"采购"的概念有广义和狭义之分,它和采购管理之间既有联系又有区别。采购的范围可以归为两大类,即有形物品和无形劳务。基于采购的复杂性,企业可以根据每一种采购的特点,遵循采购的5R原则,合理选择采购方式。采购管理有4个基本目标:适时适量保证供应;保证质量;费用最省;协调供应商,管好供应链。采购管理的内容主要是制定采购计划;组织与实施采购计划;监督、评价和分析采购活动。理解采购管理的基本流程、内容和设计原则。

■ 案例分析 ■

宜家多种采购策略

从20世纪80年代开始,为了顺应国际贸易高速发展的趋势以及满足客户对服务水平宜家实行多种采购策略,全球化的采购模式、本土化的发展、产品的环保要求等,都为宜家的低价打下了基础。

一、全球化的采购模式

宜家的采购模式是全球化的采购模式。宜家的产品是从各贸易区域采购后运抵全球26个分销中心,再送货至宜家在全球的商场。它在全球设立了16个采购贸易区域,46个贸易代表处分布于32个国家。宜家在全球16个采购贸易区设立的贸易代表处,其工作人员根据宜家的最佳采购理念评估供应商,在总部及供应商之间进行协调,实施产品采购计划,监控产品质量,关注供应商的环境保护、社会保障体系和安全工作条件。如今,宜家在全球53个国家有大约1300个供应商。

宜家瑞典总部的研究中心负责宜家所有产品的设计和研发,由宜家分布在世界各地的数千家供货商分别完成生产加工,最后根据全球259家宜家商场的具体要求,经过当地的采购中心集中采购完成进货。在我国,生产厂家被宜家选中后,其产品设计、生产、包装等都必须按照宜家的要求进行安排。

二、采购产品必须"绿色"

宜家的采购理念及对供应商的评估主要包括：持续的价格改进；严格的供货表现和服务水平；质量好且健康的产品；环保及社会责任。随着人们对环保要求的提升，其产品在绿色环保和认证方面的一举一动颇受消费者的关注。因此，宜家在采购产品时把环保和社会责任作为了一项重要的评估条件。环保及社会责任一直是宜家采购家居产品的要求，它是宜家公司对供应商有关环境保护、工作条件、森林资源方面的政策。

宜家在采购渠道上把紧关口，严格监督供货厂商，要求其产品必须达到相应的认证标准，为消费者提供精美实用、绿色环保的产品。同时，宜家还把产品跟公益事业进行联姻。宜家集团开始有计划地参与环保事宜，涉及的方面包括材料和产品、供货商、运输和商场环境等。现在，宜家则是率先通过森林认证，这是国际上流行的生态环保认证，包括森林经营认证和产销链监管审核。

三、本土化采购降低成本

低价格是宜家理想、商业理念和概念的基石。所有的宜家产品背后基本的思想就是低价格会使种类繁多、美观实用的家居用品为人人所有。不断力求将每一件事情做得更好、更简单、更有效率和始终更具有成本效益。

同时，宜家还在不断完善自身的物流体系，在上海奉贤区设立了物流分拨中心，仓储容量超过30万立方米，该基地成为了宜家整个亚太地区的战略采购中心和亚太地区最大的物流枢纽，是迄今为止我国最大的外资仓库。经过本土化采购、完善物流体系等一系列举措，宜家在中国的产品价格一降再降，平均降幅达到46%以上。在供应链上，宜家自己操持着上游的研发设计以及下游的分销，而把中间利微薄的制造外包出去，这是它能世界家居市场上保持低价而又无法被简单复制的根本原因。

四、拥有全球的竞价系统

宜家采购运作的优势在于：它最大范围地鼓励了内外部成员之间的自由竞争。例如，对于同样一种规格的家具,如果上海的采购部获得的价位、质量等条件比深圳的好，那么就会由上海方面负责该订单，同时获得相应的奖励。

然而，相对于供应商而言，各采购办事处又是相互合作共同开发产品的一个团队。而且，采购部有一项重要的职责：鼓励供应商之间的竞争，使其互相压价，并努力使自己供应的产品质量达到最好。当然这种竞争压力对于宜家控股的制造公司一样存在，他们也必须角逐"价低质优"的这场竞争游戏。为了得到宜家的大额订单，任何供应商都会考虑怎样去提高自己的竞争力，这其中自然包括购买最先进的家具生产设备，降低自己的生产成本等。

五、控制原材料采购与使用

在宜家庞大的供货体系中，控制原材料的采购有不可忽视的作用。例如，宜家与某一塑料供应商签订战略性的供货协议，由他们向宜家在全中国区域的供应商供应某塑胶原材料，这样宜家得到很好的原材料价格，既保证产品低价，又更容易控制成品的质量、可追溯性等。宜家一步一步推进原材料采购的本地化，价格也更加透明化。除了控制原材料的采购以外，宜家也控制各种标准件的采购，如螺丝、配套家具安装工具、灯饰的电器零件等。采购的产品发往宜家商场和其他产品的供货商。通过这种物料控制可以更好地掌握产品的成本核算，也更有效地进行供应价值链的管理。

（资料来源：刘坤.宜家:多种采购策略打响品牌[J].进出口经理人,2011(03):28~29.）

问题讨论

1. 你如何理解宜家的低价采购策略？
2. 你认为宜家有哪些好的采购策略值得我国企业学习与借鉴？

第二章

采购管理部门

◆学习目标◆

通过本章的学习，要求学生掌握集中与分散组织的优劣，掌握采购部门的职责和采购人员的工作任务，理解采购部门的设置原则与方法，了解采购部门设置的影响因素和采购人员的素质要求。

合理的组织结构设计，能够明确岗位和职责，更好地进行分工协作，形成强大的团队凝聚力，促使企业高效率运作。为提高采购的效率，现代企业需要合理设置采购管理部门，重视采购人员的配置与管理。

开篇案例

沃尔玛全球采购部门的组织

沃尔玛的全球采购部管理着沃尔玛的直接进口业务和工厂直接采购工作，负责监管全球数千家供应商工厂的商品供货。该部门还负责鉴别新供应商、寻找新产品货源、与现有供应商建立伙伴关系以及管理沃尔玛直接进口的全球供应链。全球采购部的职责是解决质量保证问题，对供应商工厂进行检查以及为供应商和工厂提供工作场所标准培训。其部门1700名员工主要在深圳办工，另外在50个国家（地区）设有办事处。

沃尔玛的全球采购部门在组织上采用以地理布局为主的形式。他的全球采购网络首先由大中华及北亚区、东南亚及印度次大陆区、美洲区、欧洲中东及非洲区四个区域所组成。其次在每个区域内按照不同国家设立国别分公司，其下再设立卫星分公司。国别分公司是具体采购操作的中坚单位，拥有工厂认证、质量检验、商品采集、运输以及人事、行政管理等关系采购业务的全面功能。卫星分公司则根据商品采集量的多少来决定拥有其中哪一项或几项功能。

一、沃尔玛发展全球采购网络的组织

（一）沃尔玛的全球采购

在沃尔玛，全球采购是指某个国家的沃尔玛店铺通过全球采购网络从其他国家的供应商进口商品，而从该国供应商进货则由该国沃尔玛公司的采购部门负责采购。

1. 全球采购网络的地理布局

沃尔玛结合零售业务的特点以及世界制造业和全球采购的总体变化趋势，在全球采购网络的组织上采取以地理布局为主的形式。

四大区域中，大中华及北亚区的采购量最大，约占全部采购量的70%，其中中国分公司又是采购量第一的国别分公司；因此，沃尔玛全球采购网络的总部就设在中国的深圳。

2. 全球采购总部

全球采购总部是沃尔玛全球采购网络的核心，也是沃尔玛的全球采购最高机构。在这个全球采购总部里，除了四个直接领导采购业务的区域副总裁向总裁汇报以外，总裁还领导着支持性和参谋性的总部职能部门。

沃尔玛在深圳设立全球采购总部是因为沃尔玛能在这里采购到质量、包装、价格等方面均具有竞争力的优质产品，更重要的是，深圳顺畅、便捷的物流系统及发达的海陆空立体运输网络，特别是华南地区连接世界市场的枢纽港地位，将为沃尔玛的全球采购赢得更多的时间，带来更多的便捷。

（二）沃尔玛全球采购网络的职能

沃尔玛的全球采购网络相当于一个"内部服务公司"，为沃尔玛在各个零售市场上的店铺买家服务。

1. 商品采集和物流

全球采购网络要尽可能地在全球搜索到最好的供应商和最适当的商品——沃尔玛的全球采购网络实际上担当了商品采集和物流的工作，对店铺买家来说，他们只有一个供应商。

2. 向买家推荐新商品

对于新产品，沃尔玛没有现成的供应商，它通过全球采购网络的业务人员参加展会、介绍会等途径找到新的供应商和产品。店铺买家会到全球采购网络推荐的供应商那里和他们直接谈判及购买。

3. 帮助其他国家的沃尔玛采集货品

沃尔玛的全球采购为全世界各个国家的沃尔玛店铺采集货物。不同国家之间的贸易政策往往不一样，这些差别随时都需要加以跟踪，并在采购政策上做出相应的调整。

4. 调查、比较厂商和产品

沃尔玛的全球采购中心同时还对供应商的注册资金、生产能力等进行查证，对产品的价格和质量进行比较。对满意的厂商和产品，他们就会安排买家直接和供应商进行谈判。

（资料来源：搜狐财经新闻）

第一节 采购组织的类型及主要职能

一、影响采购管理组织设置的因素

（一）管理层对采购工作的重视程度

影响采购部门设置的最主要的因素是管理层对采购工作的重视程度。如果管理层仅把采购看作一项普通的企业运作活动，那么采购部门自然在企业中处于相对较低的从属地位，采购的管理控制也就是低水平的；如果管理层认为采购是企业竞争取胜的重要因素，对企业发展具有战略意义，则采购部门很可能具备有力的构架并直接向最高领导汇报。

（二）企业规模的大小和企业组织结构的复杂程度

如果企业规模小，则可以不设专门的采购组织，由经理统一考虑经营和采购；如果企业规模大，就需要设立专门的采购组织。企业组织结构越复杂，就越要设立专门的采购管理组织，以统一管理企业的采购工作。

（三）采购品种数量的多少

如果企业需要采购的物品品种少、数量小、技术性不强，就可以不设立专门的采购管理组织；相反，如果企业采购的物品品种多、数量大、技术性强，就需要设立专门的采购组织。

（四）采购业务环节的多少

如果企业采购的业务环节少、处理简单，就可以不设立专门的采购管理组织；相反，如果企业采购的业务环节多、处理复杂，就需要设立专门的采购管理组织。

（五）采购品种数量的多少

如果企业采购对企业成本效益影响很大，就需要建立专门的企业采购管理组织；相反，则可不设专门的采购管理组织。

二 采购管理组织的主要职能

采购组织是企业面临对外部供应商的唯一窗口，同时也是对客户产生极大影响的组织机构。它是连接企业客户和供应商的纽带。对外，采购组织负责选择和管理供应商，控制并保证价格优势；对内，采购组织控制采购流程，保证采购质量和交货周期，满足企业生产和市场的需求。其主要职能表现为以下几个方面。

（一）建立采购管理部门

结合企业实际情况和发展需求，建立健全的采购部的组织结构设计，明确职责分工，优化人员配置，提高采购工作绩效。

（二）建立采购管理制度体系

根据企业管理要求及部门任务，制定并严格执行采购规章制度，规范采购作业。

（三）采购计划管理

在调查和分析采购需求的基础商进行采购决策，编制采购计划与采购预算，指导采购活动。

（四）供应商管理

根据采购计划进行市场调研，进行供应商的筛选、鉴别、评价、认证、培养、审核、考察、评审，并建立供应商档案。这是采购组织工作的起点和重点，没有对供应商的了解和管理，没有对行业的了解，供应商的产品和服务就很难满足企业的需要。

（五）采购价格管理

采购部门应对市场行情有及时地了解，建立并更新重要物资及常备物资的价格档案，指导采购人员进行采购作业与价格谈判，保证企业在采购价格上的优势，在市场状况发生明显变化时能够妥善利用供应商的资源，改善采购绩效。

（六）采购合同管理

采购部门要组织合同评审，签订采购合同，建立采购合同台账并分类管理，监督合同的执行。

（七）采购进度控制

采购部门应监督采购合同签订与执行，开展采购跟单与催货工作并进行交期管理，严格控制采购进度，确保供应及时。

（八）采购质量控制

采购部门应建立采购认证体系，对供应商及采购物资的质量进行检验、认证，确保采购物资符合企业要求。

（九）采购成本控制

采购部门应严格执行采购预算，监督采购人员询价、议价、订购过程费用的使用情况，开展成本分析，有效控制采购成本。

（十）采购管理风险和绩效管理

采购部门应通过人员培训和组织调整，控制采购的合同风险和法律风险，杜绝来自企业内、外部对采购流程的干预。定期对采购部门采购作业及各采购人员进行绩效考核，并根据采购结果实施奖罚，分析采购过程中的薄弱环节与问题，制定改进计划，提高采购绩效。

三 采购管理组织的类型

在现实生活中，组织结构是千差万别的，普遍适用的最好的组织结构是不存在的。"依条件而变""因地制宜"是组织结构设计的一条基本原则。现代管理学者提出"权变理论",就是强调不同的企业以及同一企业在不同的发展阶段上都应当根据特定的具体条件来选择和设计相适应的组织结构,环境、战略、规模、技术、人员素质等权变因素影响着组织模式的选择。伴随着企业组织结构的演变,采购组织结构也经历了从分散采购——集中采购——集中或分散采购——跨职能采购小组结构的变迁。

(一)分散型采购组织

分散型采购组织结构(见图2-1)是伴随着总部对企业运作管理权限的放开,各预算单位自行开展采购活动并掌管了日常事务后出现的。

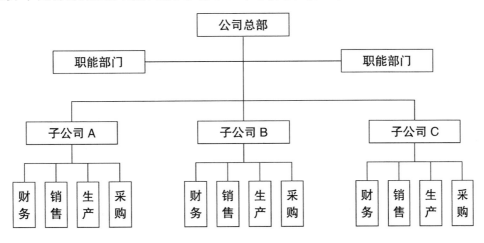

图2-1 分散型采购组织图

分散型采购组织的一个重要特点就是每个经营单位的负责人对自己的财务后果负责,分支机构采购服务的客户满意度不断提高。总部通常以"参谋"的角色或以内部咨询机构的名义进行监督,制定合作政策,消除部门间的障碍,最终成为各分支机构间的沟通桥梁。因此,每个经营单位的管理者要对所有的采购活动负完全责任。这种组织设计可能导致不同经营单位会与同一个供应商就同一种产品进行谈判,结果会达成不同的采购条件。当供应商的能力吃紧时,经营单位之间会成为竞争对手。分散型采购组织的优缺点如表2-1所示。

表 2-1　分散型采购组织的优缺点

优　点	缺　点
自主性、灵活性、多样性；	造成供应商分散和混乱；
可在本地采购，受当地欢迎；	技术人员短缺，成本上升；
交叉交易；	重复采购，分支机构间缺乏沟通；
有利于部门间竞争；	缺乏财务控制；
有利于员工互换。	过量的地方采购。

分散型采购组织对于拥有多样化经营单位结构的跨行业公司特别有吸引力，每一个经营单位采购的产品都是唯一的，并且与其他经营单位所采购的产品有显著的不同。

（二）集中型采购组织

集中采购指由一个部门统一组织本部门、本系统的采购活动的采购实施模式。集中采购的实施主体可以是集中采购代理机构，也可以是一个部门委托采购代理机构进行的。集中型采购组织结构是建立在职能一体化基础上的，通常是在董事会的领导之下，这种模式下的采购部门是一个整体。企业内分支机构的采购活动都要接受总部的管理，总部也就是专业技能、档案和权力的聚集地。集中型采购组织如图2-2所示。

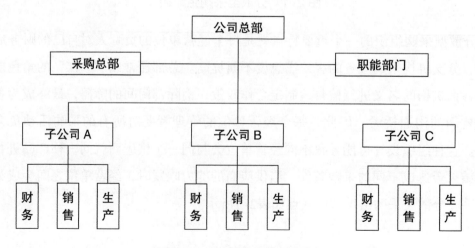

图 2-2　集中型采购组织图

在这种组织结构中，公司一级层面上设有一个中心采购部门，其中完成的工作主要有：公司的采购专家在战略和战术层面上的运作；产品规格的集中制定；供应商选择的决策；与供应商之间的合同准备和洽谈。

集中型采购组织的优缺点如表2-2所示。

表2-2 集中型采购组织的优缺点

优 点	缺 点
规模效应；	上下级之间的抱怨；
标准化，有利于采购战略的实施；	对系统的反抗；
有利于财务管理；	丧失机会；
有利于评估，有利于监督；	过高的管理费用；
有利于采用信息技术与系统。	对市场的反应较慢。

这种结构适用于几个经营单位购买相同产品，并对他们具有战略重要性的情况。

（三）混合型采购组织

在有些制造企业中，在公司一级的管理层次上设立公司采购部门，同时各个经营单位也有自己的采购部门（见图2-3）。

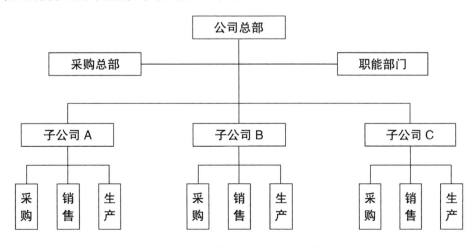

图2-3 混合型采购组织图

公司采购部门和各经营单位采购部门的分工一般如下。

1.公司采购部门通常处理与采购程序和方针相关的问题。

2.公司采购部门定期对下层经营单位的采购工作进行审计。

3.公司采购部门对战略采购品进行详细的供应市场研究，经营单位的采购部门可以参考使用。

4.公司采购部门协调、解决部门或经营单位之间的采购工作。

5.公司采购部门不进行战术采购活动，完全由部门或经营单位的采购组织实施。

6.公司采购部门可能对各经营单位采购部门的人力资源进行单独管理。

而经营单位自己的采购部门实施具体的采购工作，即制定采购计划、与供应商联系、谈判、签订合同、支付货款等。

（四）跨职能采购小组

跨职能采购小组是采购中一种比较新颖的组织形式，现以IBM公司的采购小组为例来进行介绍。1992年，由于财务出现了巨大的亏损，IBM的采购组织被加以重组。IBM的新采购组织采用了一个与供应商的单一联系点（商品小组），由这个小组为整个组织提供对全部部件需求的整合，合同的订立是在公司层次上集中进行的。然而，在所有情况下的采购业务活动都是分散的。

采购部件和其他与生产相关的货物是通过分布在全球的采购经理组织的，这些经理对某些部件组合的采购、物料供应和供应商政策负责。他们向首席采购官（CPO）和他们自己的经营单位经理汇报。经营单位经理在讨论采购和供应商问题以及制定决策的各种公司业务委员会上与CPO会晤。CPO单独与每一个经营单位经理进行沟通，以使得公司的采购战略与单独的部门和经营单位的需要相匹配。这保证了组织中的采购和供应商政策得到彻底的整合。IBM通过这种方法将其巨大的采购力量和最大的灵活性结合在一起。

对于与生产相关的物料的采购，IBM追求的是全球范围内的统一采购程序，供应商的选择和挑选遵循着统一的模式。他们越来越集中于对主要供应商的选择和与他们签订合同，这些供应商在全球以世界级的水平提供产品和服务。这实现了更低的价格和成本水平、更好的质量、更短的交货周期，并因此实现了更低的库存。这种方法还实现了更少的供应商和逐渐增加的相互联系，因为采购总额被分配给更少的供应商，所以企业可以更多地关注价值链中与单个供应商的关系，并可以发展以持续的绩效改善为基础的关系。

> **延伸阅读**
>
> ### 成功的跨职能团队应遵循的8条准则
>
> 对密歇根州立大学对18家美国公司的108个跨职能团队研究发现，成功的跨职能团队都遵循下列8条准则：
>
> 1.在整个组织中，从高级管理层到每个员工都注意到文化变化。
>
> 2.产品目标明确，就是为了实现消费者满意而非职能性成功。
>
> 3.前期计划，包括开始的所有职能区域。
>
> 4.将适当的人选（符合条件限制的）在合适的时间（需要他们的时候）安排在合适的位置（一个需要发挥其才干的团队）。
>
> 5.他们依赖团队工作并产生了某种特别的感觉，并且在各职能区域间有着高度的交流联系。
>
> 6.他们被成功地授权，在合适的程度上进行委派决策的制定。
>
> 7.他们使用无懈可击的管理工具，所有包含其中的职能性成员是一个整合的团队，并由项目领导者负责整个项目的寿命（命运）。
>
> 8.他们取得了在整个项目的生命周期内的所有职能与各团队的整合。

第二节 采购管理部门设置

一 采购管理部门的设置原则

在设置采购管理部门时，企业需要遵循一定的原则，从而努力以最低的成本实现最高的效益。

（一）部门设置应与企业的性质和规模相适应

部门设置应同企业的性质和规模相适应，采购部门的设置同企业的性质、产品、规模等有直接的关系。比如，石油企业的原材料一般需要由专业人员采购，并直接向最高领导汇报；小公司可能仅设置一个简单的供应部门负责原材料的采购；大型企业或跨国公司则常设置集团采购部或中央采购中心负责采购。

（二）部门设置应与企业采购目标相适应

部门设置应同企业采购目标相适应。比如，企业产品质量不好，而影响产品质量的因素主要是原材料，这就需要赋予采购部门以相应的权力以使其指挥专业人员参与原材料质量的改进。

（三）部门设置应与企业管理水平相适应

部门设置应与企业的管理水平相适应，如果企业导入了MRP或JIT系统，那么采购的需求计划、订单开立、收货跟单可以通过计算机按MRP或JIT系统控制，其采购部门的设置显然有别于手工作坊式的企业。

二 采购管理部门的设置方法

（一）按采购物料价值或重要性设置

按采购物料价值或重要性设置，是指明确由哪些采购管理人员负责采购次数少但价值较高的物品，哪些采购人员负责采购次数多但价值低的物品。这种方式确保了主管对重大的采购项目能够集中精力加以处理，从而达到降低成本以及确保物品来源的目的。此外，主管有更多的时间对采购部门的人员与工作绩效加以管理（见表2-3所示）。

表 2-3 按物品价值分工的采购部门设置

物品	价值	次数	承办人
A	70%	10%	经理
B	20%	20%	主管
C	10%	70%	职员

另外，可以依据产品对企业的重要性，将策略性项目（利润影响程度高、供应风险大）的决定权交给高级主管（如主管采购的副总经理），将瓶颈项目（利润影响程度低、供应风险大）交给中级主管（部门经理）办理，将杠杆项目（利润影响程度高、供应风险小）交由基层主管（如采购科长）办理，将非紧要项目（利润影响程度低、供应风险小）交由采购员办理（如表2-4所示）。

表 2-4 按物品重要性分工的采购部门设置

项目类型	利润影响程度	供应风险程度	采购承办人
策略性项目	高	大	总监
瓶颈项目	低	大	经理
杠杆项目	高	小	主管
非紧要项目	低	小	职员

● (二) 按地区设置

按物料的来源分设不同部门，如国内采购部与国际采购部。由于国内、国外采购的手续及交易对象有明显的差异，因而对采购人员的工作要求也不尽相同，所以企业应分别设立部门加以管理。采购管理人员需比较国内、国外相同物料的优势，以判断物料采购应该划归哪一部门办理（如图2-4所示）。

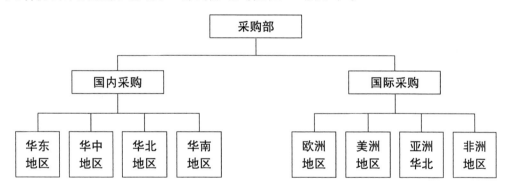

图 2-4 按地区设置的采购管理部门示意图

● (三) 按物料类别设置

不同的物料采购配备不同的采购人员，这适合于原材料需求种类多、专业性强的企业，如大型的汽车厂、石化厂。在这些企业中，几乎每一种原材料都有自己的物理或化学方面的技术要求，如果没有专业的知识和技能，则不可能完成采购任务。因此，不同的原材料采购需要配备不同的采购人员（如图2-5所示）。

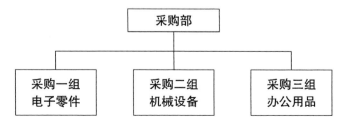

图 2-5 按物料类别设置的采购管理部门示意图

(四)按采购流程设置

按采购流程设置,是指依照采购的不同环节设置不同的采购人员。这样便于采购人员更好地熟悉业务,提升招标、谈判等技能;同时,有利于各个环节之间相互监督,避免浪费和腐败现象,减少内部审计成本;还有利于团队合作精神的培养。但这要求内部更好地协调和合作,否则会造成采购效率低下、管理混乱等问题(如图2-6所示)。

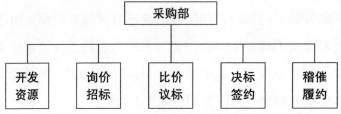

图2-6 按采购流程设置的采购管理部门示意图

(五)混合式设置的采购管理部门示意图

混合式设置,是指综合运用以上各种采购部门设置的方式。这种方式主要适合于一些大型企业。在这些大企业中,原材料需求多、数量大、专业性强,采购组织相应复杂得多(如图2-7所示)。

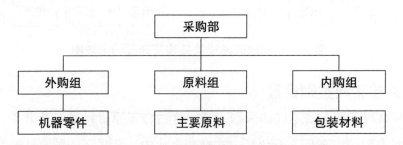

图2-7 混合式设置的采购管理部门示意图

三、采购参谋部门的设置

上述执行采购功能的部门属于采购组织的直线部门。在一些规模较大、采购业务庞杂的企业还会设置采购参谋部门,以协助完成采购工作。例如,有些企业设置管理科或在经理室配置采购参谋人员,如采购专员等。甚至设立采购委员会,以作为采购决策的咨询商议部门。通常,在设计采购参谋部门时,应考虑下列功能:拟订采购计划与预算;采购工作进度的追踪与管理;替代品的研究;价格与供给预测；举办员工教育训练；采购人员绩效评估；采购文书及档案管理；供应商绩效评估；采购作业系统的改善；市场调查等。

第三节 采购人员

采购组织机构设计得再科学，若不具备有适当知识、技术及能力的人则无法将观念转化为实践。采购员正是执行采购实践的人，他们的工作对采购竞争优势的获得起着关键作用。

一 采购人员的基本要求

采购工作的成功与否在很大程度上取决于采购人员，因此，加强对采购人员的开发工作十分重要。

在实践过程中，企业对采购人员的工作需求不是静态的，而是随着采购工作的级别程度动态变化的。只有了解这种动态变化的基本内容，才能使得不同级别的采购工作由适合的人来承担，以保证采购工作的顺利进行。表2-5介绍了不同级别的采购对采购人员的基本要求。

表 2-5 采购人员的分级状况

采购级别	采购人员的状况		
	采购员的资历	采购员的工作特征	占总体的比例
开始	无需特别的资历	订货登记员等	80%属于办事员的工作范畴
初级	无需特别的资历	基本的采购如常规订货	60%~80%属于办事员的工作范畴
发展	需正规学校毕业	参与谈判、了解采购及日常采购的职能	40%~60%属于办事员的工作范畴
中级	需具备商务资历	专业商品采购人员，可能还要具备其他职能领域的知识，全面参与新产品的开发，主要工作是谈判及供应商开发	20%~30%属于办事员的工作范畴
高级	需专业或研究生资历	参与更具战略性的工作，更多关注总购置、成本、供应基础管理等	小于20%属于办事员的工作范畴

二 采购人员的岗位职责

(一) 采购总监的职责

采购总监的职责有：在总经理的领导授权下，采购总监直接负责采购部门的各项工作并行使其职权；在公司总体经营策略指导下，制定符合当地市场需求的营运政策、客户政策、供应商政策、商品政策、价格政策、包装政策、促销政策、自有品牌政策等各项经营政策；在遵循公司总体经营策略下，领导采购部门达成公司的业绩及利润要求；给予采购人员相应的培训；保持采购本部与其他分部的密切沟通与配合。

采购总监的主要工作有：制定及督导各项经营政策及措施的实施；制定并督导各部各月、季、年度各项销售指标的落实；协调各采购部门经理的工作并予以指导；负责各项费用支出核准，各项费用预算审定和报批落实；负责监督及检查各采购部门执行岗位工作职责和行为动作规范的情况；负责采购员工的考核工作，在授权范围内核定员工的升职、调动、任免等；定期给予采购人员相应的培训。

(二) 采购经理的职责

采购经理的职责有：对公司分配给本部门的业绩及利润指标进行细化并进行考核；负责本部门全体商品的品项合理化、数量合理化及品项选择；负责本部门全体商品价格决定及商品价格形象的维护；制定本部门商品促销的政策和每月、每季、每年的促销计划；督导新商品的引入、开发特色商品及供应商；督导滞销商品的淘汰；决定与供应商的合作方式、审核与供应商的交易条件是否有利于公司运营；负责审核每期快讯商品的所有内容；参与A类供应商的采购，为公司争取最大利益；在零售企业需要支援时予以支援；负责本部门工作计划的制定及组织实施和监督管理；负责部门的全面工作，保证日常工作的正常运作；负责执行采购总监的工作计划；负责采购人员的业务培训和管理。

(三) 采购主管的职责

采购主管的职责有：采购部门商品政策的执行监督；卖场商品结构的设计与搭配；商品基本售价的决定；价格底线的决定；控制商品利润；设定与监督商品品质与新鲜度基准；维持重点商品的价格形象；监督滞销品的淘汰；开发特色商品；决定厂商业务合作的方式；采购人员的培养及管理。

(四)采购助理的职责

采购助理的职责有：协助采购经理、主管开展日常工作；协助采购经理、主管外出时暂代其职务；分派采购人员及采购文员的日常工作；负责次要商品的采购；协助采购人员与供应商谈判价格、付款方式、交货日期等；采购进度的追踪；保险、公证、索赔的督导；审核一般商品的采购申请；市场调查；供应商的考核。

(五)采购工作人员的职责

采购工作人员的职责有：根据预算实绩，采购工作人员对于每月各店的营业额，有责任促其达成预算实绩，并对于毛利额预算的达成有绝对的责任。

制定销售计划及采购计划。每月的重点销售商品须有一套完整的销售计划。为了执行销售计划，采购工作人员同时要拟订一份采购计划以利于执行。如确定重点商品的预定销售价格、采购价格、采购数量、采购来源等。

进行采购作业。包括：商品的议价；交易条件协商；新商品的引进及议价；商品的配送方式；数量决定。

实施商品管理。包括：畅销品及滞销品的分析；滞销品的处理；库存状况的掌握及控制；商品的店间移动调度；商品配置表的制作与管理；坏品退货监督；订货业务的检查；商品鲜度的监督；商品台账的管理；卖场陈列展出指导。

商品信息收集。包括：本店商品销售信息收集；顾客商品需求信息；竞争店商品销售信息；供应商商品变动信息。

(六)采购文员的职责

采购文员的职责有：请购单、验收单的登记；订购单与合约的登记；交货记录及跟踪；供应商来访的安排与接待；采购费用的统一申请与报支；进出口商品文件及手续的申请；电脑作业与档案管理；承办保险、公证事宜。

三 采购人员的素质要求

通常，一名合格的采购人员应具备以下几方面的素质。

(一)必备的才能

1. 分析能力

由于采购人员常常会面临许多不同策略的选择与制定，例如商品样式和颜色的购买决策、何为消费者所能接受的价格、商品如何陈列与展示、如何促销与宣传才能得到消费者的回应等，因此，采购人员应具备使用分析工具的技能，并能针对分析结果制定有效的决策。此外，采购人员还须具备成本分析意识，精打细算、锱铢必争。所谓"一分钱一分货"，不可花一分冤枉钱，不可买品质不好或不具有使用价值的物品。

2. 预测能力

在现代动态经济环境下，商品的采购价格与供应数量是经常调整变动的。采购人员应依据各种产销资料来判断货源是否充裕；与供应商接触，从其销售的态度来揣摩商品可能发生供应情况的变动；从商品原料价格的涨跌推断采购成本受影响的幅度有多少。总之，采购人员必须扩充视野，并具备"察言观色"的能力，从而对商品将来供应的趋势变动能事先预谋并采取对策。

3. 表达能力

采购人员与供应商沟通，必须能正确、清晰地表达采购的各种条件，例如，规格、数量、价格、交货期限、付款方式等，以避免语意含混、滋生误解。特别是在忙碌的采购工作中，采购人员要具备"长话短说，言简意赅"的表达能力，以免浪费时间。"晓之以理，动之以情"来争取采购条件，这更是采购人员必须锻炼的表达技能。

(二)知识与经验

采购人员特别是管理人员至少应具备专科以上的学历，因为接受过正式专科以上教育训练的人员，其所具备的专业知识与技巧较能符合采购工作的需求。除此之外，采购人员最好具有商学背景。

1. 产品知识

无论是采购哪一种商品，采购人员都必须要对其所欲采购的标的物有基本的认识。对于零售超市采购，其对商品的了解要比其他行业还要深入，因为其必须担负起销售业绩的相关责任；对流行服饰的采购，采购人员必须要了解尺寸、样式、风格、质料、颜色、织法等知识;对家电用品的采购,采购人员必须了解产品的功能、技术等级、原料、保修期限等。

由于采购的范围大小不一,而商品种类为数甚多,况且流行商品的变化速度很快,采购人员要如何持续性地拥有产品知识呢?有几种方式可供采购人员参考:阅读贸易性期刊、流行杂志,参观展览或到工作现场参观,与供应商保持联络等。

2. 客观理智

采购人员在选择商品或商品组合时绝对不能凭自身的感觉,必须要利用科学的方法针对消费者需求与市场流行趋势进行合理的分析,并将分析结果客观地呈现出来,选择最有利益的商品,不能因主观的偏见而左右了采购策略的拟定。

3. 专注投入

对于采购人员,专注投入相当重要。因为,采购必须要利用更多的时间去了解市场趋势与发掘消费者需求,采购人员必须常常加班,尤其是销售的旺季,如农历年春节前、中秋节、国庆节等,加班到深夜时有所见。除此之外,采购人员还必须协助高层主管规划销售策略。因此,在年度或每年开始时也会特别忙碌,采购人员必须毫无怨言地投入其中。

●(三)道德品质

品行端正是采购人员必备的基本素质。采购人员只有思想品德高尚,才能大公无私、克己奉公、处处为企业着想,才会不贪图个人小利。在实际工作中,我们发现有许多采购人员吃回扣、要好处费或借采购之机游山玩水,这会造成企业采购费用开支过大或采购商品质量低劣,给企业造成巨大损失。结合企业实际情况,采购人员要做到以下几点:胸怀坦荡,大公无私;有很强的工作责任心和敬业精神;树立良好的职业道德形象,把企业的利益放在首位,严格把好进货关;良好的心理素质。

采购工作是一项重要、艰巨的工作,它要与企业内外方方面面的人打交道,经常会受到来自企业内外的"责难",采购人员要有应付复杂情况和处理各种纠纷的能力。在工作中被误解时,在心理上能承受得住来自各方面的"压力"。

第四节 优秀采购团队的构建

一 优秀采购团队的特点

能适合供应链管理新环境的采购团队就是优秀的采购团队,目前最适合供应链管理新环境的采购团队是跨部门采购团队。跨部门采购团队,是指由来自不同部门的人员组成的且为完成采购的任务而组织在一起的组织。

一般而言,一个企业运用跨部门采购团队对供应链的采购进行管理,这个企业的跨部门团队中往往会存在兼职人员。采购团队的职责常常是附加于正常工作职责之外的。这将使跨部门采购团队和团队成员所属的职能部门之间产生冲突。一个团队的领导者或者执行发起人将不得不就团队成员的工作时间进行磋商。

由于团队鼓励跨部门的团体相互联系,所以在团队方式得到正确执行的时候,它可以改进绩效和组织性决策的制定。由于团队将问题和工作作为整体而对其承担责任,所以团队能够更加迅速地解决问题。

这种团队方式也可以打破部门之间的限制性沟通障碍。当组织寻求竞争的更佳方式时,跨部门团队代表了一种新型的结构。目前,跨部门团队在采购方面主要被用来评估和选择主要物品的供应商。跨部门团队可利用多种绩效标准来评估潜在的供应商。该团队能评估供应商的质量、财政稳定性、产品和加工技术、配送和管理实力。与每个部门专家单独发挥作用相比,由部门专家组成的团队应该能够作出更好的决策。

二 跨部门采购团队的构建

跨部门采购团队的组建是一项充满挑战的工作。团队的组建必须要符合我们通常所讲的"天时、地利、人和",不仅要注意选择团队组建的时机,还要注意团队组建时的采购内外部关系联结、买卖双方的关系等。

采购部门要与其他内部团体及供应商结成紧密的合作关系,这样才能形成跨部门采购团队,以达成供应链管理环境下的低成本、高质量、快速响应市场的采购目标。一般来讲,跨部门采购团队的组建分为以下两个方面。

（一）采购的连接

采购部门必须与企业内部和外部相互连接以保持一定数量的信息流。随着采购工作的不断演进，采购部门与其他团队之间的连接将变得更加紧密和重要。

1. 采购的内部连接

采购部门的基本使命就是在了解其他团队和内部客户，尤其是生产部门的需要的基础上，成为这些部门的支持力量。相应地，其他功能部门必须认识到采购部门对信息的需求及采购运营所受的约束。为了便于信息交流，采购部门与其他部门之间将形成一定数量的关键信息连接界面或交流界面。

（1）生产。采购部门一直是生产团队的主要支持者。因为生产与采购之间的关系如此紧密，所以采购部门直接向生产部门汇报情况是自然而然的。直至今日，在许多企业中，尤其是小型企业采购部门仍然向生产部门汇报情况。这种结构同样存在于那些采购物料的成本相对低于其他零部件成本的企业。

生产部门与采购部门的主要连接是在制定生产战略中形成的。因为采购部门直接支持制造与生产工作，所以采购部门必须能够洞察生产战略与计划。采购战略与计划必须与生产计划紧密结合。例如，当计划组装产品和配送服务时，采购部门必须意识到企业生产所需的零部件和服务。由于采购部门负责供应零部件以支持生产计划，采购经理必须与计划人员合作协调将物料配送到具体生产地点。采购部门也必须提交物料交货单和预测供应商是否能够满足这些计划。

采购部门与生产部门可以通过直接交换人员的形式保持信息连接。一些企业将采购部门与人员直接安排在生产地点，这样采购部门就能够对生产需求作出快速反应。即使采购部门不直接向生产部门汇报，它仍然直接支持生产所需要的物料供应。

（2）质量。近几年来，采购部门与质量检验部门进行连接的重要性越来越突显。当企业由外部供应商提供大部分的产成品时，采购部门与全面质量管理部门必须紧密合作，以确保供应商能够按期望进行运作。这两个团队共同参与的项目包括供应商质量培训、生产能力研究和纠正行为计划。这个连接变得如此重要以至于一些企业的采购部门直接对供应商进行质量管理。

（3）工程。最重要和最具挑战性的连接存在于采购部门与工程部门之间。在较短的时间内开发高质量产品的需求将采购部门与工程部门紧密地结合在一起。这当中仍然存在改善这两个团队间相互关系的问题。

工程部门往往是一个非常独立的职能部门。一些工程人员不接受其他职能部门对产品设计的直接帮助。一些工程人员感到"采购人员并不能说出他们的语言",认为他们不能以任何有意义的方式对工程设计程序有所帮助。这些态度通常在那些以工程技术为驱动的高科技企业中占有明显地位。

大量的团队工作将有助于减少采购部门与工程部门间的沟通障碍。两部门间的协作程度在过去的几年中不断深化。许多专业工程师已经认识到训练有素的采购专业人员能够对其提供帮助,就像采购部门曾支持生产制造团队那样,采购部门也将支持工程团队的工作。

企业可以通过几种方式在采购部门与工程部门间创造紧密的信息连接和交流。工程技术人员与采购人员可以在开发产品、选择供应商等方面紧密合作,从而形成公开的信息沟通。采购部门可以在工程团队中安排采购人员。这名采购人员与产品和流程工程师保持直接联系以便能对他们的需求作出快速反应。企业同样可以找到一名联络员,让其协调部门间的交流并确保任何一个团队都考虑到了其他相关团队的活动。两个团队定期举办会议,讨论共同关心的问题。最后,许多采购团队正在招募具有很深技术背景的商业经理,从而能够与他们的工程伙伴以专业术语的方式进行沟通。采购与工程部门之间合作关系的成功关键在于"开诚布公的沟通",这将导致团队合作与信任的增加。

工程部门希望采购部门能够执行并支持工程部门工作的任务。例如,工程部门希望采购部门能为某项物品识别最具技术和财务能力的供应商,并确保每一个供应商都能满足工程质量和配送目标。另外,工程部门希望采购部门能够评价供应商的生产能力,积极地让供应商及早介入产品开发程序,形成能鼓励供应商提出革新思想的关系。工程部门同时也希望采购部门能够发现集成到新产品开发和服务中的新技术来源。

(4)会计及财务。采购部门同时也与会计及财务部门间保持密切连接。这些关系并不像采购部门与生产、工程、质量控制等部门的连接那么紧密。实际上,当今采购部门与会计部门的许多连接都已实现电子化。例如,当采购部门向供应商发出物料发货单的同时也向会计部门提交有关物料入库需求的信息。接到订购的物料之后,物料控制系统将采购文件由订购状态或交易状态更新为已接收状态。然后,会计部门将收到物料入库的信息并对接收数量与订购支付数量进行比较。

采购部门可能会需要会计系统的成本数据。例如，采购部门必须知道因业绩低劣的供应商所造成的重复劳动的成本。有时某一独立活动会增加总成本，但采购部门通常不保留这一成本数据。采购绩效评价系统要依靠会计部门的成本数据来帮助计算已购商品的总成本，这对制造或购买决策是非常重要的。在做资金决策时，采购部门也必须与财务会计部门紧密合作。

（5）营销或销售。采购部门与营销部门之间的连接是间接的。采购部门需要给予新产品支持，而许多新产品的开发构想都源于代表企业最终客户要求的营销人员。营销部门将编制销售预测，而这将进一步转化为生产计划。采购部门必须选择供应商和订购物料，以支持营销计划和生产计划。

（6）法律。采购部门要经常与法律部门进行讨论以征求有关合同具体条款的咨询意见。这包括新产品开发中的商标所有权条款、知识产权、产品职责声明、垄断、包含逃逸条款等合同条款问题及其他可能发生的法律问题。电子商务所带来的许多法律问题同样需要采购部门向法律部门咨询相关意见。

（7）环境管理、健康和安全。采购部门同样必须向环境管理、健康及安全部门的人员进行咨询以确保供应商采用安全的运输方式和遵守国家、地方的安全规定。

2. 采购的外部连接

采购部门同样与企业外部团体保持着广泛的连接，这些连接在某些方面比采购的内部连接更重要。采购部门充当着与外部环境进行联络的联络员角色，这将涉及包括物料、新技术、信息和服务在内的诸多问题。采购部门及营销部门代表企业的外部形象。采购部门与供应商之间的关系将直接影响供应商对采购部门所在企业的看法。

（1）供应商。采购部门的外部连接主要是与供应商的联系。采购部门的职责就是与供应商保持公开交流并选择进行业务合作的供应商。采购部门应与供应商就主要信息进行联系，但这并不意味着非采购部门不能与供应商就具体项目和问题交换意见，进行交流。采购部门应促进企业间更多的交流与合作。

采购部门的职责就是选择供应商并与供应商保持重要的商业关系，这包括与采购协定和其他重大议题相关的任何问题。非采购部门不应该自己选择供应商并独自与其开展合作或直接与潜在的供应商就某个商品达成协议，因为这些应是采购部门负责的活动。

（2）政府部门。采购部门需要与不同层次和区域的政府部门保持信息连接。例如，采购在国际双边贸易中扮演着重要角色，当达成双边贸易协定时，采购部门经常要与外国政府部门签订协议。同时，采购部门需要就各种各样的问题向政府机关进行咨询，如：环保部门、国防部门、外交部门等。

（3）当地社会团体。采购部门可能要与当地的社会团体及其领导者保持密切联系。采购部门控制着大量的预算，其有能力对企业的社会目标产生一定的影响。这些目标包括由当地供应商供应所需商品、对优秀的供应商奖励一定的业务份额等。

（二）买方与卖方关系

买方与卖方关系的传统方式就是由大量供应商供应大多数所购物品，这一方法对大多数行业来说可以追溯到20世纪20年代。采购人员可以采用多次投标的方法，让供应商相互竞争从而以最低价格采购所需物资。同时，这种方法的主要特征是使用短期合同，因为采购人员不愿意在未来长时间地受制于某一家供应商。这种方法有时也能鼓励供应商不断展开竞争，以提高生产率和改善产品质量，但这种激励作用较为有限。短期合同着眼于尽快实现利润最大化，采购者与销售者之间基本上没有相互承诺与信任可言，这将会进一步限制合作创新和绩效改善。虽然在采购某些物料时仍然采用这种方法，但它通常不适用于高价值的商品和服务。这一方法无法体现紧密关系所创造的价值，所以我们认为，在供应链管理环境下，买方与卖方之间应形成一种紧密的关系。

一家企业与供应商形成紧密关系可以得到以下利益。

1. 相互信任

这是形成其他所有紧密关系的基础。信任，是指相信对方的性格、能力、力量或者真实性。信任可能使供应商与买方企业分享成本数据，通过共享双方想法的方式共同努力以削减供应商的成本。信任同样可以使供应商与采购人员共同合作，以便及早介入新产品的开发。

2. 买卖双方均能从长期合同中受益

长期合同将鼓励供应商投资建设新的工厂和购买新的机器设备。这种投资将使得供应商的效率更高，从而以更低的成本向买方供货。长期合同也将促使双方共同开发新技术，实现风险共担，并增强供应商供货能力。

在供应链管理环境下，买方与卖方还可以组建协调的买卖双方关系，即组建买卖双方间的合作关系。这可以从以下几个方面入手。

1. 从敌对关系向协作关系转变

向协作关系转变是大多数买卖双方的演变方向。买方与卖方从敌对的短期关系向相互信任和承诺的协作关系转变的过程如下。

（1）供应管理的传统方法。双方不够信任或尊敬，经常公开反对对方，相互关系甚至是敌对的。多个供应源进行竞争性报价和短期合同是这一阶段采购战略的特征。采购人员将快速更换那些不能使价格降低的供应商。这种关系被描述为敌对性的。

（2）仅仅是怀疑而不是完全的不相信。即仍然存在多家供应商，以保证供应的稳定。由于采购人员努力寻求有能力提供最大程度成本削减的供应商，所以频繁更换供应商的行为仍将时常发生。虽然短期关系仍然存在，但目标开始朝着合作关系靠拢。这种关系被描述为竞争性的或者对抗性的。

（3）紧密购买者与销售者关系，将其作为双方共同努力的方向。即采购人员逐步认识到采用较好的衡量设计和质量系统维持少量供应商数目带来的好处，采购人员鼓励供应商提出削减成本的想法。在这一阶段，集中缩短前置时间的战略会变得很受欢迎。例如，采购人员开始认识到供应商介入产品设计所能带来的好处。这种关系被描述为合作性的。

（4）采购人员与供应商之间完全信任。双方都承诺共同合作并制定能支持世界级绩效水平的战略，采购部门负责管理能支持企业实现绩效目标的最佳供应商。双方都对总成本的构成要素予以关注，从而实现共同的成本削减，信任和信息共享变得很普遍。这种关系被描述为协调性的关系。

2. 战略联盟是一种特殊类型的协作关系

采购人员并不要求与所有供应商建立协调一致的或战略性的伙伴关系。一些供应商提供随处可以买到的标准产品。对于这些供应商，采购人员只须与其建立并维持稳定的业务关系。企业应与提供技术含量高、复杂的、高价值的商品和服务的供应商建立战略合作关系。

在协调一致关系形成的初期阶段，企业通常不选择那些明显不适合的供应商，但原因各异：供应商没有能力为企业服务，它们距离企业太远，它们不能与企业很好地合作或者对发展合作关系不感兴趣等。经过深思熟虑剔除这些供应商后，企业可以遇到愿意付出时间和努力来形成紧密关系的供应商。在这种情况下，企业可能考虑发展一种特殊的供应链关系，实现机密信息的共享，投资共同项目，以共同追求利益上的明显改善。这种强合作关系被称为战略性供应商联盟（战略联盟），指为加强双方企业的战略能力和运营能力，取得双方共同的持久利益而形成的长期合作关系。只有能够为双方带来明显的价值改善，这种战略联盟关系才能维持下去。成功的联盟要求极高水平的合作、信任、信息共享，要求高级管理层充分利用合作的机遇。这种关系主要包括：协调双方目标、削减总成本、改善质量和缩短时间周期、增强整体竞争优势。这将得到其他传统关系所不能得到的利益。

参与战略联盟的双方必须变更基本业务活动以减少重复劳动和浪费，从而实现改善绩效的目的。通过战略联盟，企业可以减少供应链中的浪费和重复劳动，从而使效率和效益得以改善。但是，战略联盟的形成过程将需要花费大量时间。一般而言，战略联盟包括以下四个阶段。

（1）联盟概念的形成。企业认为协作方式具有吸引力并为现有方式提供一个潜在的替代方式。这一阶段将形成重要的合作计划以决定究竟"理想战略联盟"是什么，然后决定哪种类型的联盟可能更现实。

（2）联盟决策的完成。联盟决策完成，企业形成选择联盟伙伴的战略和运营层面的构想。

（3）联盟确认。这里的重点是战略伙伴的选择和确认。管理人员通过与联盟伙伴举办合作会议，确定战略和管理目标，并使这种关系不断强化。

（4）联盟的维持与完善。为了不断地管理和评价绩效以决定是否应维持、修改或终止联盟，必须形成反馈机制。如果发生争端，则企业需要不同类型的争端解决机制。

供应商联盟的下述特征对其成功非常重要：信任和合作、相互依存、高质量的信息、积极参与、信息共享、共同解决问题、避免使用严厉的争端解决策略和存在正式的供应商或商品联盟选择程序。有人将战略关系比喻为婚姻关系。在达成共识之前，双方需要确认它们能够相当好地理解和懂得对方。每一方都需要建立一系列的对未来的期望，这些期望通常用绩效目标的形式来表述，界定了采购部门对供应商的期望，以及供应商对买方企业的期望。

◆本章小结◆

合理设置采购管理部门应遵循的原则。伴随着企业组织结构的演变,采购组织结构也经历了从分散采购——集中采购——集中或分散采购——跨职能采购小组结构的变迁。采购管理部门应明确职责,以履行相应职能。合格的采购人员应具备较强的工作能力、丰富的工作经验、良好的道德修养,为此企业应加强对采购人员的开发和培养。要达到采购的全部目标,企业必须拥有一支优秀的采购团队。跨部门的采购团队的主要工作是进行采购连接并处理好买卖双方的关系。

■案例分析■

S公司的采购管理案例

S公司是中国的一家上市公司,其母公司为A集团,A集团对S公司有控股权。经过近20年的发展,S公司成为中国机床设备制造行业最大的厂商之一,拥有完整的产品研发、制造、销售以及采购体系。由于市场变化较快,S公司每年都在推出一批新产品型号来满足市场发展的需求。同时,机床设备的客户定制要求比较高,一些客户订单所需要的产品与标准型号的产品有所不同,因此研发部门需要对客户订单的特殊要求做技术评估,并开发新的零件或物料。S公司的销售量为2018年2万2千台,2019年3万台,包括出口的8千台。销售额2018年100亿元,2019年120亿元。物料和零件种类增长过快,2018年为3万种外购件,7万种自制件;2019年为6万种外购件,12万种自制件。目前所有供应商的总数为600家,其中有长期合同关系的供应商320家,分布在中国的各个省份,其中华东、华中和东北最为集中。

采购部门现有60名员工,其中负责供应商开发和日常管理的20人,供应商质量问题跟踪解决的20人,供应商认证人员10人,其余为助理、文档管理和采购部经理等。

李先生是S公司新上任的采购经理,他原是生产部门的副经理。上任后他很快发现,原来采购部门并不了解每月的销售情况和未来的销售趋势,对研发部门的新产品开发进展也知道不多。由于销售部门的销售预测经常发生大的调整，采购部门会被要求对供应商施加压力，如提供紧急交货或推迟甚至取消已经下达的采购订单。采购的零件和物料总体库存水平很高，但是，也有相当多的物料经常出现缺料情况，导致客户订单交付的延迟。

（资料来源：百度文库资料）

问题思考

1. S公司的采购管理有何问题？
2. 是什么原因造成了以上问题？

复习思考题

1. 影响采购管理部门设置的因素有哪些？
2. 在设置采购管理部门时，应遵循哪些原则？又有哪些设置方法？
3. 采购管理部门的组织类型有哪些？
4. 采购部门的主要职责是什么？主要任务有哪些？
5. 采购人员的工作内容有哪些？
6. 简述跨部门采购团队构建的主要内容。

实训题

把学生分成若干小组，要求在给定的时间内为某企业设计采购管理部门的组织框架，然后各小组派人员登台辩论。

第三章

采购计划与预算管理

◆学习目标◆

通过本章的学习，学生要掌握采购行业竞争环境分析的基本内容；掌握供应市场环境的内容和分析步骤；熟悉采购计划编制的作用和目的；掌握采购计划编制流程；理解采购预算的定义和采购预算编制的原则、流程和编制方法。

开篇案例

中国银联采购计划管理的三重进阶实践

当前，企业竞争日益激烈，采购工作在现代企业经营管理中的重要性日益凸显。但作为企业管理链条的后端环节，需求多变、工作被动也是采购工作无法避免的难题。中国银联采购工作历经十年努力，逐步实现了采购计划管理的"三重进阶"。

中国银联集中采购部门成立于2007年。成立伊始，工作重心在整章建制、合规管理，采购作业实施主要根据业务需求"来一单买一单"，缺乏计划性。2008年采取了采购计划管理，经过数年来的优化，中国银联采购计划管理工作大致历经了项目式管理、统筹式管理、资源式管理三个阶段，工作的计划性和主动性大幅提升。

阶段一：项目式采购计划管理（2008—2010年）

在采购计划管理的初期阶段，工作重点是从无到有，建立采购计划管理制度框架，推行采购计划管理理念，逐步解决采购工作缺乏计划性、无序被动的难题。本阶段，采购计划管理主要基于各个相对独立的采购项目。

阶段二：统筹式采购计划管理（2011—2014年）

在采购计划管理的中期阶段，工作重点是从有到精，通过服务前移，建立更融洽的需采关系，推进需求环节和采购环节的统筹，解决项目实施中面临的需求零散等问题，提升采购集约效益。本阶段，采购计划管理更加注重需求环节和采购环节的主动统筹。

阶段三：资源式采购计划管理（2015年至今）

采购工作日益规范有序，与此同时，项目管理机制和采购管理机制衔接中的问题也逐步显现。如，按照现行管理规定，只能先立项后采购，而服务器、存储设备、网络设备等IT资源,要随具体项目多次立项采购,其法定采购和到货周期较长,既难以满足紧急业务需要,又容易引发兼容性等问题。

为此,采购部门积极与需求部门、项目管理部门研究探讨,进一步转变思路,将采购计划管理由项目管理向资源管理转变,从资源配置角度,协同前后工作链条进行创新优化。

(资料来源:姜红.中国银联采购计划管理的三重进阶实践[J].中国招标,2019,1396(02):19-21)

第一节 采购市场环境分析

采购环境分析是为了更好地制订采购决策而进行的系统分析。采购部门在进行采购计划之前必须进行采购环境分析采购调查,掌握采购内外环境情况。

一 产业(行业)竞争环境

产业竞争力,亦称产业国际竞争力,指某国或某一地区的某个特定产业相对于他国或地区同一产业在生产效率、满足市场需求、持续获利等方面所体现的竞争能力。竞争力的实质是比较,因此,产业竞争力的内涵涉及两个基本问题,一是比较的内容,二是比较的范围。具体来说,产业竞争力比较的内容就是产业竞争优势,而产业竞争优势最终体现于产品、企业及产业的市场实现能力。因此,产业竞争力的实质是产业的比较生产力。所谓"比较生产力",是指企业或产业能够以比其他竞争对手更有效的方式持续生产出消费者愿意接受的产品,并由此获得满意的经济收益的综合能力。产业竞争力比较的范围是国家或地区,是一个区域的概念。产业竞争力分析应突出影响区域经济发展的各种因素,包括产业集聚、产业转移、区位优势等。

对产业竞争环境分析的常用方法是波特"五力模型"。"五力模型"认为行业中存在着决定竞争规模和程度的五种力量,这五种力量综合起来影响着产业的吸引力以及现有企业的竞争战略决策。构成行业环境的五种力量是:供应各种原料、组件、服务或产品给企业的供应商;随时可能加入该行业成为企业直接竞争者的潜在进入者;可提供企业所生产产品相同功能、有替代效果的替代品;直接与企业发生竞争的直接竞争者;向企业购买产品的购买者。任何产业的竞争规律都将体现在这五种竞争的作用力上。

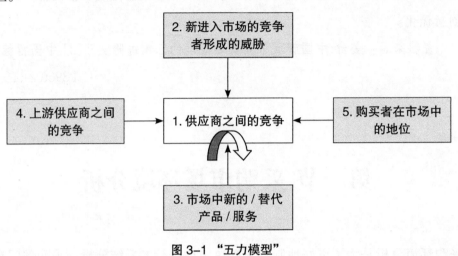

图 3-1 "五力模型"

二 供应市场环境

供应市场分析是指为了满足企业目前及未来发展的需要,针对采购的商品,系统地进行供应商、供应价格、供应量、供应风险等基础数据的搜集、整理和分析,为企业的采购决策提供依据。为了获得正确的产品和服务,采购活动必须了解供应市场。供应市场分析主要是所面临的供应环境分析,供应环境是指企业内部微观环境因素与供应商所处行业环境因素以及企业供应管理活动有关的宏观环境因素的总和。

(一)供应市场环境分析的内容

1. 企业内部环境分析

企业内部环境包括企业的物质环境和文化环境。它反映了企业所拥有的客观物质条件和工作状况以及企业的综合能力,是企业系统运转的内部基础。企业内部环境分析也可称为企业内部条件分析,其目的在于掌握企业实力现状,找出影响企业生产经营的关键因素,辨别企业的优势和劣势,以寻找外部发展机会,确定企业战略。如果说外部环境给企业提供了可以利用的机会的话,那么内部条件则是抓住和利用这种机会的关键。

从采购角度理解企业内部环境，主要表现在以下三个方面。

（1）企业领导对采购工作的重视程度。企业的高层领导是否认识到供应管理对产品质量和价值的贡献以及对企业利润的贡献，在企业流程重组中将供应管理放在什么位置。

（2）各部门对采购工作的支持力度。销售部门是否及时提供顾客订单调整情况和顾客反馈信息，财务部门是否有充足的资金保证，设计部门提供原材料、零部件变动情况的及时程度，人力资源部门是否提供适合供应管理人员的激励机制、薪酬水平和培训机会。

（3）信息技术在采购工作中的应用程度。

此外，企业的核心竞争力、组织文化、组织氛围、领导素质、组织结构和资源条件等内部环境因素对企业采购的正常运行发展都起到了重要的作用。

2. 供应商及所处行业环境分析

（1）供应商因素。供应商因素包括供应商的组织结构、财务状况、产品开发能力、生产能力、工艺水平、质量体系、交货周期及准时率、成本结构与价格等。

（2）供应商所处行业环境因素。供应商所处行业环境因包括该行业的供求状况、行业效率、行业增长率、行业生产与库存量、市场供应结构、供应商的数量与分布等。根据产业组织理论，供应商所处行业的市场结构可划分为完全竞争市场、垄断竞争市场、寡头垄断市场和完全垄断市场。根据市场结构的划分，供应市场结构类型和相应的典型例子见表3-1。

表 3-1　供应市场结构类型

供应商	采购商		
	一个	少数	大量
一个	双向、相互的完全垄断（备件）	有限、供应完全垄断（燃油泵）	完全供应垄断（煤气）
少数	有限的、需求完全垄断（电话交换机）	供需双向平衡、垄断竞争（化学半成品）	寡头垄断供应市场（复印机、计算机）
大量	完全需求垄断（军火产品）	寡头垄断采购市场（汽车部件）	完全竞争或垄断竞争市场（办公用品）

从买方即采购方考虑，根据表3-1中的卖方即供应商完全垄断、寡头垄断、垄断竞争及完全竞争四种典型供应市场结构，归纳出其供应市场机构的主要特点如表3-2所示。

表 3-2 典型供应市场结构的主要特点

市场形式 供应策略	完全竞争市场	垄断竞争市场	寡头垄断市场	完全垄断市场
供应市场特点	大量供应商想与企业合作,由市场决定价格	供应商数量众多,采购人员可以影响价格	供应商数量有限,供应商影响价格	只有一个供应商,由供应商决定价格
供应商的定价策略	按市场价格销售	供应商试图使产品的价格差异化	供应商跟从市场领导者	利润最大化,但诱使不产生替代品的价格
产品类型和例子	农产品(初级产品交易)、标准件(如螺钉、轴承)	部分印刷品	钢材、铜、胶合板、汽车、计算机设备	专利所有者(药品)、版权所有者(软件)
具有价值的采购活动	期货或其他套期交易	分析成本、了解供应商的流程	分析成本、必要时可以与较弱的竞争者签订合同,以获折扣	专利所有者(药品)、版权所有者(软件)
合作关系类型	商业型的供应合作关系	优先型或伙伴型的供应商	伙伴型的互利合作关系	合作伙伴关系

不同的供应市场决定了采购企业在采购种的不同地位,需要相应采取不同的采购策略和方法,根据表3-2典型供应市场结构特点采取如下措施:一是针对供应商完全垄断市场,采购商在产品设计前端就应尽量避免选择这种供应商完全垄断的产品,如不得已需要采购此产品,应尽量与该供应商结成合作伙伴的关系;二是对于供应商寡头垄断竞争中的产品,采购商应尽可能与供应商结成互利合作的伙伴关系;三是对于供应商垄断竞争市场中的产品,采购商应尽可能优化已有的供应商并发展成伙伴合作关系;四是对于供应商完全竞争市场中的产品,采购商应与供应商保持商业性的供应业务合作关系。

3. 宏观供应环境分析

宏观环境是指那些给企业供应工作带来机会和威胁的主要社会力量和社会条件,主要包括政治环境、经济环境、法律环境及社会、技术等其他环境。宏观供应环境分析主要采用PEST分析法。PEST分析是战略咨询顾问用来帮助企业检阅其外部宏观环境的一种方法。宏观环境又称一般环境,是指影响一切行业和企业的各种宏观力量。对宏观环境因素作分析,不同行业和企业根据自身特点和经营需要,分析的具体内容会有差异,但一般都应对政治(Political)、经济(Economic)、社会(Social)和技术(Technological)这四大类影响企业的主要外部环境因素进行分析,具体见下图。

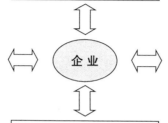

图3-2 PEST分析法

(二)供应环境分析的步骤

1. 确定供应环境分析的目标

要解决什么问题,问题解决到什么程度,解决问题的时间长短,需要多少信息,信息准确到什么程度,如何获取信息,谁负责获取信息,如何处理信息等问题都包含在供应环境的目标分析中。

2. 成本效益分析

分析成本所包含的内容、进行分析所需要的时间、分析获得的效益是否大于所付出的成本。

3. 设计供应环境调研方案

包括整个分析所需要的人力、物力、财力是否可以获得,所策划的分析方案是否被执行的可能性。没有可执行性的分析方案是华而不实的,对企业来说没有任何意义。

4. 实施供应环境调查

包括确定获取信息需要采取的具体行动,包括目标、工作内容、时间进度、负责人、所需资源等。除了案头分析之外,还要与供应商面谈,加以实地研究。案头分析是收集、分析及解释任务的数据,它们一般是别人已经收集好的,在采购中这类分析用得最多;实地研究是收集、分析和解释案头分析无法得出的细节,它设法追寻新信息,通过详细的项目计划为此类分析做好准备。在实施阶段,遵循分析方案的计划是非常重要的。

5. 编写供应环境分析报告

供应市场分析及信息收集结束后,要对所获得的信息和情报进行归纳、总结、分析,在此基础上提出总结报告,并就不同的供应商选择方案进行比较。对分析结果的评估应该包括对预期问题的解决程度、对方法和结果是否满意等。

第二节 采购计划

一、采购计划的含义、作用

(一)采购计划的含义

采购计划,是指企业管理人员在了解市场供求情况,认识企业生产经营活动过程中和掌握物料消耗规律的基础上对计划期内物料采购管理活动所做的预见性的安排和部署。广义的采购计划是指为了保证供应各项生产经营活动的物料需要量而编制的各种采购计划的总称。狭义的采购计划是指每个年度的采购计划,即对企业计划年度内生产经营活动所需采购的物料的数量和采购的时间等所做的安排和部署。采购计划主要包括两个部分内容:采购计划的制定和采购订单计划的制定。一项完善的采购计划包括采购工作的相关内容、对采购环节的分析及行动计划,如下表所示。

表 3-3 采购计划的主要内容

事项	具体内容
计划概要	对拟议的采购计划给予扼要的综述,易于管理机构快速浏览
目前采购状况	提供相关物料、市场、竞争以及宏观环境的相关背景资料
机会与问题分析	确定主要的机会、威胁、优势、劣势和采购面临的问题
计划目标	确定计划在采购成本、市场份额和利润等领域所完成的目标
采购战略	提供将用于实现计划目标的主要手段
行动计划	谁去做,什么时候做,费用多少
过程控制	确定如何监控采购计划实施过程

(二)采购计划的作用

计划是对未来的谋划,是管理的首要职能,采购计划是企业计划体系中的重要组成部分。采购计划是采购管理运作的前提,良好的采购计划能保证企业生产物料的正常供应,降低库存及其成本,避免紧急订单的产生,降低采购风险。采购计划主要有以下作用。

(1)为企业组织采购提供依据。采购是企业经营活动的起点,按计划组织采购,是实现有计划地组织生产经营活动的重要保证。

(2)实现企业商品的及时供应。有计划地采购可以提高购进商品的稳定性、可靠性、及时性,与企业完成销售目标等项任务紧密衔接,保证商品供应。

(3)有利于资源的合理配置,以取得最佳的经济效益。采购要求运输、仓储、资金、人员等实施条件,采购计划是企业编制和落实财务计划、储运计划、人力资源计划等计划的重要依据,是企业资源配置的依据。

(4)可以有效地规避风险,减少损失。采购计划的编制,有利于企业内部采购、库存管理、销售等工作环节的协调,促进企业内部进销存的整合与外部供应单位的衔接,提高了确定性,减少不确定性,这对缩短储运时间、降低库存水平、减少费用支出等,都是十分有利的。

二 影响采购计划制定的因素

（一）年度销售计划

除市场出现供不应求的特殊状况外，企业经营计划多以销售计划为起点，而销售计划的拟定，又受到销售预测的影响。销售计划表明各种产品在不同时间的预期销售数量。影响销售预测的因素包括外界的不可控制因素和内部的不可控制因素。外界不可控因素主要包括国内外经济发展情况（如GDP、失业率、物价、利率等）、人口增长、政治体制、文化及社会环境、技术发展、竞争者状况等；内部可控因素主要包括财务状况、技术水平、厂房设备、原料零件供应情况、人力资源及企业声誉等。企业采购计划受到销售计划的制约，采购计划与销售计划要互相适应，制定的采购计划的准确性才合理。

（二）年度生产计划

通常，生产计划依据销售计划来制定，生产计划是依据销售数量，加上预期的期末存货，减去期初存货来制定的。如果销售计划过于乐观，将会使产量过剩及存货过多，造成企业资金周转不灵形成财务负担；反之，如果销售计划过于保守，将使产量不足以供应顾客所需，丧失创造利润的机会。因此，生产计划常常因为销售人员对市场需求量估算不当，造成生产计划朝令夕改，也使采购计划与预算经常调整修正，物料供应长久处于失衡状况。

（三）用料部门请购单

一般生产计划只列出产品的数量，无法表示某一产品需用哪些物料，以及数量多少，因此必须借助于用料清单。用料清单是由研发部或产品设计部门制定的，根据用料清单可以精确地计算出制造每一种产品的物料需求数量。当代企业特别是高科技企业中，产品工程变更层出不穷，用料清单难以及时的修改，导致根据产量所计算出来的物料需求量，与实际使用量或规格不尽相符，造成采购数量过高或不足，物料规格过时或难以购得。采购计划的准确性，必须依赖维持最新、最准确的用料清单。

（四）库存记录卡

由于采购数量必须扣除库存数量，存量记录卡记载是否正确，是影响采购计划准确性的因素之一。这包括实际物料与账目是否一致，物料存量是否全为优良品。必须建立物料的存量卡，以表明某一物料目前的库存状况；再依据需求量，并考虑购料的时间和安全库存量，算出正确的采购数量，然后开具请购单，进行采购活动。

（五）商品标准成本的设定

在编制采购计划时，因为将来拟购商品的价格不容易预测，所以多以标准成本替代。如果标准成本的设定没有以过去的采购资料为依据，也没有工程人员严密精确地计算其原料、人工及制造费用等组合或生产的总成本，则标准成本的设定就会存在问题。标准成本与实际购入价格的差额，就会影响采购计划的准确性。标准成本是根据实际情况的调查和科学方法制定的，是企业在现有的生产技术和管理水平上，经过努力可以达到的成本。标准成本的制定还需要考虑供应商的生产规模、供应商所处的地理位置、采购商品的市场敏感度及毛利策略等因素。

（六）销售效率

销售效率的高低将直接影响采购计划的制定，它会使实际的供应量与预计的产品需求量产生误差。如果产品的销售效率降低，会导致采购的物料数量大于实际需求数量，过低的销售率，还会导致经常修改采购作业。所以，当销售效率有降低趋势时，物料采购计划必须将此额外的供应量减去，才不会发生商品的积压现象。

（七）预期价格

在编制采购计划时，经常需要对商品价格涨跌幅度、市场经济形势、汇率变动等加以预测，个人主观判断与事实的变化有差距，就可能会造成采购计划的偏差。此外，季节性的供应状况，最低订购量等因素，将使采购数量超过正常的需求数量。企业财务状况的好坏也将影响采购数量的多少及采购计划的准确性。

三 采购计划制定前的准备工作

（一）发现需求

企业有确切的需求，才会有采购需求。负责具体业务活动的人员应该清楚本部门的需求：需求什么、需要多少、何时需要。这样，采购部门就会收到来自不同部门的物料需求单。通常采购需求的传达包括采购通知单（请购单）、客户预测订单、重复订购点系统及存货盘点。

1. 采购通知单

使用采购通知单（请购单）是最常用的一种传达采购需求的方法。该单证由需求方填写，用以说明对特定物料需求的一种内部文件。表3-3为一张常见的采购通知单（请购单）。标准的请购单多用于常规的、非复杂部件的采购。非复杂部件需越来越多的在线调拨系统来进行配送。在线调拨系统是连接客户与采购方的一种内部系统，通过有效的内部交流和对物料需求进行追查而节省客户时间。也可以通过其他的系统直接向供应商采购所需要的商品，比如公司的采购卡。

表3-3 采购通知单（请购单）

申请部门：　　　　　　　　　　　　　　编号：
预算额：　　　　　　　　　　　　　　　日　期：

品名/规格/料号	单位	需求数量	描述

需要日期：

遇有问题时通知：

特殊发送说明：　　　　　　　　　　　　申请者：

（说明：一式两份，原件送采购部门，申请者保存文件副本。）

此外，不同企业在电子采购通知系统上的使用也不同。一个只向客户提供采购需求服务的电子采购通知系统和电子邮件差不多，除了能缩短发出采购需求和进行采购之间的时间，这种系统没有其他附加价值。之所以这样设计，是因为如果一个系统过于复杂，令客户感到很难掌握，他们就不会使用这种系统了，而是使用电话或是邮件。

例如，某投资公司向它的全部2,300家客户开发了一种面向台式机的在线采购通知系统。这个系统展示了40家供应商的信息，客户只要点击就可以发出采购通知。该系统还可以对需求状况进行追查。同时，采购通知单的平均成本从80美元降到了21美元。由于公司每年要处理60,000多份采购通知单，所以通知单成本得到了极大的节约。

2. 巡回采购通知单

巡回采购通知单是由商品说明卡片组成的表格，包括了一个由人工操作的系统内所有商品的信息。这种方法适合尚未使用自动化采购的公司。卡片上的信息包括：产品说明、已通过审核的供应商名单及地址、支付给供应商的最终价格、重复订购点、使用记录等。

巡回采购通知单在重复订购常规物料和供应品时大大节省了时间。当存货水平下降到特定的重复订购点时，工作人员就会发出巡回采购通知单，维持存货的稳定水平。这种通知单还可说明目前的存货水平和理想的交货日期。巡回采购通知单提供了买方开立订单所需要的信息，买方不再需要进行信息检索。在自动化系统下，员工只需简单地输入订购要求即可，系统会自动生成采购申请或自动处理订单。当然，随着存货系统电子化管理，巡回采购通知单使用的频率在下降。

3. 客户预测订单

客户订单会引起对物料的需求，特别是当订购商品变化时也会对新部件产生需求。订单代表了对现有物料的需求量。由于信息技术的发展以及电子商务技术的运用，企业会越来越多地推出个性化的产品来满足客户的需求。对于采购部门，这无疑是一个挑战。这要求采购部门要做好准备，应对各种新的物料采购需求。市场预测有助于表明物料的需求量。比如，预测产品需求将上升，意味着对现有的或新的物料需求也会上升。如果已经选择了一个供应商来提供这些物料，则一个像物料需求计划（MRP）这样的自动化订购系统就会自动向供应商发出物料采购指令。

4. 重复订购点系统

重复订购点系统也是发现采购需求的常用方法之一。该系统主要是每个项目都有一个预先确定的订购点和订购数量，当存货减少到给定的水平时，这个系统就会通知物料监控部门向供应商发出一个补货的指令，这个指令的信号可以是屏幕上闪烁的灯，也可以是送往物料控制部门的电子邮件或一份电脑报告。绝大部分订购系统能够自动应用预先设定的订货参数。自动化的重复订购点系统可以有效地识别采购要求。这种系统能够提供当前的存货水平和成千上万个零部件需求的日常数据，因而是目前处理常规物料订购信息的最常用方法。

5. 存货盘点

存货盘点是对库存进行实体核查，用以确定系统记录（案头记录）与手头的实际存货水平是否相符合，也被称为"手头记录"（POH）。若某个项目的实体存货低于系统记录数目，则对这个项目上的记录调整就会引起存货的重复订购。

依赖于标准化、易获得零部件的企业，经常使用存货盘点来决定物料订购需求。在这种情况下，存货盘点包括实地考察一个存放点来决定是否有满足客户需求的存货。如有足够多的存货，就不需要重复订购了。

6. 采购卡

采购卡是企业发给其内部客户的一种信用卡。使用采购卡主要是针对那些小额物品、间接材料、物资和服务等方面的交易，其目的是为了降低管理成本，缩短采购周期。采购卡有支配金额的限制。采购部门和供应商进行价格和其他条款的谈判之后，会把这些优先选择的供应商的名单交给持卡人。采购卡消除了采购订单和单独的发票，使采购的很多环节可以自动进行，能在几天内及时向供应商支付，采购周期缩短了，采购成本也降低了。采购员也可以从日常的小额采购中解脱出来，专注于大额采购和供应管理等问题。

● （二）对所需产品和服务加以准确描述

准确的描述所需要的物品和服务是采购部门、使用者或是跨职能采购团队共同的责任。描述物品或服务的词语应该统一，为了避免误解，应使用名词手册。准确的描述主要包括。

1. 采购申请的传递

采购申请至少有两份：原件和附件。原件送至供应部门而附件留在发出申请的部门。一般，一份采购申请中只能出现一份要求，对于标准化的项目尤其应该如此。对于一些特殊项目，如果需要同时发运，则可以把几项采购要求填在同一张采购申请单上。采取这样的措施简化了记录工作，在使用计算机管理物料需求计划系统的企业中，各项需求由计算机自动汇总。

采购部门确认谁有权提出采购申请是非常重要的。采购部门不是谁提出的采购申请都可以接受。如果采购申请的提出人不是被采购部门指定的特定人选，就绝对不能接受其提出的采购申请。同时，供应商也要明白，申请还不是订单。

在采取其他任何行动之前，必须将采购申请仔细核对。申请数量应该基于预期的需求，而且要考虑经济订货批量。要求的发货日期应该足以进行必要的报价确定、样品检查、发出采购订单和收货等工作，如果给的时间不充足将会造成成本增加。以上这些都应及时提醒申请者。

2. 移动采购申请的使用

为了削减业务费用，有些使用手工采购系统的公司会发现，对于物料和标准件提出的重复需求使用移动采购申请比较好。移动采购申请是某个部门重复采购某一个项目时采用的一种申请方式，具体填写在由硬纸板做成的申请表上。这张申请表包括了对所需项目的详尽描述。当使用者需要这一物品的再次供应时，它们填上数量和需求时间，采购部门填好采购订单，然后在移动申请表上填写供应商、价格和采购订单编号等数据，并将其返给申请方。申请方将移动申请表保存在案，以备下次使用。一张移动申请表可以完成多达24~36次采购，同时它还可以减少文书工作和所需时间，而且做法在一张表中提供了完整的、累计的采购情况。

3. 使用物料请购单

物料请购单能准确描述产品，使用这一方法是一种快捷的方式。在常常需要大量成套物品的公司里，使用物料请购单系统可以简化采购申请的过程。

4. 总括或开口订单

在实际情况允许的条件下，使用总括或开口订单会使企业发出和处理采购订单的成本得到削减。总括订单包含很多项目。开口订单允许增加采购项目或对时间进行延期。一张开口订单正常使用期为一年，当遇到设计或物料规格发生了变化或是出现了一些影响价格或发货的情况，需要双方进行新的谈判时，该开口订单才可能终止或被修改。

5. 无库存采购或系统合同

系统合同或无库存采购是一种较高级的采购形式。在供应链管理环境下，这一技术常用于采购文具和办公用品、易耗品等。

6. 第三方提供维护、修理和辅助物料

一些公司和作为第三方的供应商签订合同，由其保证公司所有的或是一个主要部门的维护、修理和辅助物料的供应。

四 采购计划的制定

采购计划是在了解市场供求的情况下，在掌握物料使用和消耗规律的基础上，

为维持正常的产销活动，在特定时期内对物料采购活动作出的预见性的安排和部署。编制采购计划应该达到如下目的：预估材料需用数量与时间，防止供应中断；避免材料积压，从而过多地占用资金和空间；配合公司生产计划与财务安排；使采购部门事先准备，选择最佳时机购入材料；确立材料耗用标准，控制物料的采购数量与成本。

采购计划包含认证计划和订单计划两部分内容。认证是采购环境的考察、论证和采购物料项目的认定过程，是采购计划的准备阶段。制定认证计划，是通过对库存余量的分析，结合企业生产需要，在综合平衡之后制定为基本的采购计划，包括采购的内容、范围、大致数量等。订单计划是采购计划的实施阶段，采购计划的制定是通过订单实现的，订单制定要充分考虑市场需求和企业自身的生产需求来进行，还要有相当的时间观念，因为采购本身是企业市场预测结果的重要组成部分。认证计划和订单计划二者必须要做到综合平衡，以便保证采购物料能及时供应，同时降低库存及成本，减少应急单，降低采购风险。

●（一）认证计划的制定

采购计划的制定需要具有丰富的采购计划经验、采购经验、开发经验、生产经验等方面的人才来担任，并且要和认证单位等部门协作进行。采购认证计划的编制主要包括以下四个环节。

1. 准备认证计划

准备认证计划可以从以下四个方面进行。

（1）熟悉开发批量需求。开发批量需求是能够启动整个采购程序流动的牵引项，要想制定比较准确的认证计划，首先要做的就是必须熟知企业的生产开发需求计划，开发批量需求来自于开发需求计划。目前，开发批量物料需求通常有两种情形：一种是在以前或者是目前的采购环境中就能够发掘到的物料供应，例如，以前接触的供应商的供应范围比较大，就可以从这些供应商的供应范围中找到企业需要的批量物料需求；另一种情形就是企业需要采购的是新物料，在原来形成的采购环境中不能提供，这就需要企业的采购部门寻找新物料的供应商。

（2）掌握余量需求。随着企业规模的扩大，市场需求也会变得越来越大，旧的采购环境容量不足以支持企业的物料需求；或者是因为采购环境有了下降的趋势从而导致物料的采购环境容量逐渐缩小，这样就无法满足采购的需求。以上这两种情况产生了对采购环境进行扩容的要求,即余量需求。

(3)准备认证环境资料。通常的采购环境包括认证环境和订单环境两部分。有些供应商的认证容量比较大,但是其订单容量比较小;有些供应商的情况恰恰相反,其认证容量比较小,但订单容量比较大。产生这些情况的原因在于认证过程本身是对供应商样件的小批量试制过程,这个过程需要强有力的技术支持,有时甚至需要与供应商一起开发。但订单过程是供应商的规模化生产过程,其突出的表现就是自动化机器流水作业及稳定的生产,技术工艺已经固化在生产流程之中,所以订单容量的技术支持难度比认证容量的技术支持难度要小得多。因此,我们可以看出,认证容量和订单容量是两个完全不同的概念,企业进行认证环境分析的时候要注意区分。

(4)制定认证计划说明书。制定认证计划说明书也就是把认证计划所需要的材料准备好,主要内容包括认证计划说明书(物料项目名称、需求数量、认证周期等)和附件(开发需求计划、余量需求计划、认证环境资料等)两大块。

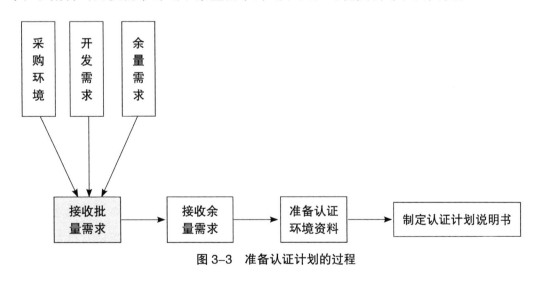

图 3-3　准备认证计划的过程

2. 评估认证需求

(1)分析开发批量需求。开发批量需求分析不仅需要分析量上的需求,还要掌握物料的技术特征等信息。开发批量需求的样式是各种各样的,按照需求的环节可以分为研发物料开发认证需求和生产批量物料认证需求;按照采购环境可以分为环境内物料需求和环境外物料需求;按照供应情况可以分为可直接供应物料和需要定做物料;按照国界可分为国内供应物料和国外供应物料;等等。对于如此复杂的情况，计划人员应该对开发物料需求做详细的分析，必要时还应该与开发人员、认证人员一起研究开发物料的技术特征，按照已有的采购环境及认证计划经验进行分类。

（2）分析余量需求。分析余量需求时要求首先对余量需求进行分类，前面已经说明了余量认证的产生来源：一种情况是市场销售需求的扩大；另一种情况是采购环境订单容量的萎缩。这两种情况都导致了目前采购环境的订单容量难以满足用户的需求，因此需要增加采购环境容量。对于因市场需求原因造成的，可以通过市场及生产需求计划得到各种物料的需求量及时间；对于因供应商萎缩造成的，可以通过分析现实采购环境的总体订单容量与原定容量之间的差别得到。这两种情况下的余量相加即可得到总的需求容量。

（3）确定认证需求。认证需求，是指通过认证手段获得具有一定订单容量的采购环境，它可以根据开发批量需求及余量需求的分析结果来确定。

3. 计算认证容量

（1）分析项目认证资料。分析项目认证资料是计划人员的一项重要事务，不同的认证项目其过程及周期是千差万别的。各种物料项目的加工过程各式各样，作为从事某行业的实体，需要认证的物料项目可能是上千种物料中的某几种，熟练分析几种物料的认证资料是可能的，但是对于规模比较大的企业，分析成千上万种物料的认证资料难度要大得多。

（2）计算总体认证容量。在采购环境中，供应商订单容量与认证容量是两个不同的概念，有时可以互相借用，但绝不是等同的。一般在认证供应商时，要求供应商提供一定的资源用于支持认证操作，或者一些供应商只做认证项目。总之，在供应商认证合同中，应说明认证容量与订单容量的比例，防止供应商只做批量订单，而不愿意做样件认证。计算采购环境中的总体认证容量的方法是把采购环境中所有供应商的认证容量叠加，对有些供应商的认证容量需要加以适当系数。

（3）计算承接认证量。供应商的承接认证量等于当前供应商正在履行认证的合同量。一般认为认证容量的计算是一个相当复杂的过程，各种各样的物料项目的认证周期也是不一样的，一般是计算要求的某一时间段的承接认证量。最恰当、最及时的处理方法是借助电子信息系统，模拟显示供应商已承接认证量，以供认证计划决策使用。

（4）确定剩余物料认证容量。某一物料所有供应商群体的剩余认证容量的总和被称为该物料的认证容量，可以用以下公式简单进行说明：

物料认证容量＝物料供应商群体总体认证容量－承接认证量

这种计算过程也可以被电子化，一般物料需求计划系统不支持这种算法。认证容量是一个近似值，仅作参考，认证计划人员对此不可过高估计，但它能指导认证过程的操作。

采购环境中的认证容量不仅是采购环境的指标，而且也是企业不断创新、维持持续发展的动力源，源源不断的新产品问世就是其价值的最好体现。

4. 制定认证计划

（1）对比需求与容量。认证需求与供应商对应的认证容量之间一般都会存在差异，如果认证需求小于认证容量，则直接按照认证需求制定认证计划；如果认证需求量大大超出供应商容量，就要为剩余认证需求制定采购环境之外的认证计划，以寻找新的供应商。

（2）综合平衡。综合平衡就是指从全局出发，综合考虑生产经营、认证容量、物料生命周期等要素，判断认证需求的可行性，通过调节认证计划尽可能地满足认证需求，并计算认证容量不能满足的剩余认证需求，这部分剩余认证需求需要到企业采购环境之外的社会供应群体之中寻找容量。

（3）确定余量认证计划。确定余量认证计划，是指对于采购环境不能满足的剩余认证需求，应提交采购认证人员进行分析并提出对策，以便一起确认采购环境之外的供应商认证计划。采购环境之外的社会供应群体如果没有与企业签订合同，那么制定认证计划时要特别小心并由具有丰富经验的认证计划人员和认证人员联合操作。

（4）制定认证计划。这是认证计划操作的主要目的，是衔接认证计划和订单计划的桥梁，只有制定好认证计划，才能根据该认证计划做好订单计划。

● **（二）订单计划的制定**

订单计划的制定和认证计划的制定环节相似，订单计划的制定也包括四个主要环节。

1. 准备订单计划

准备订单计划主要分为四个方面：预测市场需求、确定生产需求、准备订单环境资料和制定订单计划说明书。

（1）预测市场需求。市场需求是启动生产供应程序的流动牵引项，要想制定比较准确的订单计划，首先必须预测市场需求和客户订单。市场需求的进一步分解便得到生产需求计划。企业的年度销售计划一般在上一年的年末制定，并报送至各个相关部门，同时下发到销售部门、计划部门、采购部门，以便指导全年的供应链运转，根据年度计划制定具体的市场销售需求计划。

（2）确定生产需求。生产需求对采购来说可以被称为生产物料需求。生产物料需求的时间是根据生产计划而产生的，通常生产物料需求计划是订单计划的主要来源处。采购计划人员需要深入熟知生产计划以及工艺常识以更好地理解生产物料需求。在MRP系统之中，物料需求计划是主生产计划的细化，它主要来源于主生产计划、独立需求的预测、物料清单文件、库存文件。

（3）准备订单环境资料。该项工作通常在认证计划完成之后形成。订单环境资料主要包括：订单物料的供应商消息；订单比例信息（对多家供应商的物料来说，每一个供应商分摊的下单比例称为订单比例，该比例由认证人员计算产生并给予维护）；订单周期（订单周期是指从下单到交货的时间间隔，一般以"天"为单位）；最小包装信息。

（4）制定订单计划说明书。制定订单计划说明书也就是准备好订单计划所需要的资料，同制定认证计划说明书一样，其主要内容包括订单计划说明书（物料名称、需求数量、到货日期等）和附件（市场需求计划、生产需求计划、订单环境资料等）两大块。

2. 评估订单需求

只有准确地评估订单需求，才能为计算订单容量提供参考依据，以便制定出好的订单计划。它主要包括以下三个方面的内容。

（1）分析市场需求。订单计划不仅要考虑企业的生产需求，还要兼顾企业的远期规划和潜在的市场需求。此外，制定订单计划还需要分析市场要货计划的可信度，在分析市场已签合同数量和未签合同数量（包括没有及时交货的合同）的基础上研究其变化趋势，全面考虑要货计划的规范性和严谨性。

（2）分析生产需求。只有既分析了企业所面临的市场需求并准确地分析了企业的生产需求，才能制定出相对合理而精确的订单计划。分析生产需求是评估订单需求中重要的一环。要分析生产需求，首先就需要研究生产需求产生的过程，然后再分析生产需求的数量和要货时间。

（3）确定订单需求。根据对市场需求和生产需求的分析就可以确定订单需求。订单需求的内容是指通过订单操作手段，在未来指定的时间内将指定数量的合格物料采购入库。

3. 计算订单容量

计算订单容量是采购计划的重要组成部分。不能准确地计算出订单容量就不能制定出正确的订单计划。只有准确地计算出订单容量，才能对比需求和容量，以便制定出正确的订单计划。计算订单容量主要有以下四个方面的内容。

（1）分析项目供应资料。在目前的采购环境中，对于采购工作，物料供应商的信息是非常重要的一项信息资料，因为物料才是整个采购工作的对象。反过来说，如果没有供应商供应物料，无论是生产需求还是紧急的市场需求都无从谈起。可见，有供应商的物料供应是满足生产需求和满足紧急市场需求的必要条件。因而，我们就能意识到分析物料和项目供应资料有多么重要了。

（2）计算总体订单容量。总体订单容量是多方面内容的组合，一般包括两方面内容：一方面是可供给的物料数量；另一方面是可供给物料的交货时间。举一个例子来说明这两方面的结合情况：供应商A在2019年12月31日前可供应1万块电脑主板（其中集成显卡主板6,000块，独立显卡主板4,000块），供应商B在2019年12月31日前可供应8,000块电脑主板（其中集成显卡主板5,000块，独立显卡主板3,000块），那么在12月31日前主板的总体订单容量为18,000块，集成显卡主板订单容量为11,000块，独立显卡主板订单容量为7,000块。

（3）计算承接订单容量。承接订单容量，是指某供应商在指定的时间内已经签下的订单量。承接订单容量的计算过程较为复杂，下面以前面的例子来进行说明：供应商A在11月30日前可以供给9,000块电脑主板（其中集成显卡主板5,500块，独立显卡主板3,500块），若是已经承接集成显卡主板4,000块，独立显卡主板3,000块，则A供应商已承接的订单容量为4,000块集成显卡主板+3,000块独立显卡主板＝7,000块电脑主板。

（4）确定剩余订单容量。剩余订单容量，是指某物料所有供应商群体的剩余订单容量的总和。用公式表示如下：

物料剩余订单容量＝物料供应商群体总体订单容量–已承接订单量

4. 制定订单计划

制定订单计划是采购计划的最后一个环节，也是最重要的环节，主要包括以下四个方面内容。

（1）对比需求与容量。对比需求与容量是制定订单计划的首要环节，只有比较出需求与容量的关系，才能有的放矢地制定订单计划。如果经过对比发现需求小于容量，则企业根据物料需求制定订单计划；如果供应商的容量小于企业的物料需求，则会产生剩余物料需求，此时需要对剩余物料需求重新制定认证计划。

（2）综合平衡。综合平衡，是指综合考虑市场、生产、订单容量等要素，分析物料订单需求的可行性，必要时调整订单计划，并计算容量不能满足的剩余订单需求。

（3）确定余量订单计划。在对比需求与容量的时候，如果容量小于需求就会产生剩余需求。对于剩余需求，要提交订单计划制定者处理，并确定能否按照物料需求规定的时间及数量交货。

（4）制定订单计划。制定订单计划是采购计划的最后一个环节，订单计划做好之后就可以按照计划进行采购工作了。一份订单包含的内容有下单数量和下单时间两个方面的内容：

下单数量＝生产需求量–计划入库量–现有库存量＋安全库存量

下单时间＝要求到货时间–认证周期–订单周期–缓冲时间

某企业1月份对某种原材料的生产需求量为50万个，该月的月初计划有10万个产品入库，该产品的安全库存量为10万个，现有库存量为20万个，问该公司订购该种物料的下单数量是多少？

解：50–10–20+10=30（万个）

答：该公司订购该种物料的下单数量是30万个。

第三节 采购预算

一 采购预算的概念作用分类

（一）采购预算的概念

预算是一种用数量来表示的计划，是将企业未来一定期间内经营决策的目标通过有关数据系统地反映出来，是经营决策具体化、数量化的表现。采购预算是指采购部门在一定计划期间（年度、季度或月度）编制一种以货币和数量表示的采购计划，它实现了采购计划的具体化，为采购资金的控制提供了明确的标准，有利于采购资金控制活动的开展。一般来说，采购预算是为了促进采购计划工作的开展与完善，减少采购的风险，合理安排有限资源，提高资源分配效率。在政府采购中，采购预算是指政府采购中政府部门批复的采购部门编制的采购项目的用款计划，当出现投标人的报价均超过了采购预算时，该次采购将作废标处理。

采购预算编制的内容主要是确定采购所需的资金额度，其额度的确定有以下两种计算方式：

采购预算金额＝本期应购数量×购入单价

采购预算金额＝物料需求计划（MRP）的请购数量×标准成本

采购预算应以现金基础编制，即采购预算应以付款的金额来编制，而不以采购的金额来编制，这样才能使预算对实际的资金调度具有意义。

由于采购预算是企业管理的一种方式和手段，市场竞争常引起企业需求发生变化，因此采购预算也就随之改变。其次，为了确保采购预算与企业战略目标一致，采购管理部门应与企业的其他各部门主管就目标进行积极沟通，调查期望和需求，考虑假设条件和参数的变动，制定出合理的采购资金需求计划。

（二）采购预算的作用

采购计划是预测采购数量的方式，采购预算是对资金使用情况的一种测算，采购预算的制定与采购计划有着密切联系。采购预算与采购计划有相似的作用，具体表现如下几个方面：一是保障企业战略计划和作业计划的执行，确保企业组织目标一致；二是协调公司各组织部门之间合作经营；三是在公司各组织部门之间合理安排有限资源，保证资源分配的效率性；四是控制支出，即预算通过审批和拨款过程以及差异分析来控制支出；五是监督支出，管理者将目前的收入和支出与预算的收入和支出相比较，对变化最大的地方，无论是有利的还不是不利的，是管理者高度重视的对象，确定这些差异的原因及应对方法，对企业的财务状况进行监控。

（三）采购预算的分类

1. 按时间长短分类

根据时间的长短，采购预算可分为长期预算和短期预算。长期预算是时间跨度超过一年以上的预算，主要涉及企业固定资产投资的问题，是一种规划性的资金支出预算。长期预算对企业战略计划执行有重要影响，其编制质量直接影响企业长期目标的实现，影响企业未来较长时间的发展。短期预算是企业一年以内对经营财务等方面所进行的总体规划的说明。短期预算是一种执行预算，对企业任务计划的实现具有重大影响。

2. 根据预算所涉及的范围

根据预算所涉及的范围，采购预算可以将预算分为全面预算和分类预算。全面预算是企业总体规划的数量说明，是企业未来计划和目标等各个方面的总称。全面采购预算属于短期预算的一种，又称为采购总预算，主要涉及企业的产品或服务的收入、费用、现金收支等各方面。分类采购预算的特点和具体范围随着部门和产品特性的不同而有所变化。分类采购预算的种类较多，例如基于具体活动的过程采购预算、各分部门的采购预算等。分类预算是基于具体活动的过程预算，有各分部门的预算（对于分部门来说，这一预算又是总预算，因此分预算与总预算的划分是相对的）。分类预算和全面预算是相互关联的，全面预算由分类预算综合而成。

二 采购预算的主要内容

采购预算主要内容包括四个方面：原料采购预算、MRO供应预算、资产预算及采购运作预算。

（一）原料采购预算

原料采购预算其目的是确定用于生产既定数量的成品或提供既定水平的服务所需原材料的数量和成本。原料采购预算的时间通常是1年或更短。预计生产量确定以后，按照单位产品的直接材料消耗量，同时考虑预计期初、期末的材料存货量，便可以编制原料预算：

预计原料采购量＝预计生产量×单位产品耗用量＋预计期末原料存货－预计期初原料存货

根据计算所得到的预计原料采购量，不仅可以安排预算期内的采购计划，还可得到原料的预算额：

原料预算额＝直接材料预计采购量×直接材料单价

在编制原料预算时考虑期初、期末存货的目的在于尽可能地降低产品成本，避免因原料存货不足影响生产，或由于原料存货过多而造成资金的积压和浪费。

预算的资金数额是基于生产或销售的预期水平及对未来原材料的估计价格来确定的，因此，原料的采购预算常常会偏离实际情况，同时也促使各企业部门采用灵活的预算来调整实际的原材料采购价格。灵活的采购预算能对条件的变化如产出的增加或减少，作出灵活快速的反应。

制定周密的原料采购预算具有以下几个方面的作用：

（1）有助于采购部门设计采购计划，以确保原料需要时能够及时得到；

（2）可以用来确定备用的原材料和成品部件的最大价值和最小价值；

（3）能为财务部门建立确定与评估采购支出需求的基础。

原料采购预算虽然是基于估计的价格和计划的时间进度，除了对本企业生产管理产生作用外，对于供应商也有帮助：

（1）为供应商提供产量计划信息和消耗速度计划信息；

（2）使供应商及时为生产和材料补充的速度制定恰当的计划；

（3）削减运输成本；

（4）帮助提前购买。

另外，原料采购预算还可以提前通知供应商一个估计的需求数量和进度，从而改进采购谈判。

（二）MRO 供应预算

MRO是英文Maintenance, Repair & Operations 的缩写，即Maintenance维护、Repair维修、Operation运行（MRO），通常是指在实际的生产过程不直接构成产品，只用于维护、维修、运行设备的物料和服务，是非生产原料性质的工业用品。

中国的MRO采购和管理与发达国家相比有较大的差距，但可喜的是MRO服务和MRO采购日益得到行业用户的重视。MRO采购对于企业成本控制、利润的影响不可忽视。与构成最终产品的直接物料（Bill of Materia，BOM）不同，MRO物料通常是一些低值易耗的商品，其种类繁杂而且采购量不定，因此，在采购和库存管理上与BOM物料也有着较大的差异。MRO项目的数量可能很大，对每一项都作出预算并不可行，MRO预算通常有以往比例来确定，然后根据库存和一般价格水平中的预期变化来调整。

(三) 资产采购预算

固定资产的采购是企业支出较大的部分，优良的资产采购活动和谈判能力能为企业节省大量资金。通过研究需求可能的来源及与关键供应商建立密切的关系，可以建立既能对需求作出积极响应又能刚好满足所需要花费的预算。固定资产采购的评估不仅要根据初始成本，还要根据包括维护、能源消耗及备用部件等的生命周期总成本。由于这些支出的长期性质，通常用净现值法进行预算和作出决策。采购计划的指导还要考虑生产率的变动对材料需求的影响。如果生产率低下，所耗用的原材料会超过计划的数量，导致采购计划的数量不能满足生产需要，如果次品率增加同样会使材料耗用增加，故生产计划应考虑这一因素，采购计划才能满足生产的需要。

(四) 采购运作预算

采购职能的运作预算包括采购职能业务中所发生的所有费用。这项预算是根据预期的业务和行政的工作量来制定的。这次预算花费主要有工资、福利费用、办公费、设备费、供暖费、房租、通信费、招待费及教育培训费等支出。采购职能的业务预算应反映企业的目标。例如，企业的目标是减少间接支出，那么业务预算中的间接费预算就应该反映这一点。合理的采购费用有利于采购工作的顺利开展，在制定采购预算时必须把此项支出考虑在内。

三 编制采购预算的原则步骤与流程

(一) 编制采购预算的原则

1. 实事求是地编制采购预算

采购预算的编制应本着实事求是原则。第一，对采购规模的测算必须运用科学、合理的方法，力求数据的真实、准确，购买支出要与企业经营目标相一致，不能随意虚增支出。第二，各单位在安排采购预算时，要精打细算，先确定销售预算到确定生产计划，然后确定采购计划。第三，不能为了贪图低价，盲目扩大采购量，从而导致库存积压。第四，采购物资质量要做到实事求是，质量要求不能盲目超前也不能落后，以满足工作需要为准。

2. 积极稳妥、留有余地编制采购预算

采购预算的编制要做到稳妥、可靠、量入为出、收支平衡。首先，积极稳妥是指不要盲目抬高预算指标，也不要消极压低指标。采购预算指标的先进性和可靠性要两者兼顾，发挥采购预算指标的指导和控制作用。其次，采购预算要与财务预算一样，一经批准，便要严格执行。编制采购预算时既要把企业发展需要采购的项目考虑周到，又要注意采购资金的来源是否可靠、有无保证，不能预留缺口。这样制定出的采购预算才能适应市场的变化，满足企业的生产要求，具有一定的发展空间，避免发生意外而处于被动状况，影响企业的生产经营。

3. 比质、比价编制采购预算

企业编制采购预算，应广泛收集采购物料的质量、价格等市场新信息，掌握主要采购物料信息的变化，根据市场信息比质、比价确定采购物料。除仅有唯一供应商或企业生产经营有特殊要求外，企业主要物料的采购要选择两个以上的供应商，从质量、价格、信誉等方面进行性价比择优安排采购。企业主要物料采购及有特殊要求的物料采购，必须审查供应商资格，对已确定的供应商，要及时掌握其质量、价格、信誉的变化情况。另外，企业大宗物料的采购、基建或技改项目所需物料及其他金额较大的物资采购等，应尽量安排招标采购的方式。

(二) 采购预算编制步骤

1. 审查企业以及部门的战略目标

编制采购预算的目的是为了实现企业目标的实现，采购部门作为企业的一个部

门，在编制预算时必须要审视本企业和部门的目标，以确保企业和部门目标相互协调。

2. 制定明确的工作计划

采购预算是对企业未来活动的一种规划和资金需求，企业管理者必须了解本企业业务的活动，明确它的特性和范围的基础上，制定出详细的计划表，并据此来确定实施这些计划活动所需要的支出。

3. 确定所需的资源

在制定了详细工作计划后，企业管理者要根据市场环境和企业实际情况作出合理估计，并确定为了实施企业目标所需要的人力、物力和财力等资源。

4. 提出准确的预算数字

为实施未来活动所需资源的估计可通过以往的经验并运用具体数学方法和统计工具，给出具体实施方案，同时给出准确的预算数字。

5. 汇总

各部门根据自己部门的具体情况制定各自的初步预算，然后对各部门的预算进行汇总，形成最终的总预算。

6. 提交预算

采购预算一般是采购部门会同企业其他部门共同编制的，采购预算编制完成后要提交企业财务部门及其相关管理部门审核通过。

●（三）采购预算编制流程

业务部门的销售计划为年度经营计划的起点，一般预算编制以销售收入的编制为起点，企业根据年度销售计划制定生产计划。在生产计划中就包括了采购预算、直接人工预算及制造费用预算。因此，采购预算是采购部门为配合年度销售预测或生产数量，对需求的原料、物料、零部件等的数量及成本作出详细估计。采购预算如果单独编制，不仅缺乏实际的应用价值，还失去了其他部门的配合。所以，采购预算的编制，必须以企业整体预算制度为依据，采购预算编制的流程和步骤如图3-4所示。

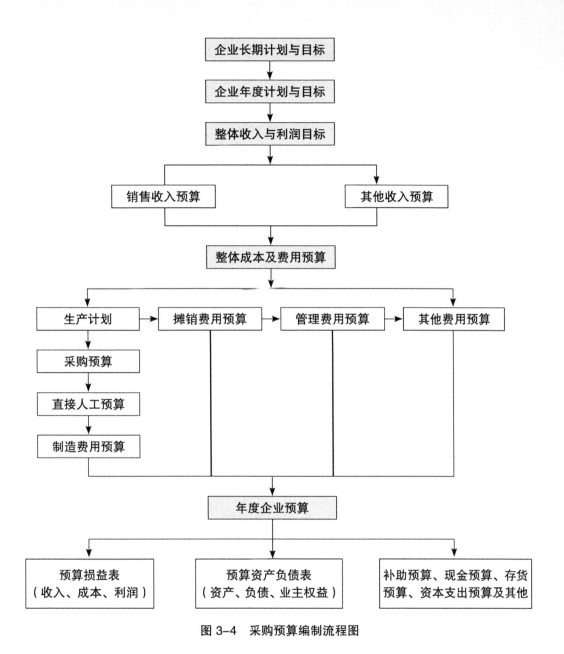

图 3-4 采购预算编制流程图

四 采购预算编制的方法

（一）固定预算

固定预算是指不考虑预算期内业务水平可能发生的变动，只按预算期内某一预估的业务量水平编制，适用于业务量稳定的企业或企业内部的职能部门。这种编制方法较为直观，简便易行，但机械呆板，可比性差，不利于正确的控制、考核、评价采购预算的执行情况。固定预算一般可用于市场情况比较确定的企业，有相对稳定的采购项目，如采购金额变化很小，或者采购项目金额固定的项目。

●（二）弹性预算

弹性预算又称为变动预算，是根据计划期间可能发生的多种业务量，分别确定与各种业务量水平适应的费用预算数额，从而形成适用于不同生产经营活动水平的一种费用预算。

编制弹性预算步骤：首先，确定在计划期内业务量的可能变化范围，对一般企业其变化范围可确定在企业生产能力的70%~110%，或者可取计划期内预计的最低业务量和最高业务量为其下限和上限。其次，根据成本形态，将计划期内的费用划分为变动费用和固定费用。对变动费用部分，要按不同的业务量水平分别进行计算；而固定费用不随业务量的变动而变动。弹性预算一般用于编制弹性成本预算和弹性利润预算。

●（二）概率预算

概率预算是近似地判断出各种因素的变化趋势、范围和结果，之后对各种变化量进行调整，计算其可能值的大小，是利用概率（即可能性大小）来编制的预算。

概率预算必须根据不同的情况来编制，大体上可分为以下两种情况：一是销售量的变动与成本的变动没有直接联系，这时，只要利用各自的概率分别计算销售收入、变动成本、固定成本的期望值，然后即可直接计算利润的期望值；二是销售量的变动与成本的变动直接联系。这时，需要用计算联合概率的方法来计算利润的期望值。

●（三）零基预算

零基预算是指在编制预算时，对于所有的预算项目均以零为起点，不考虑以往的实际情况，而完全根据未来一定期间生产经营活动的需要和每项业务的轻重缓急，从根本上来研究、分析每项预算有否支出的必要和支出数额大小的一种预算编制方法。传统的预算编制方法，是在上期预算执行结果的基础上，考虑到计划期的实际情况，加以适当调整，从而确定出它们在计划期内应增加或应减少的数额。零基预算是一切从零开始，不考虑以往期间的费用项目和金额，根据生产经营的客观需要与一定期间内资金供应的实际可能，对费用项目的合理性进行分析，避免了把过去不合理的费用项目和金额延续到一个计划期。

零基预算编制步骤分为三步。第一，提出预算目标。企业内部各有关部门，根据企业计划期内的总体目标和本部门应完成的具体工作任务，提出必要安排的预算项目，以零为基础确定具体的经费数据。第二，开展"成本—收益"分析。"成本—收益"分析主要是指对提出的每个预算项目所需的经费和所能获得的收益，进行计算与对比分析计算，以衡量和评价各项目的经济效益，从而列出所有项目的先后次序和轻重缓急。第三，分配资金、落实预算。按照上一步骤所确定的预算项目的先后次序和轻重缓急，结合计划期内可动用的资金来源，分配资金，落实预算。

(五) 滚动预算

滚动预算又称连续预算或永续预算，它是指预算在执行过程中自动延伸，使预算期间永远保持12个月，每过一个季度（或一个月）立即在期末增列一个季度（或一个月）的预算，逐期向后滚动。滚动预算的编制一般采用长计划、短安排的方式进行。在编制预算时先按年度分季，并将其中的第一季度按月划分，建立各月的明细预算数。至于其他三个季度的预算数可以粗一些，只列出各季总数。到第一季度结束前，再将第二季度的预算数按月细分，予以具体化，同时立即增补下一年度的第一季度预算数，依此类推。

滚动预算的优点是可以保持预算的完整性与连续性，使有关人员从动态预算中把握企业的未来，了解企业的总体规划和近期目标；能使各级管理人员始终保持对未来12个月时间的考虑和规划，确保各项工作有条不紊地进行；可以根据前期预算的执行结果，结合各种新的变化，不断调整和修订预算，从而使预算与实际情况更相适应，有利于充分发挥预算的指导和控制作用。采用滚动预算的不足之处是编制预算的工作量较大，而且造成预算年度与会计年度在时间上的不一致。

◆ 本章小结 ◆

采购计划与预算是整个采购运作的第一步，也是进行其他采购工作的基础。企业在进行采购时，首先需要了解采购的内外环境，了解采购的行业竞争环境和供应市场环境；其次，是采购计划的制定和采购预算的编制。采购计划制定主要包括采购认证计划的制定和采购订单计划的制定；采购预算编制主要是理解采购预算编制的内容、原则、流程、方法。

■案例分析■

饺子馆的采购问题

胡家饺子馆在南肖埠小有名气，每天客人络绎不绝、生意红火，很让同行们羡慕，可谁知胡老板却高兴不起来。原来尽管生意不错，但由于原料采购不准确，每天都有大量的剩余，造成极大的浪费，利润并不像生意那么"红火"。

三年前，胡老板在南肖埠开了第一家饺子馆，靠地道的手艺、过硬的质量和童叟无欺的信誉，生意一天比一天好，到现在已经在当地成功开设20家直营连锁饺子馆。饺子馆的成本主要是原料、人工、房租和水电费等费用。其他费用都好控制和计算，只有原料采购成本不好预计，饺子的原料饺子皮有隔天不能使用的特点。胡老板算起了细账：如果每份饺子10个，卖5元，直接成本为饺子馅、饺子皮、佐料和燃料，每个饺子成本成本大约2角钱。虽然存在价差空间，可是由于每天有大量的剩余原料，这些采购原料又不能隔天使用，算上人工、水电等经营成本，饺子的成本就接近4角钱了。如果每个店一天卖出100个饺子，同时多余500个饺子原料，相当于亏损了100元，每个饺子的物流成本最高时有1角钱，加上每年的粮食涨价，因此，利润越来越薄。

最大问题是做饺子的数量很难掌握。做少了，客人来了没有馅儿，也等不及现做；做多了，就要剩下。

•采购计划与预算管理• 第三章

  胡老板遇到的问题是一个典型的采购需求预测问题，不少企业特别是餐馆店家都在寻找快捷路径，以便合理控制进货数量，准确预测市场，有效降低采购成本，提高物流效率，这已经成为一个企业经营的关键问题。

（资料来源：百度文库资料）

问题思考

  请结合案例，给胡老板制订一周的采购计划？

复习思考题

  1.怎么理解波特"五力模型"？
  2.简述PEST分析法。
  3.简述采购认证计划的编制？
  4.采购预算编制的流程是什么？

实训题

  以实地调查为主，同时通过互联网、现场走访查找资料，分析采购计划与采购预算编制的过程。

第四章

供应商管理

◆学习目标◆

通过本章学习,要求学生掌握供应商开发的流程,掌握供应商选择与评价的步骤以及伙伴供应商关系的特点,理解供应商管理的内涵与作用,理解供应商选择的方法与评价标准,掌握供应商的控制方法及激励机制,了解供应商关系的分类和供应商调查的内容。

采购就是直接和供应商打交道并从供应商那里获得各种物品的过程。对供应商的管理是采购管理的重要工作。供应商管理的目的,是建立一只稳定可靠的供应商队伍,与其建立起合作性的伙伴关系,为企业生产供应可靠的物品。

开篇案例

华为致信供应商:不会因美国无理改变合作关系

2018年12月6日晚,针对华为CFO孟晚舟被加拿大当局以美国政府要求引渡一事,华为发布了《致全球供应商伙伴的一封信》。信中强调,美国政府通过各种手段对一家商业公司施压,是背离自由经济和公平竞争精神的;但是,华为不会因为美国政府的无理,而改变其与全球供应链伙伴的合作关系。

华为致全球供应商伙伴的一封信(全文)

尊敬的供应商伙伴:

相信您已经注意到,最近一段时期美国对华为有很多指控。华为多次进行澄清,公司在全球开展业务严格遵守所适用的法律法规。

近日,公司CFO孟晚舟女士在加拿大转机时,被加拿大当局以美国政府要求引渡孟晚舟女士在纽约东区接受未指明指控为由临时扣留。

华为公司在该指控方面获得的信息非常少,且不知晓孟晚舟女士有任何不当行为,公司相信加拿大和美国司法体系最终将给出公正的结论。如果有进一步情况,会及时向大家通报。

我们认为，美国政府通过各种手段对一家商业公司施压，是背离自由经济和公平竞争精神的。但是，我们不会因为美国政府的无理，而改变我们与全球供应链伙伴的合作关系。

过去30年，华为坚持价值采购、阳光采购的原则，与全球范围13,000多家企业通过互利、互信、互助的广泛合作，共同打造健康的ICT产业链。

在全球化技术合作和产业发展的浪潮下，产业链上下游企业之间互相依赖、荣辱与共，华为的发展成长与供应商伙伴的发展繁荣息息相关。我们将与供应商伙伴一起，增加互信、共同促进全球ICT产业的持续健康发展。

期望您一如既往的支持！

华为技术有限公司
2018年12月6日

（资料来源：新浪财经）

第一节 供应商管理的概述

一 供应商管理的内涵与作用

（一）供应商管理的内涵

所谓"供应商管理"，就是对供应商的调查了解、选择、开发、使用和控制等综合性管理工作的总称。其中，调查了解是基础，选择、开发、控制是手段，使用是目的。

（二）供应商管理的作用

供应商管理的作用，具体可从技术和战略两个层面来考虑。

1. 技术层面

（1）有利于降低商品采购成本。采购成本在企业总成本中占有相当大的比重。研究表明，采购成本所占比例将随着核心能力的集中和业务外包比例的增加而增加。可见，供应商管理直接关系着产品的最终成本。

（2）有利于提高产品质量。研究表明，30%的质量问题是由供应商引起的。妥善进行供应商关系管理提高采购物资的质量是改进产品质量的有效手段。

（3）有利于降低库存。如果减少库存的压力将使制造商将前端库存转嫁到供应商身上，将后端库存转嫁到销售商身上，这不利于合作伙伴关系的建立，而供应商管理则可以协调库存管理。

（4）有利于缩短交货期。据统计，80%的产品交货期延长是由供应商引起的。要缩短产品的交货期，就要合理选择供应商，并进行供应商管理，从而使供应商参与生产的过程。

（5）有利于制造资源的集成。信息技术的发展、网络的普及，为现代制造业跨地域、跨行业实现信息和技术的实时传递与交换提供了必要条件。制造业面临的是全球性的市场、资源、技术和人员的竞争，制造资源应被集成起来发挥作用早已成为共识，而要集成资源则要进行供应商管理。

2. 战略层面

（1）有利于集成供应链。供应链由节点企业组成，节点企业在需求信息的驱动下，通过职能分工与合作来实现供应链的价值增值过程。从系统论的角度来看，制造资源是整个制造系统的输入，而供应商的行为和要素市场的规范与制造资源的质量密切相关。所以，供应商管理问题是制造的出发点，也是制造成败的关键之一。

（2）有利于企业核心能力的提升。随着企业越来越注重核心能力的培养和核心业务的开拓，从外部获取资源、通过供应商介入新产品开发来提升自身的核心能力的情况日益增多。

（3）有利于新产品的开发。据美国采购经理们预测，未来5年，新产品上市时间将缩短40%~60%，这仅依靠制造商或核心企业的能力是远远不行的，与供应商合作进行新产品开发对于提升自己的竞争能力具有重要作用。

二 供应商管理的目标与战略

（一）供应商管理的目标

1.获得符合企业质量和数量要求的产品或服务。

2.以最低的成本获得产品或服务。

3.确保供应商提供最优的服务和及时送货。

4.发展和维持良好的供应商关系。

5.开发潜在的供应商。

(二)供应商管理的战略

1.设计一种能最大限度降低风险的、合理的供应结构。

2.采用一种能使采购成本最小的采购方法。

3.与供应商建立一种能促使供应商不断降低成本、提高质量的长期合作关系。

三 供应商管理的基本环节

(一)供应商调查与开发

供应商调查的目的就是要了解企业有哪些潜在的供应商,并在此基础上熟悉各个供应商的基本状况,然后进一步了解资源市场的基本情况和性质。从而使我们能正确制定采购决策,并为选择合适的供应商做准备。

在供应商调查和资源市场调查的基础上,还可能发现比较好的供应商,但是不一定马上得到一个完全合乎企业要求的供应商,这就需要在现有的基础上进一步加以开发,这样才能得到一个基本合乎企业需要的供应商。因而,我们认为供应商的开发过程其实就是将一个现有的原型供应商转化成一个基本符合企业需要的供应商的过程,就是一个寻找、发现供应商并进行开发,以建立起适合企业需要的供应商队伍的过程。

(二)供应商选择与评价

供应商选择就是从众多的候选供应商中选择出几家可以长期打交道的供应商,并与之建立长期的合作伙伴关系。选择正式的供应商以后,企业要同供应商合作,开展正常的业务活动,因而就需要进行跟踪评价。供应商评价是一项很重要的工作,它分布在供应商管理的各个阶段,在供应商的选择过程中需要考评,在供应商的使用阶段也需要考评。

(三)供应商的使用、激励和控制

供应商的使用是与选定的供应商开展正常的业务关系。供应商的激励、控制,是企业采取措施不断激励和控制供应商。

●（四）供应商关系管理

建立起不同层次的供应商网络，通过减少供应商的数量，致力于与关键供应商建立合作伙伴关系。供应商管理工作的详细流程如图4-1所示。

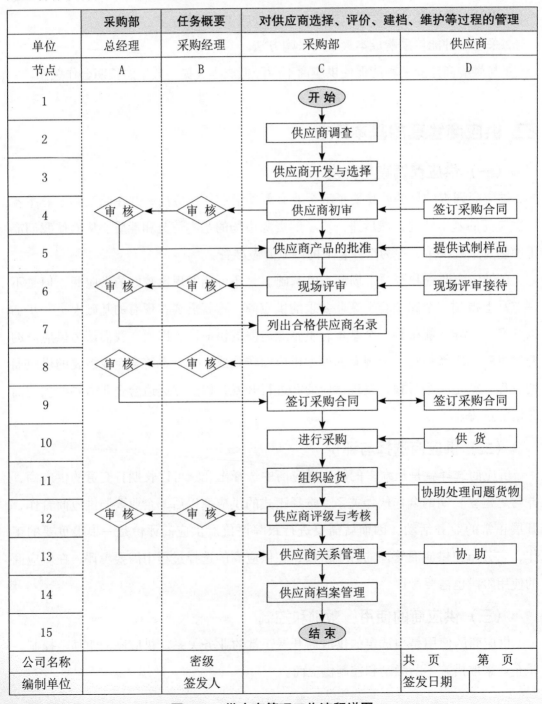

图4-1　供应商管理工作流程详图

第二节 供应商调查与开发

供应商管理的首要工作就是要了解供应商和资源市场，而要了解供应商，首先要做的就是进行供应商调查。

一 供应商调查

供应商调查，在不同的阶段有不同的要求，大致可以分为三种。

（一）初步供应商调查

初步供应商调查主要是对供应商的名称、地址、生产能力、产品、价格、品质、市场份额等基本情况进行调查。进行初步供应商调查，一是为选择正式的供应商做准备，二是通过大量的供应商调查，摸清资源市场的大致情况。作为初步调查，它具有两个特点：一是调查的内容简单、项目少，仅限于供应商的基本情况；二是调查的面广，因为调查是粗线条进行，所以最好能对资源市场中的所有供应商都作简单了解。

初步供应商调查通常采用访问调查法，通过访问有关市场主管人员、产品用户、相关的知情人士等建立供应商卡片，卡片主要记载调查中获得的供应商的一些基本信息。在计算机日益普及和数据库管理系统广泛应用的今天，可将卡片上的信息录入到数据库中，利用数据库进行操作、维护和使用供应商信息。

在初步调查的基础上，要利用调查的资料进行供应商分析。供应商分析的主要内容体现在四个方面：产品的品种、规格、质量和价格是否达到企业要求；供应商的实力、规模、生产能力、技术水平、管理水平、信用度如何；产品是竞争性产品还是垄断性产品，若是竞争性产品，则竞争又呈现什么样的态势；就本企业的地理位置而言，供应商的交通情况如何，在此基础上，对供应商的运输方式、运输时间与运输成本进行分析。总之，初步供应商分析的目的是比较各个供应商的优劣势，从而为正确选择适合于企业需要的供应商提供决策支持。

（二）资源市场调查

初步供应商调查是整个资源市场调查的一部分，因为资源市场的外延较供应商要大得多。除供应商调查外，资源市场调查还包括以下几个方面的内容。其一，资源市场的规模、容量、性质。例如，资源市场到底有多大范围？市场容量有多大？市场结构如何？是新兴市场还是传统市场？其二，资源市场的环境。例如，市场的管理制度、规范化程度、市场的经济规模、发展前景等。其三，资源市场的各个供应商的情况，即前面进行的初步供应商调查所得到的情况。把众多的供应商的调查资料进行分析就可以得出资源市场自身的基本情况，如资源市场的生产能力、技术水平、管理水平、可供资源量、质量水平、价格水平、需求状况以及竞争性质等。

在资源市场调查的基础上，还要进行资源市场分析，进而为企业制定采购策略、产品策略、生产策略提供决策支持。资源市场分析包含三方面主要内容。其一，要确定资源市场是紧缺型市场还是富余型市场，是垄断型市场还是竞争型市场。对于垄断型市场，应当采用垄断型采购策略；对于竞争型市场，应当采用竞争型采购策略，如采用投标招标制、一商多角制等。其二，要确定资源市场是成长型市场还是陈旧没落型市场。如果是陈旧没落型市场，则要趁早准备替换产品，不要等到产品被淘汰了才去开发新产品。其三，要确定资源市场总的水平，并根据整个市场水平来选择合适的供应商。通常要选择在资源市场中处于先进水平的供应商，选择产品质量优而价格低的供应商。

（三）深入供应商调查

深入供应商调查即实地考察，是指经过初步调查后，对有意向合作的企业进行更加深入仔细的考察活动。这种考察，是深入供应商企业，对现有的设备工艺、生产技术、组织管理等进行考察，经过对每一环节的考察，得出是否符合本企业要求的结论。有的甚至要根据所采购产品的生产要求进行资源重组和样品试制，试制成功以后，才算考察合格。只有通过这样深入的供应商调查，才能发现好的供应商，并与之建立起比较稳定的合作伙伴关系。

深入供应商调查费时费力、成本很高，因而并不是对所有的供应商都进行深入调查，只有在符合下列情况之一时才有必要进行深入供应商调查。其一，准备发展为紧密型关系的供应商。例如，在进行JIT采购时，供应商的产品、免检，直接送上生产线进行装配，这样的供应商就像已经成了企业一个生产车间一样。如果要选择这样紧密型关系的供应商就必须进行深入供应商调查。其二，寻找关键零部件产品的供应商。如果所采购的是一种精密度高、加工难度大、在企业的产品中起核心功能作用的零部件产品,在选择供应商时则要特别小心,要反复认真深入考察审核。只有深入调查证明确实能够达到要求,才确定发展其成为企业的供应商。除上述情况外,对于一般关系的供应商或者是非关键产品的供应商,一般不必进行深入调查,只需进行初步调查即可。

二 供应商开发

所谓"供应商开发"就是要从无到有地寻找新的供应商,并建立起适合企业需要的供应商队伍。供应商开发是一个很重要的工作,也是一个庞大复杂的系统,需要精心策划、认真组织。

(一)供应商信息来源

供应商越多,供企业选择供应商的机会就越大。供应商信息的主要来源有:国内外采购指南;产品发布会;新闻传播媒体;产品展销会;行业协会会员名录、产品公报;各种厂商联谊会或同业协会;政府相关统计调查报告或刊物;其他各类出版物的厂商名录;整体性的媒体招商广告;同行试调——即采购人员可到同行业的供应商店内试着调查;厂商介绍——对想要引进的商品向同行厂商询问,厂商提供的相关信息;供应商自己上门介绍。

(二)供应商开发的操作流程

新供应商的开发工作应有计划地进行,并应在预定的日期之前开发成功。开发新供应商的一般步骤按先后顺序如下。

1. 明确需求

这里所说的"需求"主要指:需求何时开发成功;需要何种原材料或零部件;年、月需求量为多少;要开发什么性质的企业作为供应商;要求供应商有什么样的生产能力、品质水平;要求是本地供应商还是远近皆可等。明确以上问题后,寻找供应商时目标就会明确很多。

2. 编制供应商开发进度表

最好按开发供应商的步骤编制一份时间进度表,这样不仅可以使开发新供应商的具体工作明确化,而且也可以尽量减少计划日期被拖延的可能性。表4-1是一份典型的"供应商开发进度表"。

表 4-1　供应商开发进度表

项目负责人：　　　　　　日期：

序号	开发步骤	进度日期											
		WK1	WK2	WK3	WK4	WK5	WK6	WK7	WK8	WK9	WK10	WK11	WK12
1	寻找新供应商的资料	→											
2	联系、初步会谈		→										
3	初步访厂			→									
4	报价			→									
5	工厂审核及整改					→							
6	制作样品							→					
7	评估样品								→				
8	小批量试产									→			
9	中批量试产											→	

3. 寻找新供应商的资料

明确对新供应商的需求后，便可依照编制的进度表进行开发的具体工作，寻找新供应商的资料是具体开发工作的第一步。获得新供应商信息的方式有很多，如网络搜索、展览会收集、他人介绍等。一般来说，通过各种方式可获得多家供应商的信息，然后要根据企业的要求进行初步筛选，选择3~5家供应商作为进一步接触的对象。

4. 初步联系

应使用适当的联系方法去跟供应商取得联系。一般来说，第一次应尽可能采用电话联系，和相关业务人员明确表达自己的目的、需求并初步了解该供应商的产品。跟供应商电话联系取得初步的信息后，应根据供应商所在地的远近来采取不同的行动。可以要求距离较近的供应商来企业面谈，应让供应商带上企业简介、相关的样品以增加会谈效果。面谈时不仅要尽可能多地从供应商那里得到信息，同时也要将企业对供应商的基本要求及对预购原材料的要求尽可能地向供应商表达清楚。如果是远距离供应商，则草率地让供应商千里迢迢赶来显然是不合适的，合适的做法是让供应商用快递将资料和样品寄一些过来，我们可以从供应商提供的资料和样品中了解它的企业实力和工艺水准。此外，我们可以登录供应商的网站去了解供应商的信息。一般说来，初步和供应商联系，最好让他们填写一份调查问卷，表4-2就是一份供应商调查问卷。

表 4-2　供应商调查问卷

1	企业名称：
2	负责人姓名：
3	地址：
4	电话：
5	企业成立时间：
6	主要产品：
7	职工总数：
8	年销量：
9	生产能力：
10	样机／样品／样件生产周期：
11	生产特点：成批生产□　　流水线大量生产□　　单台生产□
12	主要生产设备：齐全、良好□　　基本齐全、尚可□　　不齐全□
13	使用或依据的质量标准： 国际标准名称／编号： 国家标准名称／编号： 行业标准名称／编号： 企业标准名称／编号：
14	工艺文件：齐备□　　有一部分□　　没有□
15	检验机构及检测设备： 　　有检验机构及检测人员，检测设备良好□　　只有兼职检验人员，检测设备一般□ 无检验人员，检测设备短缺，需外部协助□
16	测试设备校准情况：有计量室□　　全部委托外部计量机构□
17	主要客户（公司／行业）：
18	新产品开发能力：能自行设计开发新产品□　　只能开发简单产品□　　没有自行开发能力□
19	国际合作经验：外商独资企业□　　　　　中外合资企业□ 　　　　　　　　中外合作企业□　　　　　无国际合作经验□
20	职工培训情况：经常、正规地进行□　　不经常开展培训□
21	是否经过产品或体系认证：是□　　　否□
单位负责人签名（盖章）：	

5. 初步访厂

在对供应商正式审核前，如有必要且条件允许，则采购人员应到供应商企业实地走访。这种走访的目的是要初步得到该供应商的总体印象。虽然这种结果不十分精确，但它足以影响采购人员的下一步行动。现在，多数企业的供应商开发工作由一个包括工程、品质管理人员在内的开发团队去完成，如果采购人员不提前对供应商的工厂有一个初步了解，万一供应商的实际生产现场与资料描述的有很大差距，那么采购人员无疑会遭到团队内其他人员的抱怨甚至责难。

6. 报价

在初步掌握供应商的一些基本情况后，作为采购人员很想知道的就是供应商能够以什么样的价位提供物料，此时再要求供应商报价就比较合适。在供应商报价前，最好发一份询价单给所有要报价的供应商，并让供应商以相同的报价条件（币种、价格术语、交货地、付款条件等）报价，这样对采购人员开展比价工作会非常有利，同时也为采购人员还价提供了方便。

7. 正式工厂审核

在与供应商议价后，一般可获得采购方基本满意的价格。如果购买的是关键物料，则除特殊情况外都要安排正式的工厂审核，以利于采购方更准确、更详细地掌握供应商的工程技术能力、品质保证能力、财务状况等基本信息。采购方的审核人员一般由采购人员、品管人员、工程技术人员等组成，各部门人员的侧重点是不一样的，采购人员侧重于生产能力、付款方式、交货方式等，品管人员则注重品质系统、检验人员、检测器具及计量检测部门的权威检测报告，而工程技术人员所关心的则是设备、加工精度及工程能力等方面。在工厂审核中，既可以通过现场查看，又可以通过查阅相应的报表和记录，还可以通过现场提问的方式来进行。不管采取哪种方式，都应坚持实事求是的原则，既要严格把关又不能吹毛求疵。

8. 样品认证

如果供应商通过了采购方的正式工厂审核，则采购方会要求供应商提供适当数量的样品以供检验与装配，以据此确定供应商的产品是否能够被接受，这是开发新供应商过程中的一个重要环节。供应商在提供样品的同时，还应根据产品类别提交下列全部或部分资料：材质证明、安全证明、检验报告、符合证明书。采购人员收到供应商提供的样品后，一般须将供应商名称及样品的一些基本信息填入"样品认证表"中，并及时把样品在检测、装配过程中发现的问题反馈给供应商，以便让供应商对产品作进一步改进，有时甚至要把双方的工程技术人员召集在一起进行沟通，讨论改善方案。

9. 批量试产

样品通过评审并不代表要向供应商下单进行批量采购，供应商的样品通常是经过细致打磨的，所以样品质量可靠并不意味着可以向供应商下单了。采购方应向供应商索要或订购适当数量的物料来进行批量试产，在大量的样品通过试产检测达到相关要求后，样品评估环节才算真正结束。用于试产的第一批订货数量不宜太大，一般为3000~5000件比较合适，当然不同行业中的企业情况有所不同。

10. 正式接纳为合格供应商

如果新供应商通过了采购方的正式工厂审核，并且样品检测评估达到了采购方的要求，则可以接纳该供应商，并将其加入到合格供应商清单中去。

11. 订单转移

一般来说，开发新供应商有两个原因：现有供应商的综合服务水平不能满足企业的要求，需要开发新供应商来取代现有供应商或给现有供应商施加压力；企业不断开发新产品，现有供应商不能提供新产品所需的原材料或零部件或者现有供应商的生产能力不够。

如果目前有供应商在供货，在新供应商开发成功后就要考虑订单如何分配的问题。一般来说，新供应商的订单以逐步增加为宜，以避免新供应商在磨合期中产生的问题影响企业的正常生产。当新供应商供货时间超过3个月时，就可将新老供应商在各方面的表现进行比较，综合服务水平高的供应商应得到较多或大部分订单。

经过上述环节，就完成了供应商开发的整个流程，图4-2就直观地展示了新供应商开发的整个流程。

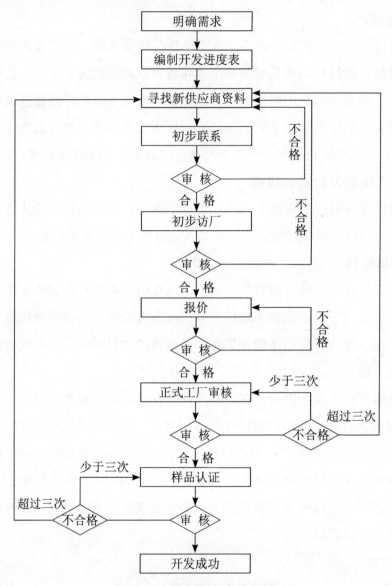

图 4-2 供应商开发流程图

第三节 供应商选择与评价

一 供应商选择与评价的步骤

供应商选择就是从众多的候选供应商中，选择出几家可以长期打交道的供应商，并与之建立长期的合作伙伴关系。实际上，在供应商调查与开发的过程中，就包括了数次供应商选择：在众多的供应商中，选择一定数目的供应商进行初步调查；初步调查结束后，选择1~3个供应商进行深入调查；深入调查后选择1~2家供应商进行样品试制，样品认证试产后通过评审才能最终确定供应商选择的结果。

供应商选择与评价大体可以有如下几个步骤（见图4-3），每一个步骤对企业来说都是动态的（企业可自行决定先后顺序和开始时间），并且每一个步骤对于企业来说都是一次改善业务的过程。

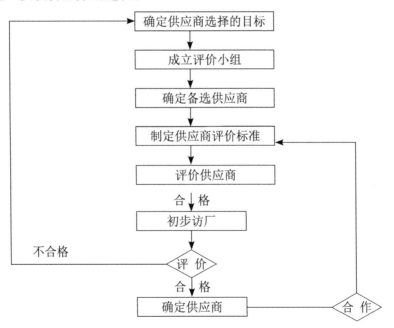

图4-3 供应商选择与评价的步骤

（一）确定供应商选择的目标

企业必须确定供应商评价程序如何实施、信息流程如何运作、谁负责执行，而且必须建立实质性、实际的目标，其中降低成本是主要目标之一。供应商评价、选择不仅是一个简单的评价、选择过程，而且还是企业自身和企业与企业之间的一次业务流程重构过程。实施的好，它本身就可带来一系列的利益。

（二）成立评价小组

供应商选择不是某个采购员个人所能完成的，企业必须成立一个专门小组以控制和实施供应商评价，小组成员从研究与开发部、技术部、市场部、计划部、财务部、采购部等部门抽调，成员必须有团队合作精神。

（三）确定备选供应商

一旦企业决定进行供应商评价，就要通过数据库调出供应商的基本信息，并与初步选定的供应商取得联系，以确认他们是否愿意提供本企业所需物料，并应尽可能早地让供应商参与评价的设计过程。

（四）制定供应商评价标准

供应商综合评价指标体系是企业对供应商进行综合评价的依据和标准，是反映企业本身和环境所构成的复杂系统不同属性的指标。企业应根据行业情况，确定代表供应商产品质量和服务水平的有关因素，制定供应商评价标准。

（五）评价供应商

为保证评价的可靠性，应全面调查、收集有关供应商的生产运作、财务状况、发展前景等信息。在信息收集的基础上，利用一定的工具和技术方法对供应商进行评价。

（六）确定供应商

在综合考虑多方面的重要因素后，就可以给每一个供应商评分，采用一定的方法确定供应商。在成功选择供应商后，应与之开展供应链合作关系。在合作过程中，根据实际情况的变化及时修改供应商评价标准。

二 供应商选择的方法

选择符合企业需要的供应商，应采用科学严谨的方法，一般要根据供应商的数量、采购物品的特点、采购规模的大小等情况具体选择。

(一)直观判断法

直观判断法属于定性选择方法,它是通过倾听和采纳有经验的采购人员的意见或者直接由采购人员凭经验作出判断来选择供应商的一种方法。这种方法运作方式简单、快速、方便,但主观性较强,受掌握信息的详尽程度以及决策者的分析判断能力与经验的限制,常用于选择非主要原材料供应商。

(二)评分法

评分法就是列出评估指标并确定相应的权重,按供应商的优劣档次,分别对各供应商进行评分,选出高分者为最佳供应商。

(三)采购成本比较法

对于质量与交付期均满足要求的供应商,通常使用采购成本比较法。采购成本比较法通过计算分析各个供应商的采购成本,选择采购成本较低的供应商。这里所用的"采购成本"是售价、采购费用、交易费用、运输费用等各项支出的总和。

(四)招标选择法

当采购物资数量大、供应市场竞争激烈时,应选用此方法。它是由采购单位提出招标条件,各投标单位进行竞标,然后采购单位决标,并与提出最有利条件的供应商签订协议。招标方法可以是公开招标,也可以是选择性招标。招标采购方法竞争性强,其优点是采购方能在更广泛的范围内选择供应商,最可能获得便宜、实用的物资,缺点是手续繁杂、时间长,不能适应紧急订购的要求,订购机动性差,缺乏足够的沟通,会导致货不对路或不能按时到货的后果。

(五)协商选择法

在潜在供应商较多、采购方难以抉择时可以采用这种方法,即由采购单位选出供应条件较为有利的几个供应商,并同他们分别进行协商,再确定合适的供应商。同招标方法相比,其优点是双方能充分协商,在商品质量、交货日期和售后服务等方面较有保证,特别适合于时间紧迫、所需物资规格比较复杂的状况;缺点是选择范围有限,不一定能得到价格最合理、供应条件最为有利的供应商。

三 供应商选择的评价标准

(一) 质量指标

产品质量是最重要的因素,采购物资的质量是否符合采购单位的要求是企业生产经营活动正常进行的必要条件,是采购单位进行商品采购时首要考虑的因素。在开始运作的一段时间内,企业要加强对供应商产品质量的检查。检查可分为两种:一种是全检,另一种是抽检。全检的工作量太大,一般采用抽检的方法。衡量的指标用公式表示如下:

$$来料批次合格率 = \frac{合格来料批次}{来料总批次} \times 100\%$$

$$来料抽检缺陷率 = \frac{抽检缺陷总数}{抽检样品总数} \times 100\%$$

$$来料在线报废率 = \frac{来料总报废数}{来料总数} \times 100\%$$

$$来料免检率 = \frac{来料免检的种类数}{该供应商供应的种类数} \times 100\%$$

(二) 交货期指标

供应商能否按约定的交货期限交货,这将直接影响到企业生产的连续性。因而,交货期也是一个很重要的考核指标。考察交货期主要是考察供应商的准时交货率、交货周期、订单变化接受率等,交货周期是自订单开出之日到收货之时的时间长度,常以"天"为单位。衡量的指标用公式表示如下:

$$准时交货率 = \frac{按时交货的实际批次数}{订单确认的交货总批次} \times 100\%$$

$$订单变化接受率 = \frac{订单变动的交货数量}{订单原定的交货数量} \times 100\%$$

订单变化接受率是衡量供应商对订单变化反应的一个指标,供应商能够接受的订单增加接受率与订单减少接受率往往不同，前者取决于供应商生产能力的弹性、生产计划的安排与反应快慢以及库存大小与状态，后者取决于供应的大小以及因减单可能带来损失的承受力。

（三）价格指标

考核供应商的价格水平，可以和市场同档次产品的平均价和最低价进行比较，分别用市场平均价格比率和市场最低价格比率来表示。

$$平均价格比率 = \frac{供应商的供货价格 - 市场平均价格}{市场平均价格} \times 100\%$$

$$最低价格比率 = \frac{供应商的供货价格 - 市场最低价格}{市场最低价格} \times 100\%$$

（四）配合度指标

配合度指标主要考核供应商的协调精神。在和供应商相处过程中，常常因为环境的变化或具体情况的变化，需要把工作任务进行调整变更，这种变更可能会导致供应商工作方式的变更，甚至要求供应商作出一点牺牲。这时可以考察供应商在这方面积极配合的程度。另外，如果工作出现了困难或者发生了问题，则可能有时也需要供应商的配合才能解决。这都可以看出供应商的配合程度。考核供应商的配合度，主要靠人们的主观评分，同时需要找出与供应商相处的有关人员，让他们根据这个方面的体验为供应商评分。

上述供应商选择的评价标准可以通过表4-3的形式直观地表现出来。

表 4-3　某企业供应商选择评价表

编号：　　　　　　　　　　日期：

供应商名称：				
地址：			联系人：	
			联系电话：	
项目	赋分	考核内容	最终得分	考核人
质量指标	30	来料不合格批次在总批次中所占比率每增加一个百分点扣0.3分		
交货期指标	20	未按时交货批次在总交货批次中所占比率每增加一个百分点扣0.2分，此外逾期1天加扣1分，造成严重影响者加扣2分		
价格指标	40	标准分为20分，每高出标准价格一个百分点扣2分，每低于标准价格一个百分点加2分。		
配合度指标	10	工作出现问题配合度差每次扣1分；在公司会议上遭到正式批评的供应商每次扣2分；遭到客户抱怨或投诉的每次扣3分		
合计得分				
备注	1. 得分在85分以上的供应商为A级，可加大采购量； 2. 得分在70~84分的供应商为B级，可维持正常采购量； 3. 得分在60~69分的供应商为C级，应减量采购或暂停采购； 4. 得分在59分以下的供应商为D级，应直接予以淘汰。 5. 单项得分低于60分的供应商，同样属于不合格供应商，应加以淘汰。			

第四节 供应商的控制与激励

一 供应商的控制

企业的不断发展要求企业间要合作、联盟，但供应链各节点企业间或多或少仍存在利益上的矛盾。这里，主要从需方角度出发提出如何控制和激励供应商。

（一）买方控制供应商的方法

1. 完全竞争控制

完全竞争控制是正常交易模型中的典范，它通过采购企业对其上游供应商的控制来引起供应商之间的竞争。这种竞争可以提高产品质量并且降低产品购买价格。

这种控制方法类似"招标",但在内容和形式上比招标更加灵活,仅适用于买方垄断市场。

2. 合约控制

合约控制是采购企业通过与供应商进行谈判、协商,根据双方的利益达成某种一致,并由双方签署框架协议。它的目的是使双方在今后的具体购销活动中能更好地履行各自的权利和义务,基于该合同产生的一切买卖行为都要以框架协议的规定为准。这种方式的特点是:供需双方的关系比完全控制密切,但又不像股权控制和管理输出控制那样紧密。现在,很多大型企业都通过合约控制的方式来进行供应商管理。

3. 股权控制

激烈的市场竞争使得采购企业日趋与供应商建立一种比较亲密的伙伴关系,从而达到对供应商控制的目的。同时,供应商也希望能够与企业进行长期的合作,以实现稳定销售及发展。在这种情况下,双方就可以通过协商的方式互相购买对方的股份进行股权交换。在此过程中,双方需要在权利和义务上相互作出承诺和保证。此外,还要在信息、技术、数据和人员等方面进行交换,以实现对对方的监督和控制。这个过程看起来比较简单,但实际操作起来是相当烦琐和复杂的。因为合作的决策需要经过长时间的论证、分析才能确定。另外,合作对象也要经过深思熟虑和长期、细致的调查研究后才能确定。

4. 管理输出控制

管理输出控制往往与股权控制并存。股权合作的实质是合作的企业之间存在着相互融合、交换和帮助。近几年来,由于企业之间的合作与并购的快速发展,企业间相互参股日益增加,所以人们对企业合作有了新的认识,开始由企业产权控制走向企业管理控制,并慢慢演变为管理输出控制。管理输出控制是在股权控制或其他形式合作的企业之间,通过向对方企业输出管理人员,进行技术和管理支持,实现对对方企业状况的掌握、信息的了解,这实际上为企业之间的实质性合作提供了一个载体或媒介。管理输出控制使得合作企业双方之间的关系更加密切,降低了双方的交易成本,从而达到对采购物流控制的目的。

(二)防止供应商控制的方法

如企业过于依赖一家供应商,或该供应商受到强有力的专利保护,或采购企业处在进退维谷的两难境地,则另换供应商不划算。如计算机系统,若要更换供应商,则使用的软件可能也要作出相应的变动。这时采购企业已落入供应商垄断供货的控制之中。防止供应商控制是企业采购管理的一个重要方面。

1. 全球采购

当企业得到许多商家的竞价时,如有30家供应商,企业只要3家报价,就很有把握找到最佳供应商。全球采购往往可以打破供应商的垄断行为。

2. 再找一家供应商

独家供应有两种情况:一是供应商不止一家,但买方企业仅向其中一家采购,大多是由买方造成的;二是仅此一家,是由卖方造成的,如独占性产品的供应商或独家代理商等。对于第一种情况,只要"化整为零",变成由多家供应,就造成卖方企业间的竞争。西门子公司的一项重要采购政策就是:除非技术上不可能,否则每个产品会由两个或更多供应商供应,从而有效规避供应风险,保持供应商之间的良性竞争。

3. 增强相互依赖性

多给供应商一点业务,这样就提高了供应商对采购企业的依赖性。

4. 更好地掌握信息

更清楚地了解供应商对采购企业的依赖程度。如有家公司所需的元件只有一家货源,但它发现自己在供应商仅有的三家客户中是采购量最大的一家,供应商离不开这家公司,结果在要求降价时供应商作出了相当大的让步。

5. 利用供应商的垄断形象

一些供应商为自己所处的地位而惴惴不安。在受到指责利用垄断地位时,他们都会极力辩解,即使一点不利的暗示也会让他们坐立不安。

6. 注意业务经营的总成本

供应商知道采购企业没有其他的供应源,可能会咬定价格不放,但采购企业可以说服供应商在其他非价格条件上作出让步。采购企业应注意交易中的每个环节,并加以利用,因为总成本中的每个因素都可能使企业节约费用。如在送货上,洽谈合适的送货数量和次数,这样可以降低仓储和货运成本;在付款条件上,立即付款则要求给予一定的折扣。

7. 一次性采购

如果采购企业预计所采购的产品的价格可能要上涨，则一次性采购的做法方可实行。根据相关的支出和库存成本，权衡将来价格上涨的幅度，与营销部门紧密合作，以获得准确的需求数量，并进行一次性采购。

8. 协商长期合作

当长期需要某种产品时，则可以考虑订立长期合同。一定要保证持续供应和价格的控制，采取措施预先确定产品的最大需求量以及需求增加的时机。

9. 与其他用户联手

与其他具有同样产品需求的公司联合采购，由一方代表所有用户采购会惠及各方。垄断供应商被多家公司联合采购所攻克的例子很多。

二 供应商的绩效管理

供应商绩效管理就是对现有供应商的日常表现进行定期的监控和考评。一直以来，我们也都关注供应商的绩效管理问题，但只是对供应商的来货质量进行定期检查，而没有全套的操作规范。因此，规范供应商管理方式、细化供应商绩效考核的指标体系就显得日益重要。

● （一）供应商绩效管理的范围

对供应商的绩效考评，可以分为三个层次：简单的做法是仅衡量供应商的交货质量；成熟一些的做法除考核交货质量外，还跟踪供应商的交货表现；较先进的做法则要进一步扩展考核范围，除上述要求外，还要考核供应商的支持与服务、参与本公司产品开发等方面的表现，不仅考核订单的履行，还要考核产品开发过程的参与。

● （二）供应商绩效管理的目的

供应商绩效管理的目的在于确保供应商供应的质量，同时在供应商之间进行比较，以便继续同优秀的供应商合作，并淘汰绩效差的供应商。除此之外，供应商绩效管理也可以了解供应存在的不足之处，并将其反馈给供应商，促使供应商改善业绩，从而为今后更好地完成采购与供应活动奠定良好的基础。

（三）供应商绩效管理的原则

首先供应商绩效管理必须持续进行，要定期地检查目标达到的程度（当供应商知道会被定期评估时，自然就会致力于改善自身的绩效，从而提高供应质量）。第二，要从供应商和企业自身各自的整体运作方面来进行评估，以确立整体的目标。第三，供应商的绩效总会受到各种外来因素的影响，因此，在进行供应商绩效评估时，要考虑到外在因素所带来的影响，这样才能使得考核的结果客观真实。

三 供应商的激励机制

企业在管理供应商的过程中运用激励机制是非常重要的，激励机制运用得当，不仅可以激发供应商对本企业工作的支持，还可以为建立战略伙伴关系打下良好的基础。下面我们介绍几种常用的激励方式。

（一）价格激励

在现代供应链环境下，各个企业在战略上是相互合作的关系，但是各个企业的利益不能被忽视。供应链的各个企业间的利益分配主要体现在价格上。价格包含供应链利润在所有企业间的分配、供应链优化而产生的额外收益或损失在所有企业间的均衡。供应链优化所产生的额外收益或损失大多数是由相应企业承担，但是在许多时候并不能辨别谁应承担及承担多少。因而，必须对额外收益或损失进行均衡，这个均衡通过价格来反映。价格对企业的激励是显然的。高的价格能增强企业的积极性，不合理的低价会挫伤企业的积极性。供应链利润的合理分配有利于供应链企业间合作的稳定和运行的顺畅。但是，价格激励本身也隐含着一定风险，这就是逆向选择问题。即制造商在挑选供应商时，由于过分强调低价，所以他们选中了报价较低的企业，而将整体水平较好但报价稍高的企业排除在外，其结果是影响了产品的质量、交货期等。

当然，看重眼前的利益是导致这一现象的不可忽视的原因，但出现这种劣质供应商排挤优质供应商的最根本的原因是：在签约前对供应商的不了解，没意识到报价越低，意味着违约的风险越高。因此，使用价格激励机制时要谨慎，不可一味强调低价策略。

（二）订单激励

供应商获得更多的订单是一种极大的激励，在供应链内的企业也需要更多的订单激励。更多的订单意味着获得更多的利间。一般来说，一个制造商拥有多个供应商，多个供应商间的竞争是为了得到制造商的订单，因此，订单对供应商是一种激励。

（三）商誉激励

商誉是一个企业的无形资产，对于企业极其重要。商誉来自于供应链内其他企业的评价和在公众中的声誉，反映企业的社会地位（包括经济地位、政治地位和文化地位）。委托—代理理论认为，在激烈的竞争市场上，代理人的代理量（决定其收入）决定于其过去的代理质量与合作水平。从长期来看，代理人必须对自己的行为负完全的责任。商誉对供应商是一种约束力，即使没有显性激励合同，供应商也应积极努力工作，因为这样做可以提高自己的声誉，从而提高未来收入。因此，在一定场合给予供应商一定范围的商誉宣传，将影响供应商参与供应的积极性。

（四）信息激励

在信息时代里，企业获得更多的信息就意味着拥有更多的机会、更多的资源。信息对供应链的激励实质上属于一种间接的激励模式，但是它的激励作用不可低估。如果能够很快捷地获得合作企业的需求信息，供应商能够主动采取措施提供优质服务，则必然会使合作方的满意度大为提高，对供应商企业间建立起合作信任有着非常重要的作用。因此，供应商在新的信息不断产生的条件下，需始终拥有获取信息的动机和关注，关注合作双方的运行状况，不断探求解决新问题的方法，这样就达到了对供应商企业激励的目的。

信息激励机制的提出，也在某种程度上克服了由于信息不对称而使供应链中的企业相互猜忌的弊端，并消除了由此带来的风险。

（五）淘汰激励

淘汰激励是负激励的一种。优胜劣汰是自然界的生存法则，供应商管理也不例外。为了使供应链的整体竞争力保持在一个较高的水平，企业必须建立对供应企业的淘汰机制。淘汰弱者是市场规律之一，保持淘汰对企业或整个供应链都是一种激励。对于优秀企业或供应链，淘汰弱者使其获得更优秀的业绩；对于业绩较差者，为避免淘汰的危险它更需要求上进。淘汰激励是在供应链系统内形成的一种危机激励机制,让所有合作企业都有一种危机感。这样,企业为了能在供应链管理体系上获得群体优势的同时自己也获得发展,就必须承担一定的责任和义务。对自己承担的供货任务,从成本、质量、交货期等方面负有全方位的责任。这一点对防止短期行为和"一锤子买卖"给供应链群体带来的风险也能起到一定的作用。

(六)研发激励

开发和共同投资也是一种激励机制,它可以让供应商全面掌握新产品的开发信息,有利于新技术在供应链企业中的推广和开拓供应商的市场。在传统的管理模式下,制造商独立进行产品的研究与开发,只将零部件的最后设计结果交由供应商制造。供应商没有机会参与产品的研究与开发过程,只是被动地接受来自制造商的信息。这种合作方式最理想的结果也就是供应商按期、按量、按质交货,不可能使供应商积极主动关心供应链管理。供应链管理实施好的企业都将供应商、经销商甚至用户结合到产品的研究开发工作中来,按照团队的工作方式展开全面合作。在这种环境下,合作企业也就成为整个产品开发中的一分子,其成败不仅影响制造商而且也影响供应商及经销商。每个人都会关心产品的开发工作,这就形成了一种激励机制,构成对供应链上企业的激励作用。

(七)组织激励

在一个较好的供应环境下,企业之间合作愉快,供应链的运作也通畅,少有争执。也就是说,一个具有良好组织的供应链对供应链及供应链内的企业都是一种激励。减少供应商的数量,并与主要的供应商保持长期稳定的合作关系是制造商采取的组织激励的主要措施。但有些企业对待供应商的态度忽冷忽热,产品供不应求时态度傲慢,供过于求时往往企图将损失转嫁给供应商,因此,得不到供应商的信任与合作。产生这种现象的根本原因还是由于企业管理者的头脑中没有建立与供应商长期战略合作的意识,只顾追求短期业绩。

第五节 供应商关系管理

一 供应商关系分类

供应商细分，是指在供应市场上，采购方依据采购物品的金额、采购商品的重要性以及供应商对采购方的重视程度和信赖性等因素将供应商划分成若干个群体。供应商细分是供应商关系管理的先行环节，只有在供应商细分的基础上，采购方才有可能根据细分供应商的不同情况实行不同的供应商关系策略。

根据不同方法可以将供应商细分为以下类型。

（一）公开竞价型、网络型供应商、供应链管理型

公开竞价型，是指采购商将所采购的物品公开地向若干供应商提出采购计划，各个供应商根据自身的情况进行竞价。采购商依据供应商竞价的情况，选择其中价格低、质量好的供应商作为该项采购计划的供应商，这类供应商就称为公开竞价型供应商。在供大于求市场中，采购商处于有利地位。采用公开竞价方式选择供应商，对产品质量和价格有较大的选择余地，是企业降低成本的途径之一。

网络型供应商，是指采购商通过与供应商长期的选择与交易，将在价格、质量、售后服务、综合实力等方面比较优秀的供应商组成供应商网络，采购企业的某些物品只限于在供应商网络中采购。供应商网络的实质就是采购商的资源市场，采购商可以针对不同的物资组建不同的供应商网络。供应商网络的特点是采购商与供应商之间的交易是一种长期性的合作关系。在这个网络中应采取优胜劣汰的机制，以便长期共存、定期评估、筛选，适当淘汰，同时吸收更优秀的供应商进入。

供应链管理型是以供应链管理为指导思想的供应商关系管理。在此种类型中，采购商与供应商之间的关系更为密切，采购商与供应商之间通过信息共享来适时传递自己的需求信息，而供应商根据实时的信息，将采购商所需的物资按时、按质、按量地送交采购商。

（二）重点供应商和普通供应商

80/20规则指80%数量的采购物品占总采购物品20%的价值，而其余20%数量的物品，则占有总采购物品80%的价值。根据采购的80/20规则，可以将供应商分为

重点供应商和普通供应商，其基本思想是针对不同的采购物品应采取不同的采购策略。同时，采购工作精力分配也应各有侧重，对于不同物品的供应商也应采取不同的策略。因此，可以将采购物品分为重点采购品（占采购价值80%的20%的采购物品）和普通采购品（占采购价值20%的80%的采购物品）。相对应，可以将供应商依据80/20规则进行分类，划分为重点供应商和普通供应商，即占80%采购金额的20%的供应商为重点供应商，而其余只占20%采购金额的80%的供应商为普通供应商。对于重点供应商应投入80%的时间和精力进行管理与改进。这些供应商提供的物品为企业的战略物品或需集中采购的物品，如汽车厂需要采购的发动机和变速器，电视机厂需要采购的彩色显像管以及一些价值高，但供应保障不力的物品。而对于普通供应商则只需要投入20%的时间和精力跟进其交货。因为这类供应商所提供物品的运作对企业的成本质量和生产的影响较小。例如，办公用品、维修备件、标准件等物品。

（三）短期目标型、长期目标型、渗透型、联盟型、纵向集成型

1. 短期目标型

这种类型最主要特征是双方之间的关系是交易关系。它们希望彼此能保持比较长期的买卖关系，但是双方所做的努力只停留在短期的交易合同上，各自关注的是如何谈判、如何提高自己的谈判技巧，从而不使自己吃亏，而不是如何改善自己的工作使双方都获利。供应一方能够提供标准化的产品或服务，保证每一笔交易的信誉。当买卖完成时，双方关系也终止了。对于双方而言，只与业务人员和采购人员有联系，其他部门人员一般不参与双方之间的业务活动。

2. 长期目标型

与供应商保持长期的关系是有好处的，双方有可能为了共同利益对改进各自的工作感兴趣，并在此基础上建立起超越买卖关系的合作。长期目标型的特征是建立一种合作伙伴关系，双方的工作重点是从长远利益出发，相互配合，不断改进产品质量与服务质量。例如，由于是长期合作，可以对供应商提出新的技术要求，而如果供应商目前还没有这种能力，采购商的技术创新和发展也会促进企业进行产品改进，这样做有利于企业长远利益的实现。

3. 渗透型

这种关系形式是在长期目标型基础上发展起来的。其管理思想是把对方公司看

成自己公司的延伸，视其是自己的一部分，因此，对对方的关心程度大大提高了。为了能够参与对方的业务活动，有时会在产权关系上采取适当的措施。如互相投资、参股等，以保证双方利益的一致性。在组织上也可以采取相应的措施，从而保证双方派员加入对方的有关业务活动。这样做的优点是可以更好地了解对方的情况，供应商可以了解自己的产品在对方是怎样起作用的，因而容易发现改进的方向；而采购方也可以知道供应商是如何制造的，对此可以提出相应的改进要求。

4. 联盟型

联盟型是从供应链角度提出的。它的特点是从更长的纵向链条上管理成员之间的关系。在难度提高的前提下，要求也相应提高。另外，由于成员增加，所以往往需要一个处于供应链上核心地位的企业出面协调成员之间的关系，它常常被称为"盟主"。

5. 纵向集成型

这种形式被认为是最复杂的关系类型，即把供应链上的成员整合起来，像一个企业一样，但各成员是完全独立的企业，决策权属于自己。在这种关系中，要求每个企业充分了解供应链的目标、要求，以便在充分掌握信息的条件下，自觉作出有利于供应链整体利益的决策。

（四）商业型、重点商业型、优先型、伙伴型

根据供应商分类模块法，可以将供应商分为商业型、重点商业型、优先型、伙伴型供应商四种形式。供应商分类模块法是依据供应商对采购方的重要性和采购方对供应商的重要性进行矩阵分析，并据此对供应商进行分类的一种方法。

在供应商分类模块中，如果供应商认为采购方的采购业务对于他们来说非常重要，供应商自身又有很强的产品开发能力等，同时该采购业务对本公司也很重要，那么这些采购业务对应的供应商就是"伙伴型供应商"。如果供应商认为采购方的采购业务对于他们来说非常重要，但该项业务对于采购方却并不十分重要，那么这样的供应商无疑有利于采购方，是采购方的"优先型供应商"。如果供应商认为采购方的采购业务对他们来说无关紧要，但该采购业务对采购方却是十分重要的，那么这样的供应商就是需要注意改进提高的"重点商业型供应商"。对于供应商和采购方来说均不是很重要的采购业务，相应的供应商可以很方便地选择更换，那么这些采购业务对应的供应商就是普通的"商业型供应商"。

二 伙伴供应商关系的建立

（一）传统供应商关系的缺陷

在传统的供应商关系管理中，一条"链"上的各个企业互相只把对方视为"买卖关系""交易对手"，各自只关注自己企业内部的运作和管理。在稳定的市场环境中，这种关系较为稳定有效，但它已经不能适应全球竞争环境下的供应链管理，暴露出种种问题和缺陷，主要表现在以下方面。

1. 供应商缺乏分类管理

目前，国内多数企业对所有供应商采取一视同仁的管理方法，这样既大量占用了企业有限的管理资源，又因管理目标的不明确而难以对重要供应商实施有效的重点管理，致使企业与供应商之间无法形成真正的合作关系。

2. 供应商选择和评价标准缺乏全面性

由于多数国内企业与供应商仍处于传统的对手式关系，所以使供应商的管理仍处于注重短期目标的管理状态。即使是已经开始进行供应链管理的企业，仍在沿用着传统供应商评估方式，如仅仅以价格、质量或服务作为主要的评价指标。由于缺乏一个综合的评估体系，并且掺杂了很多人为因素的影响，所以难以对供应商的整体水平进行准确评价。

3. 供应商选择和评价方法缺乏针对性

由于缺少适合国内企业的供应商，尤其是对战略合作型供应商进行选择与评价的理论与方法指导太少，所以国内企业在进行供应商的评价与选择时，往往不是根据特定产品及其所处供应链的特点来选择和设计适合的评价指标，而是简单模仿或照搬、照抄其他企业现成的方法。由于这些方法缺乏针对性和科学性，所以评价的结果自然无法反映真实情况。

延伸阅读

伙伴供应商关系的演变过程

供应商合作伙伴关系的观念萌芽于20世纪70年代后期的日本汽车业，发展于20世纪80年代中期，成熟于20世纪80年代后期。日本企业在第二次世界大战后，在开展全面质量管理、实施准时生产（JIT）的过程中意识到供应商的重要性，认为企业所面临的竞争不仅是企业与同行业之间的竞争，而且是整个供应链同另一个供应链之间的竞争。供应商合作关系最初的表现形式是采购方的注意力由关心成本转移到不仅关心成本，而且更注重供应商的产品质量与交货的及时性。而供应商管理进入真正的战略合作伙伴关系阶段的标志，则是采购方主动帮助、敦促供应商改进产品设计，促使供应商主动为自己的产品开发提供设计支持。

随着变革的不断深入，理论界已经普遍接受与数量相对较少的供应商之间建立战略合作伙伴关系，虽然在实践中不能一概而论，但是应当认识到这种合作会降低供应链成本。随着时代的发展，这种关系正逐渐地转向以价值为基础，供应链中各个成员得到的补偿将与其所附加的价值更加紧密地结合起来。由此，供应商关系将变得越来越复杂。

●（二）伙伴供应商关系建立的目的

供应商伙伴关系是企业与供应商之间达成的最高层次的合作关系，它是指在相互信任的基础上，供需双方为了实现共同的目标而采取的共担风险、共享利益的长期合作关系。具体来说：发展长期的、信赖的合作关系；这种关系由明确或口头的合约确定，双方共同确认并且在各个层次都有相应的沟通；双方有着共同的目标，并且为着共同的目标有挑战性的改进计划；双方相互信任、共担风险，共享信息；共同开发，创造；以严格的尺度来衡量合作表现，不断提高。与供应商建立起伙伴关系更能获得最佳的绩效，这是因为结成伙伴关系的企业能够做到下列几点。

（1）分享更多的信息。双方可将自己所掌握的信息实现共享，从而确保竞争中的情报优势。

（2）协调与合作的效率提高。在与供应商的协作中，企业要不断调整经营策略和管理模式，保证比竞争对手具有更强的协调能力和适应能力。

（3）从双方自身优势出发，本着资源共享、优势互补的原则，以达到降低成本、改进质量、加速产品研发的目的。

●（三）伙伴供应商关系的特点

随着信息时代的来临，全球市场正趋于一体化，供应链管理思想取代原来的"纵向一体化"思想。供应链管理是对生产过程中的物流、信息流、商流、资金流进行控制和协调，对整个系统进行集成管理，现在的竞争不是企业之间的竞争，而是供应链之间的竞争，伙伴供应商关系成为供应链管理的核心。合作伙伴关系是基于共同利益基础之上的，通过双方或者多方的合作取得协同效果，是一种双赢的关系。它强调在合作的供应商和供应链企业之间分享信息，通过合作和协商来协调相互的行为。这种关系具有以下特点。

（1）注重沟通与合作。传统的企业关系，企业管理的理念以生产为中心，供销处于次要地位，企业间很少沟通与合作，更谈不上企业间的战略联盟与协作。与传统的交易关系不同，供应链企业间的合作伙伴关系强调长期的合作，强调供应链整体的计划，强调彼此间的信任与合作。

（2）注重信息交流与共享机制，提高需求变化应变能力。双方经常进行有关成本、作业计划、质量控制信息的交流与沟通，保持信息的一致性和准确性；企业在产品设计阶段让供应商参与进来，这样供应商可以在原材料和零部件的性能和功能方面提供有关信息，把用户的价值需求及时地转化为供应商的原材料和零部件的质量与功能要求。面对市场需求的变化，供应商能够做出快速反应，提高了应变能力，增加了对未来需求的可预见性和可控能力，长期的合同关系使供应计划更加稳定，增加了对采购业务的控制能力。

（3）合作伙伴之间的交换主体不同。传统的企业间合作交换的主体主要是物料、半成品与产品之间的交换，而供应链合作伙伴关系下的交换主体还包括信息、技术和相关服务。

（4）合作伙伴的选择标准不同。传统企业关系中，对合作伙伴的选择主要侧重于价格，交易双方只注重本次交易行为，而在供应链管理中，对合作伙伴的选择不仅要考虑产品或服务的价格与质量，还要考虑合作企业的信誉、发展潜力、企业文化、投入到本供应链资源的多少等。

（5）企业间合作方式不同。在传统企业关系模式中，合作双方交易的频率相对较低，批量较大，生产企业对上游企业提供的产品进行严格的质量检验。而供应链合作伙伴关系之间交易的频率高，订单批量较小，伙伴企业之间共同关注整个链条上产品的质量。

（6）合作伙伴的数量不同。传统企业交易模式下，制造商企业通常会选择较多的供应商以降低缺货风险和压低价格，同时选择较多的零售商建立庞大的销售网络。而供应链伙伴关系中，企业选择的伙伴数量较少，在进行合作伙伴选择时需要进行仔细评估选择出几个合作伙伴，建立长期稳定的关系，处在核心位置的企业可以对非核心企业提供一定的技术支持，以满足供应链整体利益的要求。

（7）合作与竞争共存。相对于传统企业间关系，在出现问题后，整个供应链上的企业会出于长远利益考虑，相互之间通过协调来解决问题。在供应链合作伙伴关系下，处于供应链各节点上的企业间的经济行为主要表现为合作，同时也存在一定的竞争和冲突。但合作多于竞争，合作是因为每一个伙伴企业都需要利用其他企业的专门资产与专长技术，实现共同获利；存在竞争是因为每个节点企业都希望伙伴企业的专有资产和技术用于个体的目的，这种现象具体表现为企业在创造价值时合作，而在价值分割时竞争，合作与竞争共存。

◆本章小结◆

  供应商管理就是对供应商的了解、选择、开发、使用和控制等综合性管理工作的总称。供应商管理的基本环节包括供应商调查与开发，供应商选择与评价，供应商的使用、激励和控制，供应商关系管理。在进行供应商选择时，常用的供应商管理方法有直观判断法、评分法、招标选择法、协商选择法、ABC 成本法、采购成本比较法等。供应商管理是一项系统而复杂的工程，不仅要进行绩效管理，还要对供应商进行控制与反控制。随着变革的不断深入，理论界已经普遍接受与数量相对较少的供应商之间建立战略合作伙伴关系，从单赢模式向双赢模式转变。

■ 案例分析 ■

苹果公司的五大采购供应商管理经验

苹果公司选择和管理供应商的方式是该公司取得成功的重要因素之一。苹果公司在选择新的供应商时重点评估质量、技术能力和规模，成本次之。

而成为苹果公司的供应商绝非易事，其竞争非常激烈，原因在于苹果公司的认可被视为对制造能力的认可。

在苹果公司最新的供应商名录上，可以看到156家公司的名单，其中包括三星、东芝和富士康。富士康以作为iPhone手机的主要组装公司而著称。然而，这些供应商的背后还有代表苹果公司向这些供应商供货的数百家二级和三级供应商。苹果公司几乎控制了这一复杂网络的各个部分，利用其规模和影响以最好的价格获得最佳产品并及时向客户供货。此外，苹果还通过观察供应商制造难以生产的样品考验每一家工厂——此阶段的技术投资由供应商负责。

苹果公司还有其他要求用以增强其对投入、收益和成本的控制。比如，苹果公司要求供应商从其推荐的公司那里购买材料。

随着时间的推移，苹果公司已经同这些供应商建立了强大的合作关系，同时，还投资于特殊技术并派驻600名自己的工程师帮助供应商解决生产问题，提高效率。

与此同时，苹果公司一直寻找其他方法以丰富供应商队伍并提高议价能力。比如，富士康现在就有一个名为和硕联合科技股份有限公司（以下简称"和硕联合科技"）的竞争对手。和硕联合科技是一家小型台湾公司，同苹果公司签署了生产低成本iPhone5C的协议。

很少有采购商能有像苹果公司那样的业务范围或同样的需求。但是，苹果公司在选择、谈判和管理中采用的战略能够为任何从中国采购的公司提供一些经验。我们认为，最主要的五大经验如下。

1. 拜访工厂

采购商需要确定供应商是否有能力及时满足订单要求以及是否有能力生产高质量的产品。工厂拜访还能够使买家了解供应商的员工人数和他们的技能水平。

评估供应商的无形资产，包括：供应商的领导能力以及增长潜力。比如，当要求供应商提供样品时，买家要提供非常具体的要求，并派驻自己的工程师监督生产流程以便了解样品是由供应商内部生产的而不是从别处采购的。

2. 谈判和监督并用

同一种产品使用不止一家供应商，以改善采购商的议价能力并降低风险。

当为合同开展谈判时，成本和质量都要重视。

下单后，派本地代表拜访工厂并且在不同的阶段检查货物，以便能够介入和矫正缺陷。

发货前检查非常重要，因为由于税收原因向中国退回有缺陷的产品代价非常高。买家应该密切监督供应商的表现。在建立合作关系的最初阶段，这一点尤为重要。

3. 了解供应商的供应商

供应链的能见度对于尽量减少有缺陷的产品和知识产权盗窃的风险以及控制成本非常必要。那么，采购商企业必须了解采购的产品中使用的不同材料的出处。因为供应商为了节省成本经常更换他们自己的供应商，了解这一点尤其重要。

4. 准备好提供帮助

当采购方确定了供应商名录中的优质供应商时，要准备好同这些供应商分享提高产品的想法，以便提高供应商所售产品的利润。这样做可以向供应商表明，降低成本（比如通过使用更便宜的材料）不是持续提高利润的唯一方法。

采购方还可以考虑培训等其他方法以提高供应商员工的技能水平。

5. 经常沟通

最后，第三方报告和年度拜访不足以建立合作关系。而建立一个包括反馈在内的成熟的沟通机制则势在必行。这样可以避免误解的发生，同时在问题演变成危机前把问题解决掉。

理想的状态是，采购方企业应当向供应商派驻一个具备业务知识和专业技能的现场团队，以便对供应商的工厂进行定期拜访，不只是当出现问题时才去拜访。如果目前无法采取这种做法，则要增加采购方企业工作人员拜访供应商的频率。

（资料来源：搜狐财经）

问题讨论

1. 苹果公司为何要了解供应商的供应商？
2. 结合所学教材的相关知识，谈谈应如何同供应商之间建立合作伙伴关系。

复习思考题

1. 简述供应商管理的基本环节。
2. 供应商选择的方法有哪些？
3. 防止供应商控制的方法有哪些？
4. 简述供应商关系的分类。
5. 伙伴供应商关系同传统的供应商关系相比有哪些特点？

实训题

对某企业的供应商进行调查、评价，并在此基础上选择企业的供应商。

第五章

采购数量与质量控制

◆学习目标◆

> 通过本章教学,要求学生掌握采购数量控制中的定量订购法和定期订购法,掌握采购质量控制中的质量认证与质量评价及质量检验方法,理解订购批量和进货时间调整的影响因素,了解采购数量、质量控制的意义。

采购数量的多少必须具有合理的经济理由,即要降低成本,又要满足将来不确定需求所应有的弹性,所以应对采购数量进行控制。采购的质量直接影响着产品质量,任何企业如不加强质量管理,建立完善的质量管理体系,在市场竞争中就有被淘汰的危险。实施有效的采购质量管理和控制,有利于减少采购质量的风险。

开篇案例

采购中的"牛鞭效应"

"牛鞭效应",是经济学中的一个术语,也称需求放大效应,指的是信息流从最终客户端向原始供应商端传递时,无法有效地实现信息共享,信息扭曲并逐级放大,导致需求信息出现越来越大的波动,此信息扭曲的放大作用在图形上很像一个甩起的牛鞭,因此被形象地称为牛鞭效应。

在供应链上,这种效应越往上游,变化就越大,距顾客端越远,影响就越大。这种效应的存在会造成制造商产量和分销商、零售商的订单远远高于实际顾客需求量,进而造成各节点成员的库存水平提高、服务水平下降、供应链效率低下、总成本过高以及定制化程度低等问题。

比如宝洁公司在研究"尿不湿"的市场需求时发现,该产品的零售数量是相当稳定的,波动性并不大,但在考察分销中心的订货情况时,波动性明显增大了。其分销中心人员表示,他们是根据汇总的销售商的订货需求量订货的,而零售商往往根据对历史销量及现实销售情况的预测,确定一个较客观的订货量。为了保证这个订货量是及时可得的,能够适应顾客需求增量的变化,他们通常会将预测订货量后作一定放大向批发商订货,以此类推批发商也出于同样的考虑。这样,虽然顾客需求量并没有大的波动，但经过零售商和批发商的订货放大后，订货量就一级一级地放大了。根据斯坦福大学的李效良及其同事的研究，牛鞭效应有四大成因。

（一）多重需求预测

当处于不同供应链位置的企业预测需求时，都会考虑一定的安全库存，以适应变化莫测的市场需求和可能的供应商供货中断。当供货周期较长时，这种安全库存的数量将会增加。如果供应链各个企业采用同样的预测方法，并且根据上级客户的预测需求来更新预测，这种系统性的放大就会非常明显。

（二）批量生产/订购

为了达到生产、运输上的规模效应，厂家往往批量生产或购货，以积压一定库存为代价换取较高的生产效率和较低成本。在市场需求减缓或产品升级换代时，往往付出巨大代价，导致库存积压或库存品过期。

（三）价格浮动和促销

厂家为增加销量往往会推出各种促销措施，其结果是买方大批量买进而导致部分积压，这在零售业尤为显著。致使市场需求更加不规则、人为加剧需求变化幅度，严重影响整个供应链的正常运作。

（四）理性预期

如果某种产品的需求大于供给，且这种情况可能会持续一段时间，厂家给供应商的订单可能大于其实际需求，以期供应商能多分配一些产品给它，但同时也传递了虚假需求信息，导致供应商错误地解读市场需求，从而过量生产。随着市场供需渐趋平衡，有些订单会取消，导致供应商多余大量库存，也使供应商更难判断需求趋势。等到供应商厘清市场实际需求已经为时过晚。

要控制牛鞭效应，上下游企业之间培养信任并加大非核心保密信息的交流和共享，通过信息交流代替实物的库存，避免多重预测，减少信息的人为扭曲。在价格政策上，制造商应谨慎使用价格促销。在理性预期上，供应商应以历史需求为基础分配产品，从而避免用户单位虚报需求；在生产方式上，供应商应采用精益生产，使达到最佳经济生产批量的数量减小，从而减少供应链库存，提高对市场需求变化的响应速度。

（资料来源：搜狐财经）

第一节 采购数量控制

一 采购数量控制的意义

物品以不同的形态存在于生产与消费的流程中，例如待加工的原料、部分完工的产品配件，在工厂内、运送途中、仓库里及零售商处的制成品等都是由物品构成的。无论处在上述哪个阶段，企业都要进行严格的采购数量控制。

（一）采购数量控制的目标

1. 保持商品的适当供应

企业的生产经营活动能否顺利进行，决定了企业经济效益的好坏。所以，采购数量与控制的最重要目标是以快速、合理的程序，在适当、适量的原则下供应满足生产的需要。

2. 维持最经济的存量

维持商品的适当供应而不缺货，又不使商品存量过多而致企业资源闲置及负担额外利息，即成本达到最低。

（二）订购批量与订购时间的确定

讨论订购批量和订购时间是针对现货采购形式来分析的。

订购批量是指每次订购货物的数量。当采购量总是较小时，可以集中一次订购，即订购批量等于采购总量。但当采购总量比较大时，这种集中订购方式一般是不经济的，而应分期、分批地进行采购。在需求较为均衡的条件下，订购批量和订购次数、采购总量之间的关系为：

$$订购批量 = 采购总量 \div 订购次数$$

在实际工作中，供求并不均衡。若每次订购批量相同，则可供使用的时间不一定相同；若订购间隔时间相同，则每次的订购批量就不一定相同。正是这个原因，在现货采购中就会形成两种基本的订购方法，即定量订购和定期订购。

二、定量订购

●（一）定量订购（Fixed-Quantity System，FQS）的概念和特征

每次订购数量相同，而没固定的订购时间和订购周期（即两次订购的时间间隔），这种订购方式称为定量订购。

定量订购的订购时间的确定方法是：每当实际库存量降至规定的库存量水平时就提出订购计划，每次订购数量相同，提出订购时的库存量标准称为"订购点"（即为订货点），该方法又称为"定量订货法"。由于库存量降至订购点的时间是不定的，所以订购时间不固定，它由商品需要量变化决定。

●（二）定量订购法的基本原理

定量订购法，是指当库存量下降到预定的最低库存量（订货点）时，按规定（一般以经济批量为标准）进行订货补充的一种库存控制方法，如图5-1所示。

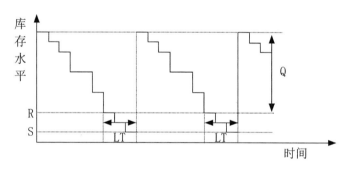

图 5-1 定量订购法

当库存量降到订货点R时，即按预先确定的采购量Q来发出订货单，经过采购提前期（订货至到货间隔时间）LT，库存量会继续下降。当库存到达安全库存量S水平时，收到订货Q，库存水平上升。

该方法主要靠控制订货点R和订货批量Q两个参数来控制订货，以达到既最好地满足库存需求，又能使总费用最低的目的。在需要为固定、均匀和采购提前期不变的条件下，订货点R由下式确定：

$$R = LT \times \frac{D}{365} + S$$

式中，D是每年的货物需要量。

订货量的确定依据条件不同，可以有多种确定的方法。

（三）定期订购方法

1. 基本经济订货批量（EOQ）

基本经济订货批量是简单、理想状态的一种。通常订货点的确定主要取决于需要量和采购提前期这两个因素。在需要量是固定均匀、采购提前期不变的情况下，不需要设安全库存，这时订货点：

$$R = LT \times \frac{D}{365}$$

式中，R是订货点的库存量；

LT是采购提前期，即从发出订单时至该批货物入库时间之间间隔的时间；

D是该商品的年需求量。

但在实际工作中，常常会遇到各种波动的情况，如需要量发生变化，采购提前期因某种原因而延长等，这时必须要设置安全库存S，这时订货点则应用下式确定：

$$R = LT \times \frac{D}{365} + S$$

式中，S是安全库存量。

订货批量Q依据经济批量（EOQ）的方法来确定，即总库存成本最小时的每次订货数量。通常，年总库存成本的计算公式为：

年总库存成本＝年购置成本+年订货成本+年保管成本+缺货成本

假设在不允许缺货的条件下，年总库存成本＝年购置成本+年订货成本+年保管成本

即 $TC = DP + \dfrac{DC}{Q} + \dfrac{QH}{2}$

式中，TC是年总库存成本；

D是年需求总量；

P是单位商品的购置成本；

C是每次订货成本，元／次；

H是单位商品年保管成本，元／年；（H＝PF，F为年仓储保管费用率）；

Q是批量或订货量。

经济订货批量就是使库存总成本达到最低的订货数量，它通过平衡订货成本和保管成本两方面而得到。其计算公式为：

$$经济订货批量 = \sqrt{\frac{2CD}{H}} = \sqrt{\frac{2CD}{PF}}$$

此时的最低年总库存成本 TC = DP + H（EOQ）

$$年订货次数 N = \frac{D}{EOQ} = \sqrt{\frac{DH}{2C}}$$

$$平均订货间隔周期 T = \frac{365}{N} = \frac{365 EOQ}{D}$$

【例5-1】某仓库甲商品年需求量为30,000个，单位商品的购买价格为20元，每次订货成本为240元，单位商品的年保管费为10元，求：该商品的经济订购批量，最低年总库存成本，每年的订货次数及平均订货间隔周期。

解：$经济批量 EOQ = \sqrt{\frac{2 \times 240 \times 3,0000}{10}} = 1,200（个）$

每年总库存成本 TC = 30,000 × 20 + 10 × 1,200 = 612,000（元）

$每年的订货次数 N = \frac{30,000}{1,200} = 25（次）$

$平均订货间隔周期 T = \frac{365}{25} = 14.6（天）$

2. 批量折扣购货的订货批量

供应商为了吸引顾客一次购买更多的商品，往往会采用批量折扣购货的方法，即对于一次购买数量达到或超过某一数量标准时给予价格上的优惠。这个事先规定的数量标准，称为"折扣点"。在批量折扣购货的条件下，由于折扣之前购买的价格与折扣之后购买的价格不同，所以，需要对原经济批量模型做必要的修正。

在多重折扣点的情况下，先依据确定条件下的经济批量模型计算最佳订货批量（Q*），而后分析并找出多重折扣点条件下的经济批量。如表5-1所示。

表 5-1 多重折扣价格表

折扣区间	0	1	……	t	……	n
折扣点	Q_0	Q_1	……	Q_t	……	Q_n
折扣价格	P_0	P_1	……	P_t	……	P_n

其计算步骤如下。

（1）用确定型经济批量的方法计算出最后折扣区间（第n个折扣点）的经济批量Qn^*并与第n个折扣点的Qn比较，如果$Qn^* \geq Qn$，就取最佳订购量Qn^*；如果$Qn^* < Qn$，就转入下一步骤。

（2）计算第t个折扣区间的经济批量Qt^*。若$Qt \leq Qt^* < Qt+1$，则计算经济批量Qt^*和折扣点$Qt+1$对应的总库存成本TCt^*和$TCt+1$，并比较它们的大小；若$TCt^* \geq TCt+1$，则令$Qt^* = Qt+1$，否则就令$Qt^* = Qt$；如果$Qt^* < Qt$，则令$t=t+1$再重复步骤（2），直到$t=0$，其中：$Q_0=0$。

【例5-2】甲商品供应商为了促销，采取以下折扣策略：一次购买1,000个以上打9折；一次购买1,500个以上打8折。若单位商品的仓储保管成本为单价的一半，则求在这样的批量折扣条件下，某仓库的最佳经济订货批量应为多少？（根据【例5-1】的资料：D=30,000个，P=20元，C=240元，H=10元，F=H/P=10/20=0.5）。

表5-2　多重折扣价格表

折扣区间	0	1	2
折扣点（个）	0	1,000	1,500
折扣价格（元/个）	20	18	16

解：根据题意列出：

（1）计算折扣区间2的经济批量：

$$经济批量 Q_2^* = \sqrt{\frac{2CD}{PF}} = \sqrt{\frac{2 \times 240 \times 30,000}{16 \times 0.5}} = 1,342（个）$$

∵ $1,000 < 1,342 < 1,500$

（2）计算折扣区间1的经济批量：

$$经济批量 Q_1^* = \sqrt{\frac{2CD}{PF}} = \sqrt{\frac{2 \times 240 \times 30,000}{18 \times 0.5}} = 1,265（个）$$

∵ $1,000 < 1,265 < 1,500$

∴ 还需计算TC_1^*和TC_2对应的年总库存成本：

$TC_1^* = DP_1 + HQ_1^* = 30,000 \times 18 + 18 \times 0.5 \times 1,265 = 551,385$（元）

$TC_2 = DP_2 + DC/Q_2 + Q_2PF_2/2$

$\quad = 30,000 \times 16 + 30,000 \times 240/1,500 + 1,500 \times 16 \times 0.5/2$

$\quad = 496,800$（元）

由于 $TC_2 < TC_1^*$，所以在批量折扣的条件下，最佳订购批量 Q^* 为1,500个。

3. 分批连续进货的进货批量

在连续补充库存的过程中，有时不可能在瞬间就完成大量进货工作，而是分批、连续进货，甚至是边补充库存边供货，直到库存量达到最高。这时不再继续进货，而只是向需求者供货，直到库存量降至安全库存量水平，又开始新一轮的库存周期循环。分批连续进货的经济批量，如图5-2所示。分批连续进货的经济批量仍然是使存货总成本最低的经济订购批量。

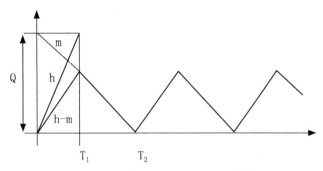

图 5-2 分批连续进货的经济批量

设一次订购量为Q，商品分批进货率为h（千克／天），库存商品耗用率为m（千克／天），并且h＞m。一次连续补充库存直至最高库存量需要的时间为t_1；该次停止进货并不断耗用量直至最低库存量的时间为t_2。

由此可以计算出以下指标：$t_1 = Q/h$；在t_1时间内的最高库存量为：$(h-m)t_1$；在一个库存周期（t_1+t_2）内的平均库存量为：$(h-m)t_1/2$；仓库的平均保管费用为：$[(h-m)/2] \cdot [Q/H] \cdot (PF)$；

$$经济批量 Q^* = \sqrt{\frac{2CD}{PF\left(1-\dfrac{m}{h}\right)}}$$

在按经济批量Q^*进行订货的情况下，每年最小总库存成本TC^*为：

$$TC^* = DP + \sqrt{\frac{2CD}{PF\left(1-\dfrac{m}{h}\right)}}$$

每年订购次数 $N = D/Q^*$

订货间隔周期 $T = 365/N = 365 \times Q^*/D$

【例5-3】 某仓库乙种商品年需要量为5,000千克,一次订购成本为100元,B商品的单位价格为25元,年单位商品的保管费率为单价的20%,每天进货量h为100千克,每天耗用量m为20千克,要求计算在商品分批连续进货条件下的经济批量、每年的库存总成本、每年订货的次数和订货间隔周期。

解:经济批量 $Q^* = \sqrt{\dfrac{2CD}{PF\left(1-\dfrac{m}{h}\right)}}$

$= \sqrt{\dfrac{2 \times 5{,}000 \times 100}{0.2 \times 25 \times \left(1-\dfrac{20}{100}\right)}}$

$= 500$(kg)

每年的库存总成本 $TC^* = DP + \sqrt{\dfrac{2CD}{PF\left(1-\dfrac{m}{h}\right)}}$

$= 5{,}000 \times 25 + \sqrt{\dfrac{2 \times 5{,}000 \times 100}{0.2 \times 25 \times \left(1-\dfrac{20}{100}\right)}}$

$= 127{,}000$(元)

每年订货次数 $N = D/Q^* = 5{,}000/500 = 10$(次)

订货间隔周期 $T = 365/N = 365/10 = 36.5$(天)

三 定期订购

(一)定期订购(Fixed interval system, FIS)的概念和特征

定期订购是按预先确定的订购时间间隔按期进行订货,以补充库存的一种库存控制方法,又称为"定期订货"。其特征是,每隔一个固定的时间周期就会检查库存项目的储备量。根据检查结果与预定的目标库存水平之间的差额确定每次的订购批量。这种库存控制系统的储备量变化情况如图5-3所示。这里假设需求为随机变化,因此,每次盘点时的储备量都是不相等的,为达到目标库存水平Q_0而需要补充

的数量也随着变化。这样，这类系统的决策变量应是检查时间周期T、目标库存水平Q_0。

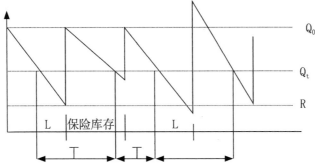

图5-3 周期性检查方式示意图（L周期时间）

（二）定期订购方法

1. 订货周期的确定

订货周期一般根据经验确定，主要考虑制定生产计划的周期时间，常取月或季度作为库存检查周期，但也可以借用经济订货批量的计算公式确定对库存成本最有利的订货周期。

$$订货周期 = 1/订货次数 = Q/D$$

2. 目标库存水平的确定

目标库存水平是满足订货期加上提前期的时间内的需求量。它包括两部分：一部分是订货周期加提前期内的平均需求量；另一部分是根据服务水平保证供货概率的保险储备量。

$$Q_0 = (T+L)r + ZS_2$$

式中，T为订货周期；

L为订货提前期；

r为平均日需求量；

Z为服务水平保证的供货概率查正态分布表对应的t值；

S是订货期加提前期内的需求变动的标准差。若给出需求的日变动标准差S_0，则：

$$S_2 = S_0\sqrt{T+L}$$

依据目标库存水平可得到每次检查库存后提出的订购批量：

$$Q = Q_0 - Q_t$$

式中，Q_t为在第t期检查时的实有库存量。

【例5-4】丙货品的需求率服从正态分布，其日均需求量为200件，标准差为25件，订购的提前期为5天，要求的服务水平为95%，每次订购成本为450元，年保管费率为20%，货品单价为1元，企业全年工作250天，本次盘存量为500件，经济订货周期为24天。计算目标库存水平与本次订购批量。

解：（1）（T+L）期内的平均需求量=（24+5）×200=5,800（件）

（2）（T+L）期内的需求变动标准差=$25 \times \sqrt{25+4}$=135（件）

（3）目标库存水平：Q_0=5,800+1.96×135=6,065（件）

（4）订购批量：Q=6,065－500=5,565（件）

从上例的计算结果可以看出，在同样的服务水平下，固定订货期限系统的保险储备量和订购批量都要比固定订货量系统的保险储备量和订购批量大得多。这是由于在固定订货期系统中需满足订货周期加提前期内需求量和防止在上述期间发生缺货所需的保险储备量。这就是一些关键物品、价格高的物品不用固定订货期法，而用固定订货量法的原因。

●（三）定量与定期库存控制法的区别

1. 提出订购请求时点的标准不同

定量订购库存控制法提出订购请求的时点标准是，当库存量下降到预定的订货点时，即提出订购请求；而定期订购库存控制法提出订购请求的时点标准则是按预先规定的订货间隔周期，到了该订货的时点即提出订购请求。

2. 请求订购的商品批量不同

定量订购库存控制法每次请购商品的批量相同，且都是事先确定的经济批量；而定期订购库存控制法每到规定的订购请求期，订购的商品批量都不相同，可根据库存的实际情况计算后确定。

3. 库存商品管理控制的程度不同

定期订购库存控制法要求仓库作业人员对库存商品进行严格的控制和精心的管理，经常检查、详细记录、认真盘点；而在用定量订购库存控制法时，对库存商品只要求进行一般的管理、简单的记录，不需要经常检查和盘点。

4. 适用的商品范围不同

定量订购库存控制法适用于品种数量少、平均占用资金大的、需重点管理的C类商品；而定期订购库存控制法适用于品种数量大、平均占用资金少的、只需进行一般管理的A类商品。

四 订购批量和订购时间的调整

前面对订购批量和订购时间的分析是在一定的假设前提下进行的，如假定供货商品不受数量限制、零售商的储存能力不受限制等。而在实际工作中，订购批量和订购时间受以下多种因素影响，因此，零售商必须分析相关影响因素，从而对订购批量和订购时间加以调整，这样才能使订购决策更加切合实际和科学合理。

（一）需方因素的影响

1. 用料特点

对于均衡或连续的企业生产，采用上述两种方法都能有良好的效果。面对需求不均衡，或需求呈趋势形态，或各周期变动大的，定期订购较能适应。如果采用定量订购，当满足不了需要时，就要加大订购批量。当实际生产速度明显大于或小于预测量时，也要通过加大或减少订购批量，提前或推迟订购时间来加以调整。

2. 储存和运输能力受限制

订购批量受储存能力或仓储作业能力的限制，尤其对储存条件有特殊要求的商品更是如此。因而，要按仓储能力的可能性来调整订购数量，减少各类商品同时集中进货，注意进货时间与发货时间的衔接配合，这样不仅使仓储能力得以充分利用，也能在很大程度上减少仓储能力对订购批量的限制。

3. 采购资金限制

由于资金不足，有时不能按经济订购批量进货。在生产比较均衡的情况下，只能适当减少订购批量，但这会使订购储存总费用增加。因此，需要确定在允许的总费用增加范围内的合理订购批量。

(二) 供方因素的影响

1. 供方生产和供货特点

对供方批量轮番生产或生产明显具有季节性的商品，供货往往呈现集中供货或季节性供货的特征，对这类商品，一般要加大订购批量。

2. 订货、发货限额

如果经济订购批量或定期订购的进货周期订购量低于供方规定的限额，那么一般要以限额为标准来调整订购批量或进货周期。

3. 折扣

在供方提供订购数量折扣时，如果折价订购量（即享受折扣价格必须达到的订购数量）大于经济订购批量，订购单位就得决策是按原价订进经济批量，还是按折扣价格订进折价订购量。

若经济订购批量为Q_1，供方规定的折扣为D，折价订购量为Q_2，则采用折扣价格有下列结果：

（1）从折扣中得到的进货成本（货款）节省。购进订购总量R的货款能节省DCR。

（2）订购费用是G的节省。由于加大订购批量，订购次数减少，所以使订购费用减少，其节省数为：

$$\frac{RG}{Q_1} - \frac{RG}{Q_2} = RG\left(\frac{1}{Q_1} - \frac{1}{Q_2}\right)$$

（3）储存费用增加。由于加大了订购批量而增加了额外的储存费用，所以增加的费用为：

$$\frac{h(Q_1-Q_2)}{2} \text{ 或 } \frac{CH(Q_1-Q_2)}{2}$$

显然，节省的费用，即上面（1）、（2）两项之和，如果大于增加的费用即第（3）项时，就可考虑将订购数量加大到折价订购量Q。故采用折扣价格的一般条件为：

$$DCR + RG\left(\frac{1}{Q_1} - \frac{1}{Q_2}\right) > \frac{CH(Q_1-Q_2)}{2}$$

【例5-5】A商品一年需购进1,000件，单价为10元，年储存费率16%，一次订购费用为8元,若一次订购在200件以上(包括200件),则可享受价格折扣2%,问应否考虑有折扣的订购?

解:

$$Q=\sqrt{\frac{2RG}{CH}}=\sqrt{\frac{2\times 1000\times 8}{10\times 16\%}}=100(件)$$

当按折扣价订购量200件订购时,节省的费用为:

$$DCR+RG\left(\frac{1}{Q_1}-\frac{1}{Q_2}\right)=2\%\times 10\times 1,000\times 1,000\times 8\times \left(\frac{1}{100}-\frac{1}{200}\right)=240(元)$$

商品采购管理增加的费用为:

$$\frac{CH(Q_1-Q_2)}{2}=\frac{10\times 16\%\times(200-100)}{2}=80(元)$$

节省费用大于增加费用,故应按折扣价订购量订进200件。

当节省费用和增加费用相等时的订购量是采用折扣价格的临界量。显然,大于这个临界量的订购是不利的。临界量Q从下式求得:

$$DCR+RG\left(\frac{1}{Q_1}-\frac{1}{Q_2}\right)=\frac{CH(Q_1-Q_2)}{2}$$

(三)市场因素的影响

1. 市场供给情况

当市场资源趋于紧张时,一般要适当提前订购和进货,并适当加大订购量,其目的在于增加保险储备量,防止产生缺货现象。

2. 价格波动

当市场价格高于平均价格且预期会下跌时,可采用应急购买方式,即仅订购短期需要的商品,订购数量要比正常的订购数量少得多;相反时,可提前订购并增加订购数量。

(四)运输因素的影响

1. 运输方式

运送速度和运价是选择运输方式的两个重要的技术经济指标。对急需的商品,多选用运送速度快的方式,但往往运费较高,所以要减少订购数量;面对正常需要的商品的运输时间是在备运时间中考虑的，采用速度快的运输方式，备运时间短，订购时间可以晚一些。

2. 发运方式

不同的商品发运方式，其运费也不同。如铁路零担发运就比整车发运运费高、难度大。采用整车方式订购批量要大，当订购批量小于整车装载量标准时，就得考虑是否加大订购批量以采用整车方式。选择方法类似于前面折扣问题的处理，即计算采用整车方式得到的运费节省和订购费用节省以及增加的储运费用，如果节省的费用大于增加的费用，则加大订购批量以采用整车发运是可行的。

第二节 采购质量控制

一 采购质量控制的意义

1. 采购质量是吸引顾客的关键

在经济全球化趋势和市场竞争愈演愈烈的严峻形势下，产品质量竞争已成为市场竞争的重要因素，产品质量是吸引客户的关键。任何企业如果不加强质量管理，不建立完善的质量管理体系，那么在市场竞争中就有被淘汰的危险。

2. 采购质量管控有利于减少采购风险

商业企业的商品价值中的80%左右是进货成本。在商品采购过程中，由于供应商提供的商品质量不符合要求，而给消费者造成经济、人身安全方面的损害，从而给采购方的经济和声誉带来严重损失的可能性就是采购质量风险。采购质量风险源于供应商，但也可能与企业内部有关。目前，社会上还存在不少不法商贩以次充好，并提供不符合质量标准的假货的现象。

二 货物质量认证

货物质量认证是认证机构证明产品符合相关技术规范的强制性要求或者标准的

合格评定活动。即由一个公正的第三方认证机构，对工厂的产品抽样，按规定的技术规范中的强制性要求或者标准进行检验，并对工厂的质量管理保证体系进行评审，以作出产品是否符合有关技术规范中的强制性要求或者标准，工厂能否稳定地生产合格产品的结论。若检验、评审通过，则发给合格证书，并允许在被认证的产品及其包装上使用特定的认证标志。所以，质量认证也叫"合格评定"，是国际上通行的管理产品质量的有效方法。质量认证按认证的对象分为产品质量认证和质量体系认证两类；按认证的作用可分为安全认证和合格认证。

货物质量认证的对象是特定产品，包括服务。认证的依据或者说获准认证的条件是产品（服务）质量要符合指定标准的要求，质量体系要满足指定质量保证标准要求，证明获准认证的方式是通过颁发产品认证证书和认证标志。其认证标志可用于获准认证的产品上。产品质量认证又有两种：一种是安全性产品认证，它通过法律、行政法规或规章规定强制执行认证；另一种是合格认证，这属自愿性认证，是否申请认证由企业自行决定。

三　采购物品的质量评价

国际标准化组织发布的ISO9000：2000（质量管理体系——基本原则和术语）标准，把质量定义为"产品（或劳务）本身具有一组固有特性满足要求的程度"。

延伸阅读

关于"质量"的定义

国际标准ISO8402-1986对质量的定义。质量是反映产品或服务满足明确或隐含需要能力的特征和特性的总合。哈佛商学院大卫·加温（David Garvin）教授认为，它至少有以下8种含义：

1. 性能——产品或服务的主要功能；
2. 特征——附加到产品或服务上的各种次要的感知特性；
3. 可靠性——在一定时期内失灵的概率；

4. 耐久性——预期寿命；

5. 合格性——满足规格；

6. 服务性——维护性和容易安装；

7. 美学性——外观、气味、感觉和声音；

8. 印象质量——顾客眼中的形象。

质量评价是指对产品、服务、过程、企业或个人能够满足规定要求的程度所作的系统性考察。在特定的环境中，质量评价也被称为"质量评审""质量评估"或"质量测定"。质量评价可用于确定企业的质量保证能力。根据特定的环境，质量评价的结果可用于鉴定、批准、注册、认证或认可的目的。采购商品的质量评价依据主要体现在以下三个方面。

1. 技术评价

技术评价以技术为标准。技术标准是衡量、评定产品质量的技术依据，是采购人员可以获得的直接信息。企业所需要采购的商品，首先要符合现有的技术标准。

2. 经济评价

经济评价以市场为标准。商品是为了满足消费者的需求而采购的，能否满足消费者需求是采购商品质量评价的首要、根本的依据和标准。

技术评价和经济评价要相互参照、彼此兼顾。

3. 危害评价

危害评价考虑商品的安全性，反映产品在储存、流通和使用过程中不发生由于产品质量而导致的人员伤亡、财产损失和环境污染的能力。它是一个最具刚性的指标，一般要严格加以保证。

四 采购物品的质量检验

检验就是通过观察和判断，适当结合测量、试验所进行的符合性评价。对产品而言，检验是指根据产品标准或检验规程对原材料、中间产品、成品进行观察，适当进行测量或试验，并把所得到的特性值和规定值作比较，判定出各个物品或成批产品合格与不合格的技术性检查活动。质量检验就是对产品的一个或多个质量特性进行观察、测量、试验，并将结果和规定的质量要求进行比较，以确定每项质量特性合格情况的技术性检查活动。

物品质量检验的方法很多，通常分为感官检验法、理化检验法、生物学检验法。

（一）感官检验法

它是借助人的感觉器官的功能和实践经验来检测评价商品质量的一种方法。也就是利用人的眼、鼻、舌、耳、手等感觉器官作为检验器具，结合平时积累的实践经验对商品外形结构、外观疵点、色泽、声音、气味、滋味、弹性、硬度、光滑度、包装和装潢等方面的质量情况进行评价，并对商品的种类品种、规格、性能等进行识别。这主要有：视觉检验、听觉检验、味觉检验、嗅觉检验、触觉检验。

感官检验法在商品检验中有着广泛的应用，并且任何商品对消费者来说总是先用感觉器官来进行质量评价的，所以感官检验十分重要。感官检验法的特点：方法简单、快速易行；不需复杂、特殊的仪器设备和试剂或特定场所，不受条件限制；一般不易损坏商品；成本较低。感官检验法的局限性：不能检验商品的内在质量，如成分、结构、性质等；检验的结果不精确，不能用准确的数字来表示，是一种定性的方法，其结果只能用专业术语或记分法来表示商品质量的高低；检验结果易带有主观片面性，科学性不强，常受检验人员知识、技术水平、工作经验、感官的敏锐程度等因素的影响，再加上审美观不同以及检验时心理状态的不同，都会影响结果的准确性。

（二）理化检验法

它是在实验室所具备的一定环境条件下，借助各种仪器、设备和试剂，运用物理、化学的方法来检测评价商品质量的一种方法。它主要用于检验商品的成分、结构、物理性质、化学性质、安全性、卫生性，以及对环境的污染和破坏性等。

理化检验法的特点有：检验结果精确，可用数字定量表示（如成分的种类和含量，某些物理、化学、机械性能等）；检验的结果客观，它不受检验人员的主观意志的影响，从而使对商品质量的评价具有客观而科学的依据；能深入地分析商品成分的内部结构和性质，能反映商品的内在质量。

理化检验法的局限性有：需要一定的仪器设备和场所，成本较高，条件要求严格；往往需要破坏一定数量的商品，消耗一定数量的试剂，费用较大；检验需要的时间较长；要求检验人员具备扎实的基础理论知识和熟练的操作技术。因此，理化检验法在商业企业中直接采用较少，多作为感官检验之后、必要时进行补充检验的方法或委托商检机构作理化检验。主要有：物理检验法、化学检验法。

（三）生物学检验法

它是通过仪器、试剂和动物来测定食品、药品和一些日用工业品以及包装对危害人体健康、安全等性能的检验。

检验商品品质需采用的检验方法因商品种类不同而异，有的商品采用感官检验法即可评价质量（如茶叶），有的商品既采用感官检验法，又采用理化检验法（如搪瓷），有的商品需以理化检验的结论作为评价商品质量的依据（如钢材）。要使商品检验的结果准确无误，符合商品质量的实际、经得起复验，就要不断提高检验的技术和经验，采用新的检验方法和新的检测仪器。随着科技的发展，促使理论检验方法向着快速、准确、少损（或无损）和自动化方向发展。

◆本章小结◆

定量订购和定期订购是采购的两种基本订购方法。每次订购数量相同，而没有固定的订购时间和订购周期的订购方式称为"定量订购"。定量订购一般以经济订购批量为标准。按规定的时间提出订购，有一定的订购周期，而没有固定的订购批量的订购方式，称为"定期订购"。企业必须分析需方、供方、市场及运输等相关影响因素，对订购批量和订购时间加以调整。采购质量是吸引顾客的关键，实施有效的采购质量管理和控制，有利于减少采购质量的风险。所以，必须严格规范质量认证和评价体系。采购商品的质量评价的依据主要体现在技术评价、经济评价、危害评价方面。其质量检验的方法很多，通常分为感官检验法、理化检验法、生物学检验法等几种。

■案例分析■

别拿别人的库存不当钱

我们看到：很多经销商或零售企业并没有在库存上动太大的脑筋——是这个问题不重要吗？不是，有人认为库存管理是零售企业的三大核心能力之一（另两个是商品管理和顾客行为分析）。那为什么分销企业对此漠然呢？原因也很简单：他们不知道同样做到了800万元的销售额，但A企业是用600万元库存做到的，而B企业是用1000万元库存做到的——B企业可能到资金链断裂而倒闭的那一天都不知道：是库存出了问题。

具体如何实现降低库存，不同类型的企业有着不同的库存政策，像上述库存问题就可以利用好的商品管理方法来改善。但这样做得再好也只是"各家自扫门前雪"。更重要的是：当你在为转移了自己的库存风险而得意时，你的上下游正通过其他"卑鄙"的手法把库存损失再转回来——供应链上没有"一枝独秀"的美事。因此，分销企业应该鼓励或联合供应商一起降低库存，提高周转率——"别拿别人的库存不当钱"。

让我们看看上汽通用汽车有限公司（以下简称"通用"）是如何解决这个问题的。

"通用"三种车型的零部件总量有5,400多种，这相当于一个中型超市的单品数。通用的这些零部件来自180家供应商，这也和一个大型卖场的供应商数量相近。

通用的部分零件是本地供应商所生产的，这些供应商会根据通用的生产要求，在指定的时间直接送到生产线上。这样，因为不进入原材料库，所以保持了很低或接近于"零"的库存，省去大量的资金占用。但供应商并不愿意送那些用量很少的零部件。于是，以前的传统汽车制造商要么有自己的运输队，要么找运输公司把零件送到公司。这种方式的缺点是：

1.有的零件根据体积或数量的不同，并不一定正好能装满一卡车。但为了节省物流成本，他们经常装满一卡车才给你——如果装不满，就要等待。这样不仅造成了库存高、占地面积大，而且也影响了对客户的服务速度。

2.不同供应商的送货环节缺乏统一的标准化的管理，在信息交流、运输安全等方面，都会带来各种各样的问题，如果想管好它，就必须花费很多的时间和很大的人力资源。

所以"通用"就改变了这种做法，使用了"循环取货"的方法：他们聘请一家第三方物流供应商，由他们来设计配送路线，然后每天早晨依次到不同的供应商处取货，直到装上所有的材料，再直接送到通用。这样，通过循环取货，通用的零部件运输成本可以下降30%以上。这种做法省去了所有供应商空车返回的浪费，充分节约了运输成本，而且体现了这样的基本理念：把所有增值空间不大的业务外包给第三方，他们会比通用更懂得怎样节省费用。

同样，如果一个大卖场有300个供应商，那么他们是否有必要每一家都包一辆车，把货物送到收货处呢？你认为供应商会白白地替你送货吗？而且你用考核指标要求他们不能断货，要及时送到，那么这就是在逼迫供应商在当地为你保有一定的库存量。这部分库存成本，供应商是白白为你付出吗？如果没有厂家愿意出，则他们都是把费用打到了商品价格中。

在日本伊藤洋华堂公司旗下便利店7-11刚开始快速发展的时候，是让众多供应商非常头疼的一个客户。因为当时7-11的确发展很快，已经达到100家以上了，供应商不肯放弃或得罪这样一个有潜力的零售客户。但问题是，7-11在要求厂家直供门店时，供应商们发现7-11都是便利店，由于定位针对年轻顾客，即食商品多，所以要求门店存货少。这样，供应商送货时要面对频繁的送货次数、复杂的送货路线、小批量的订单、大量的上下搬运作业——没有几个供应商愿意承担这样的成本。但如果采取大批量、小频率送货，7-11就要承担大量库存的风险。于是，7-11建议自己的供应商联合起来送货，最初响应的人很少，但最终人们发现这样的确可以降低大量的成本。但问题出来了，为了保证7-11的低库存而且能在7-11要货时就能备足各种品类，就要求供应商准备很多库存，这怎么办呢？

实际上"通用"也遇到了这种情况。"通用"采取的是柔性化生产，即一条生产流水线可以生产不同平台、多个型号的产品。这种生产方式对供应商的要求极高，即供应商必须时常处于"时刻供货"的状态，这样就会给供应商带来很高的存货成本。但是，供应商一般不愿意独自承担这些成本，这就会把部分成本打在给"通用"供货的价格中。同时，他们还会把另一部分成本"赶"到了其上游的供应商那里。于是，上游就准备了更大的库存。

为了克服这个问题，"通用"与供应商时刻保持着信息沟通。"通用"有一年的生产预测，也有半年的生产预测，生产计划是滚动式的，基本上每个星期都有一次滚动，在滚动生产方式的前提下，"通用"的产量在作不断的调整。这个运行机制的核心是要让供应商也看到"通用"的计划，让其能根据"通用"的生产计划安排自己的存货和生产计划，减少对存货资金的占用。

实际上零售商一样可以做到这一点。问题就是，零售商要把销售数据和促销计划提前通知供应商。供应商至少在以下三个方面非常需要零售商的POS数据：其一，销售预测，这决定了供应商的日常库存；其二，补货运作，这里终端数据决定了供应商的存货量和补货速度；其三，促销计划，这决定了供应商的促销库存以及清理以往快过季的库存。

问题讨论

1. 上汽通用汽车有限公司是如何有效控制采购数量的？
2. 零售商可以借鉴上汽通用汽车有限公司的哪些经验来降低采购成本？

复习思考题

1. 什么是定量订购法？什么是定期订购法？
2. 订购点和经济订购批量的计算公式是怎样的？
3. 从主要特征、优缺点、适用范围等方面来比较定量订购法和定期订购法之间的差异。
4. 分析影响调整订购批量和进货时间的主要因素。
5. 采购物品的质量检验方法有几种？质量评价的依据有哪些？
6. 某商场经市场预测2002年全年需采购乙商品7500件，乙商品进价10元/件，每次采购费用100元，每件乙商品每年的保管仓储成本是进价的10%。

   （1）有人主张每月平均进货一次，你认为在经济上是否合理？为什么？

   （2）若乙商品供应商规定进货量每增加500件，价格优惠0.5元（但最低不得低于9元），求此条件下乙商品的经济批量。

7. 质量的定义是什么？你是如何理解质量认证的？

第六章
采购价格分析与成本控制

◆学习目标◆

通过本章学习,要求学生能够掌握降低采购成本的方法和影响采购价格的因素,理解成本的结构分析,熟悉成本分析的工具——学习曲线,了解采购价格的种类。通过有效的价格和成本分析,管理和控制所购物料的成本,从而增加企业产品的市场竞争力,进而为公司整体战略目标的实现增加价值。

开篇案例

价高价低,谁之痛?

最近,"最低价中标应该被取消"这个观点刷爆朋友圈,吸引了业界无数关注目光。原因是低价恶性竞争,不利于供给侧改革,不利于增品种、提品质、创品牌,伤害了企业,尤其是优秀企业的发展根基。

俗话说,"谷贱伤农"。如果产品总是卖不上价,卖家也无法长期提供优质的产品和服务。不合理的低价,会使企业没有正常的利润,无法正常给员工发工资,无法研发升级,无法正常纳税,无法进行良性的经济循环。如果价格过高,浪费社会资源,可能引发豪华采购。而且,高价买来的产品未必就一定是优质的,纳税人肯定不答应,会质疑你只买贵的,不买对的。

这正好应了一句古话,"买卖心不同"。买方想以少的钱买好的东西,卖方想以较高的价格卖出自己的产品和服务。买卖双方围绕价格问题,诉求是不一样的。这就需要找到一个平衡点,既让买方觉得付出的价格与得到的价值相符合,价格是合理的;也让卖方有合理的利润以弥补成本,缴纳税收,从而实现良性发展。这里"合理的价格"体现为合理的利润,能够支持企业养得了员工,缴得了税收,搞得了研发,还有一定的后劲和竞争力。这显然对宏观经济大有好处。

因此,价格的高低,不是一个孤立的问题,这关乎买方和卖方双方的合理诉求,关乎买得好买得坏、买得对买得错,是一个互相博弈的过程。因此,"物有所值"成为了各国政府采购的核心理念。什么是"物有所值"?就是在一个全生命周期之内，一个产品的初次购买成本加上使用成本加上处置成本等价格总和，与得到的价值相匹配。落实"物有所值"既要考虑采购方的价值需求，也要考虑供应商的利润需要。抛开"物有所值"，单纯去搞不合理的低价竞争，牺牲质量性能和服务，自然是得不偿失的。

一般来说，价格高的质量好，质量好的价格高。但是，这并不意味着，在价格合理的情况下就一定买不到可用的、好用的物品。价格、质量、服务，是做好政府采购必需的三大要素，也可称为"三驾马车"。这三大要素应当统筹兼顾，协同前行。这需要对现有及潜在供应商的成本及生产能力进行详细的评估，包括对供应商成本结构的分析。为了克服思想上的松懈，采购经理们在进行谈判前应做好准备，充分了解供应商成本的相互比较并对供应商的成本结构做深入分析。例如，公司发现在购买一种主要原料时，其供应商的要价是最高的。在对供应商的成本结构进行分析后，公司发现事实上供应商是在其自身相对较高的成本基础上给产品定价的，对于该供应商而言这一定价确实已是不能再低了。于是，公司对其他供应商的成本结构进行了研究——这实在是复杂的"侦察"工作，研究中除了涉及一些普通的要素外，还将诸如农场位置、精炼设施、电力和劳动力成本及企业规模等因素考虑在内。研究结果显示，有一些企业的成本结构使它们能够以较低的价格出售产品，从而占据有利的市场地位。事实证明，解剖纵向供应链以研究分散的成本实在是一种有价值的谈判手段。

这些工作的结果是公司原料成本节省了12%。节省下来的这些钱被平分至产品规格的改进及谈判技巧的完善工作上。此外，为了控制流失的采购成本，公司需要一个整体采购战略，这一战略将包括优化的规格及强硬的供应商谈判。

（资料来源：政府采购信息网）

第一节 采购价格分析

在采购管理中，确定需向卖方支付的价格是采购方管理者的一项重大决策。价格定得过高，采购方的损失会很大；价格定得太低，又会导致买卖无法成交，前期调查、谈判等工作的成本支出无法回收。因此，在采购管理中，要对价格的确定予以密切关注。

一 影响采购价格的因素

所谓采购价格，即供应价格，是指企业进行采购作业时，通过某种方式与供应商之间确定的所需物品和服务的价格。影响采购价格的因素主要有成本结构和市场结构两个方面。成本结构是影响采购价格的最根本、最直接的内在因素，受生产要素的成本如原材料、劳动力价格、产品技术要求、产品质量要求、生产技术水平等影响；而市场结构则是影响采购价格的外在因素。在市场环境下，采购的价格会受到市场上购买商品的供求状况的影响，同时还在很大程度上取决于该商品的市场竞争程度以及其他相关因素，如经济、社会政治、科技发展水平及法规制约等。市场结构会强烈影响成本结构，反之，供应商自己的成本结构往往不会对市场结构产生影响。市场结构对供应价格的影响直接表现为供求关系。

（一）市场类型

供应商的市场结构对价格有较大影响。市场结构，是指一个行业中的竞争者的数量、产品的相似程度以及新的竞争者进入该行业的各种障碍等状况。各种不同的市场结构从完全竞争到完全垄断两个极端之间连续变化，处于中间阶段的是垄断竞争和寡头竞争。卖方所在行业的市场结构能够对采购价格的决定产生直接影响。

1. 完全竞争

这种市场结构的特点是产品完全相同（标准产品），新的竞争者进入市场的障碍非常小。价格仅是供给与需求的函数，单个的卖方或买方都不足以控制市场，也不足以影响市场价格。当然，卖方可能为出售更多的商品而降低价格，但长期这样下去会造成收入损失。

2. 垄断竞争

垄断竞争的特征是众多的生产者出售相似而又有些差别的产品。理论上来讲，众多的生产者提供如此大量的不同产品，单个生产者的行为对整个市场的影响非常有限，甚至几乎没有影响。因为单个生产者不能控制整个行业，所以买方能够依靠其采购需求的数量影响卖方。

3. 寡头竞争

仅有少数几个大型竞争者的行业类型属于寡头竞争行业。每一个竞争者的市场战略与定价策略对行业中其他竞争者有直接影响。在我国，寡头竞争行业包括钢铁、汽车以及电信行业等。在寡头行业中，一家企业可以作为价格领导者提高或降低价格，其余企业则可随之改变价格或保持原有价格水平。如果其余企业并不随之调价，则最初改变价格的企业很可能不得不回到原来的价格水平。当然，卖方可能为出售更多的商品而降低价格，但长期这样下去会造成收入损失。

4. 完全垄断

完全垄断是市场结构体系的另一个极端。垄断者是没有竞争的大型生产者，现实中并不存在纯粹的垄断。在历史上，进入垄断行业的障碍非常大，以至于新的竞争者不可能进入。在完全竞争和完全垄断市场中，买方对价格的影响力最小。在完全竞争市场中，供给与需求的力量决定价格，而在完全垄断市场中，生产者控制价格。绝大部分工商业采购市场结构处于两种极端市场结构之间，买方拥有的卖方市场竞争结构知识越多，就会在确定价格与谈判战略时作出更好的准备。

（二）经济环境

通常经济环境决定市场是有利于卖方还是有利于买方。当生产率很高（生产紧张）且产品需求旺盛的时候，供给因素与需求因素共同创造了有利于卖方的价格条件，此时，买方通常想使价格或价格的增长低于行业平均水平。

宏观经济环境会影响价格。例如，可利用外汇和汇率的变化压低采购价格。如海外项目需要一定比例的美元支付，这就为利用外汇和汇率降低采购成本提供了条件。再如，劳动力市场供给紧张会使成本增加，同时也会导致采购价格上升。

掌握经济环境的知识对于确认影响产品供求的市场因素很有帮助。了解当前的市场环境、预测未来市场环境不仅有助于制定采购预算，还能为将来制定价格谈判战略提供有益的借鉴。

(三)供应商的定价战略

供应商采取怎样的定价战略或方法将直接影响采购报价。一些供应商依靠内部成本结构分析制定价格,而另外一些供应商则简单地把价格定在与其竞争者相当的价格水平上。在许多种情况下,供应商索取的价格可以和实际成本无关。供应商可以为了确保采购合同而提供异常低的价格,其意在一旦消灭了市场竞争对手就提高价格。在另外一些情形下,供应商可以利用其优势地位索取超常高价,让采购方"坐在枪口上"。

供应商定价不外乎有三类方法,即成本导向定价法、需求导向定价法和竞争导向定价法。成本导向定价法是以产品成本(包括销售成本)为基础确定供应价格;市场导向定价法则是采取"随行就市"的方法,即以市场价格作为自己的产品价格;而竞争导向定价则是结合市场因素及成本因素一起考虑确定自己的产品价格,这也是最常见的定价方法。

1. 成本导向

这种定价方法又称为成本加成定价法,指供应商以产品的成本为基础,再加上一定的利润和税金而形成价格的一种定价方法。

(1)总成本加成定价法

总成本加成定价法是一种最基本的定价方法,将产品的全部成本(固定成本+变动成本+销售费用),加上一定的利润和税金后除以产品产量,从而得出单位产品的价格。基本公式为:

价格=平均单位成本+平均利润

价格=(总成本+目标利润额)/总产量

把目标利润作为与成本同比例增长,价格计算公式修改为:

价格=平均成本×(1+成本加成率)/(1−税率)

这种方法计算简单,有利于核算、补偿劳动消耗,正常情况下,能够获得预期收益。但这种定价方法以个别成本为基础,容易忽视产品市场供求状况,缺乏灵活性,通常不大适应复杂多变的市场供求。当利润不变时,如果供应商个别成本高于社会平均成本,价格就会高于市场平均价格,势必影响其销售;如果供应商的个别成本低于社会平均成本,则产品价格低于市场平均价格,又无形中抛弃了部分可以实现的利润。

【例6-1】某企业全年生产某种产品10万件,产品的单位变动成本10元,总固定成本50万元,该企业要求的成本加成率20%,则:

总成本=(10×10+50)=(150万)

平均成本=150/10=15

价格=15×(1+20%)=18(元)

假如企业按销售利润40%来计算价格。那么:

价格=15/(1−40%)=25(元)

(2)边际成本定价法

这种定价方法又称边际贡献定价法,是抛开固定成本,仅计算变动成本,并以预期的边际贡献补偿固定成本以获得收益的定价方式。基本公式为:

价格=单位产品变动成本+单位产品边际贡献

价格=(总变动成本+边际贡献)/产量

单位边际贡献=价格−单位产品变动成本

利润=边际贡献−固定成本

边际成本导向定价法适用于竞争十分激烈、市场形势严峻的情况,其目的是减少供应商损失。在供过于求时,若坚持以完全成本价格出售,就难以为采购方所接受,会出现滞销、积压,甚至导致停产、减产,固定成本无法补偿,就连变动成本也难以收回;若舍去固定成本,尽力维持生产,以高于变动成本的价格出售产品,则可用边际贡献来补偿固定成本。

(3)收支平衡定价法

这种定价方法称保本定价法,是指运用损益平衡原理进行产品价格的制定。此方法放弃了对利润的追求,只要求保本,主要适用于市场销售状况欠佳,谋求市场份额和保证一定销售量。基本公式为:

保本价格=总成本/保本销售量×(1−税率)

在保本价格基础上加上预期利润,即为产品价格:

价格=(总成本+预期利润总额)/保本销售量×(1−税率)

总成本=固定成本+变动成本,变动成本=单位变动成本×产销量

收支平衡时的保本销售量=固定成本/(单位产品价格−单位变动成本)

【例6-2】某企业生产甲产品,固定成本40,000元,目标利润60,000元,单位变

动成本为5元,销售税率10%,预计销售50,000件,则产品单位价格预计为多少?

保本价格=(40,000+50,000×5)/50,000×(1-10%)=6.44(元/件)

实现目标利润的价格=(40,000+50,000×5+60,000)/50,000×(1-10%)=7.78(元/件)

（4）目标收益定价

这种定价方法又称资产报酬定价法或投资报酬定价法,是根据某一估计销售量下总资本的特定利润率来确定产品利润和价格。使用时先估计未来可能达到的销售量和总成本,在收支平衡的基础上,加上预期的目标收益额（即投资或资产报酬额）,然后再计算出具体的价格。这种方法简便易行,可提供获得预期收益时最低可能接受的价格和最低的销售量,并且更全面地考虑了企业资本投资的经济效益。基本公式为：

价格=总成本×（1+目标成本利润率）/产量×（1-税率）

其中,目标成本利润率=（占用资产总额×目标收益率）/总成本

由于这种定价方法是供应商依据自身条件,在考察市场环境、分析并测算有关因素对成本的影响程度的基础上,为实现目标利润而规划的未来某一时间的成本。目标收益是供应商在一定时期内需经过努力才能实现的收益,有助于供应商以积极的综合措施控制并降低成本,比较符合供应商的长远利益。当供应商必须将大笔的资金投入生产加工和设备,可以采用这种定价方式。

2. 需求导向定价法

需求导向定价法又称顾客导向定价法,是指供应商根据市场需求状况和采购方的不同反应分别确定产品价格的一种定价方式。其特点是,平均成本相同的产品,价格随需求变化而变化。该定价方法一般是以产品的历史价格为基础,根据市场需求变化情况,在一定的幅度内变动价格。

（1）采购商理解定价法

这是指以市场的承受力以及采购商对产品价值的理解程度作为定价的基本依据。这种定价方法常用于消费品市场尤其是名牌产品,有时也适用于工业产品如设备的备件等。

（2）差别定价法

这是指将同种产品以不同的价格销售给同一市场上的不同客户,供应商根据采

购商的需求特征实行差别定价。这种定价方法可以因采购方的采购能力、对产品的需求情况、产生型号和式样以及时间、地点等因素而采用不同的形式。如果以场所为基础的差别定价,虽然成本相同,但是具体地点不同,价格也有差别。该种定价方法的好处是使企业定价最大限度地符合市场需求,促进商品销售,有利于企业获取最佳的经济效益。

3. 竞争导向定价法

这是指供应商在制定商品价格时,主要以同类竞争对手的定价为依据,与竞争商品价格保持一定的比例,而不过多考虑成本及市场需求因素的定价方法。其特点是,价格与成本和需求不发生直接关系。具体做法是:供应商在制定价格时,主要以竞争对手的价格为基础,与竞争品价格保持一定的比例。即竞争品价格不变,即使产品成本或市场需求变动了,也维持原价;竞争品价格变动,即使产品成本和市场需求未变,也要相应调整价格。

● (四) 产品规格与品质

采购商对采购品的规格要求越复杂或提出特殊规格要求时,采购价格就越高。选用客户提出的设计与工具要求的产品会影响卖方的价格,这是买方只要有可能就尽力选用工业标准部件的原因之一。对那些在设计工具与技术方面有特殊要求的产品,厂商会要求更多的价值增值,这将导致成本(从而价格)升高。对所需零部件,买方应尽可能多地选用行业认可的标准零部件;当定制产品能够提供产品竞争优势或有利于在市场上形成产品差异的时候,则选用定制产品。

此外,采购价格的高低与采购品的品质也有很大的关系。如果采购品的品质一般或质量低下,则供应商会主动降低价格,以求尽快脱手。

● (五) 采购数量多少

如果是一个数量较大的采购合同,则采购企业很可能得到期望的有利价格。因为采购数量大,供应商会因此而降低单位成本,愿意提供数量折扣,降低采购价格。所以,大批量、集中采购是降低采购价格的有效途径。

很多供应商使用数量折扣作为激励,以此来吸引客户购买更多的产品,这可能非常有吸引力。采购数量不但要考虑采购方的经济批量,而且要考虑供方的经济批量,因为采购数量的多少往往影响采购价格的高低。当数量折扣对采购价格有正面作用的时候，我们还必须注意折扣对产品总成本的影响。因为在短期内购入比需要量更多的物资有风险。从采购者的角度来看，数量折扣的问题与库存策略是密切相关的。虽然订货批量越大，商品采购单价可能越低，但是持有更多库存的储存费用也会相应增加。所以，必须以平衡的观点去看待数量折扣，在大多数企业正在减少甚至取消存货的情况下，必须对照数量折扣的好处将订货批量上产生的节约与增加的库存成本相比较，从而作出合理的决策。

(六) 交货条件

交货条件也是影响采购价格的非常重要的因素。交货条件主要包括运输方式、交货期的缓急等。如果货物由采购方来承运，则供应商就会降低价格，反之就会提高价格。有时为了争取提前获得所需货物，采购方也会适当提高价格。

(七) 付款条件

在付款条件上，供应商一般都规定有现金折扣、期限折扣，以刺激采购方能提前用现金付款。如"2/10、1/20、N/30"，意思就是如果买方能够在10天之内付款，就有2%的折扣；如果买方在20天之内付款，就可以享受1%的现金折扣；如果在20~30天之内付款，就不能够享受现金折扣；买方的最长付款期是30天。

(八) 采购物品的供需关系

当企业所采购的物品为紧俏商品时，供应商就处于主动地位，可以趁机抬高价格；当企业所采购的商品供过于求时，采购企业则处于主动地位，可以获得最优的价格。

(九) 生产季节与采购时机

当企业处于生产的旺季时，对原材料需求紧急，因此，不得不承受更高的价格。避免这种情况的最好办法是提前做好生产计划，并根据生产计划制定出相应的采购计划，从而为生产旺季的到来提前做好准备。

(十) 供应市场中竞争对手的数量

供应商毫无例外地会参考竞争对手的价位来确定自己的供应价格，除非它处于垄断地位。

(十一) 供应市场中竞争对手的数量

与供应商关系好的客户往往能获取好的价格。

有些产品的供应价格几乎全部取决于成本结构（如塑胶件），而另外一些产品则几乎全部依赖于市场（如短期内的铜等原材料）。对于后一类产品，单个供应商处于完全竞争的市场之中，其对产品价格的影响无能为力。当然不少产品的供应价格既受市场结构的影响，又被供应商通过成本结构进行控制。表6-1给出了不同种类的产品的供应价格影响因素构成。

表6-1 不同种类产品供应价格的影响因素构成

产品类别	成本结构为主	侧重于成本结构	50% 成本结构、50% 市场结构	市场结构为主	侧重于市场结构
原材料				√	√
工业半成品			√		√
标准零部件		√	√		
非标准零部件	√	√			
成品	√	√	√		
服务	√	√	√	√	√

二 采购价格的种类

（一）到厂价

到厂价，是指供应商的报价中包含将商品送达企业的仓库或指定地点期间所发生的各项费用，这些费用均由供应商承担。在国际贸易概念中即到岸价加运费（包括从出口厂商所在地至港口的运费）和货物抵达采购方之前的一切运输保险费。其他有进口关税、银行费用、利息以及报关费等。这种到厂价通常由国内的代理商,以人民币报价方式(形同国内采购),向外国原厂进口货品后,再售买给国内采购方。一切进口手续皆由代理商办理。

（二）出厂价

出厂价指供应商的报价中不包括运送责任，即须由企业雇用运输工具前往供应商的制造厂提货。这种情形通常出现在采购方拥有运输工具时，或供应商加计的运费偏高时，或当卖方市场存在时，供应商不再提供免费的运送服务。

（三）现金价

现金价指以现金或相等的方式支付货款，但是"一手交钱，一手交货"的方式并不多见。在习惯做法中，月初送货月中付款或月底送货下月中付款即视为现金交易，并不加计延迟付款的利息。现金价可使供应商免除交易风险，采购方亦享受现金折扣。

● **（四）期票价**

期票价指采购方以期票或延期付款的方式来采购物品。通常供应商会加计迟延付款期间的利息于售价中。如果供应商希望取得现金周转，则将加计的利息超过银行现行利率，以使采购方舍弃期票价取现金价。

● **（五）净价**

净价指供应商实际收到的货款，不再用于支付交易过程中的任何费用。在供应商的报价单条款中，通常会写明。

● **（六）毛价**

毛价指供应商的报价，可以因为某些因素加以折让。例如，供应商会因采购金额较大，而给予采购方折扣。

● **（七）现货价**

现货价指每次交易时，由供需双方重新议定价格；若有签订买卖合约，则完成交易后即告终止。在众多的采购项目中，采用现货交易的方式最频繁，买卖双方按照当时的行情进行，不必承担预立合约后价格可能发生的巨幅波动的风险。

● **（八）合约价**

合约价指供需双方按照事先议定的价格进行交易；合约价格涵盖的期间依契约而定，短的几个月，长的一两年。由于价格议定在先，经常造成与时价或现货价的差异，从而造成买卖双方发生利害冲突，所以，合约价必须有客观的计价方式或定期修订，这样才能维持公平、长久的买卖关系。

● **（九）定价**

定价指物品标示的价格。若市场的习惯是不二价，则自然牌价就是实际出售的价格，但有些商场还保持"讨价还价"的习惯。当然，使用牌价在某些行业却有正当的理由。当买方叫价时，卖方则以调整折扣率来反映时价，亦无须提供新的报价单给买方。所以，牌价只是名目价格，而非真实价格。

（十）实价

实价指采购方实际上支付的价格。尤其是供应商为了达到促销的目的，经常提供各种优惠的条件给采购方。例如，数量折扣、免息延期付款、免费运送与安装等，这些优待都会使采购方所承担的真实总成本降低。

三 确定采购价格的方法

尽管价格是采购过程中的一个非常重要的因素，应予以重视，但也不能因此过分重视而忽略其他采购因素。采购人员必须了解，影响采购总成本的因素，不仅仅是价格。因此，在决定采购的各项原则中，价格应被看作最后一项考虑因素。如不能确保适当的品质、数量与可靠供应，价格高低也就无意义可言。在采购作业阶段，企业应当注意要使所需采购物资在适当的品质、数量、交货时间及其他有关条件下，价格最低。

决定适当采购价格的目标，主要在于确保所购物资的成本，以期能树立有利的竞争地位，并在维持买卖双方利益的良好关系下使原料供应稳定持续，这是采购人员的主要责任。

（一）采购价格调查

一个企业所需使用的原材料品种繁多，按其价格划分，可分为高价、中价与低价三类。由于采购物资种类多、规格复杂，所以有关采购价格资料的搜集、调查、登记、分析便十分困难。采购材料规格有差异，价格就可能相差悬殊，而世界各地商业环境变化莫测，要做好国际商业环境调查尤其困难。

1. 调查的主要范围

在大型企业里，原材料种类不下万种。由于客观条件的限制，所以要做好采购价格调查并不容易。因此，企业要了解帕累托定理里所说的"重要少数"就是通常数量上仅占20%的原材料，而其价值却占全体总值的70%～80%。假如企业能掌握这"重要少数"，就可以达到控制采购成本的真正效益，这就是重点管理法。根据一些企业的实际操作经验，可以把下列六大项目列为主要的采购价格调查范围。

（1）主要原材料，其价值占全部总值百分比的70%～80%。

（2）常用材料、器材属于大量采购项目的。

（3）性能比较特殊的材料、器材（包括主要零配件），一旦供应脱节，就可能导致生产中断。

（4）突发事件紧急采购。

（5）波动性物资、器材采购。

（6）计划外资本支出、设备器材的采购，数量巨大且对经济效益影响深远的。

上面所列六大项目，虽然种类不多，但却是所占数值的比例很大或影响经济效益甚广的。其中（1）、（2）、（5）三项，应将其每日行情的变动记入记录卡（如表6-2），并于每周或每月作一个"周期性"的行情变动趋势分析。由于项目不多，而其金额又占全部采购成本的一半以上，所以必须作详细细目调查的记录。至于（3）、（4）、（6）三项，则属于特殊性或例外性采购范围，价格差距极大，也应列为专业调查的重点。

在一个企业中，为了便于了解占总采购价值80%的"重要少数"的原材料价格的变动行情，应当随时记录，以真正做到了如指掌。久而久之，对于相关的项目，它的主要原料一旦涨价，就可以预测到成品价格的上涨情况。

表6-2　价格调查记录卡

原材料名称	近日价格	昨日价格	增减幅度（%）	上周价格	上月价格

2. 信息搜集方式

根据统计要求，采购人员需要花费大量时间从事信息搜集。信息搜集的方法可分为以下三类。

（1）上游法。即了解拟采购的产品是由哪些零部件或材料组成的。换言之，查询制造成本及产量资料。

（2）下游法。即了解采购的产品用在哪些地方。换言之，查询需求量及售价资料。

（3）水平法。即了解采购的产品有哪些类似产品。换言之，查询替代品或新供应商的资料。

3. 信息的搜集渠道

信息搜集常用的渠道有：杂志、报纸等媒体；信息网络或产业调查服务业；供应商、顾客及同业；参观展览会或参加研讨会；加入协会或公会。

由于商情范围广阔、来源复杂，加之市场环境变化的迅速性，所以必须筛选正确有用的信息以供决策。最近几年，对国外采购信息的需要越来越迫切，除依赖公司派人亲赴国外搜集信息外，也可利用外贸协会信息处资料搜集组的书刊（电话簿、统计资料、市场调查报告等）、期刊、非图书资料（录音带、录像带、磁盘、统计微缩片）及其他（小册子、宣传品、新书通告等）方式搜集信息。

4. 调查所得资料的处理方式

企业可将采购市场调查所得资料加以整理、分析与讨论。在此基础上提出报告及建议，即根据调查结果编制材料调查报告及商业环境分析报告，从而对本企业提出有关改进建议（如提供采购方针的参考，以求降低成本、增加利润），并根据科学调查结果研究更好的采购方法。

●（二）采购价格确定方式

1. 询价采购方式

所谓"询价采购"，即采购方根据需采购物品向供应商发出询价或征购函，请其正式提出报价的一种采购方法。通常供应商寄发报价单，内容包括交易条件及报价有效期等，有时自动提出信用调查对象，必要时另寄"样品"及"说明书"。询价经采购方完全同意并接受，买卖双方的契约关系才算成立。

2. 招标确定价格

招标的方式是采购企业确定价格的重要方式，其优点在于公平合理。因此，大批量的采购一般采用招标的方式。采用招标方式的基本条件是：所采购的商品的规格要求必须能表述清楚、明确、易于理解；必须有三个以上的供应商参加投标。

3. 谈判确定价格

谈判是确定价格的常用方式，也是最复杂、成本最高的方式。谈判方式适合各种类型的采购。

第二节 采购成本控制

一 采购成本的构成及影响因素

(一) 采购成本的构成

采购成本有狭义和广义之分，狭义的采购成本是指企业经营过程中因采购物料而发生的买价(购买价格或发票价格)和运杂费(运输费用和装卸费用)构成的成本。广义的采购成本不仅包括物料价款和运杂费等物料购入成本，还包括物料的储存成本及物料的质量成本等。

广义的采购成本=购入成本+订货成本+储存成本+缺货成本

1. 购入成本

物料的购入成本即狭义的采购成本，以进入仓库时的成本来计算，对于外购物品来说，单位外购成本应包括购价加上运费。其总额取决于采购数量和单位价格，其计算公式为：

物料的价格成本=单价×数量+运输费+相关收费、税金

单位购入价格一般不随采购数量的变动而变动，影响其价格的因素有很多，包括商品市场价格、商品质量、市场供求关系等。在采购决策中，存货的购入成本通常属于无关成本；但当供应商为扩大销售而采用"数量折扣"等优惠方法时，购入成本就成为与决策相关的成本了。

2. 订货成本

订货成本是指订购物料而发生的各种成本，包括采购人员的工资、采购部门的一般性费用（如办公费、水电费、折旧费、取暖费等）和采购业务费（如差旅费、邮电费、检验费等）。订货成本可以分为两大部分：为维持一定的采购能力而发生的各期金额比较稳定的成本（如折旧费、水电费、办公费等），称为固定订货成本；随订货次数的变动而成比例变动的成本（差旅费、检验费等），称为变动订货成本。从组织采购过程来看，订货成本包括采购采购计划编制成本、手续费用、采购询价、议价费用、采购验收费用、采购入库费用、其他订购成本。其中，准确的采购计划能够精准地预测和掌握企业的生产计划，可以使企业在满足产品生产需求

的前提下，最大限度地降低采购资金的占用，同时还要对供应市场进行全面的分析，调整订单计划，评估和选择供应商。采购计划的编制是采购流程的首要环节，它的支出也被称为采购计划编制成本，这一部分成本应该考虑在订货成本中。

3. 储存成本

储存成本是指为储存存货而发生的各种费用。通常包括两大类：一是付现成本，包括支付给储运公司的仓储费、按存货价值计算的保险费、陈旧报废损失、年度检查费用以及企业仓库发生的所有费用；二是资本成本，既包括由于投资于存货而不投资于其他可盈利对象所形成的机会成本，又包括用于购置存货的银行借款利息。储存成本按其与存货平均储存量的关系，可分为固定储存成本和变动储存成本，固定储存成本是与储存存货数量的多少及储存时间长短无关的成本，如仓管人员的基本工资、仓库的折旧费等；变动储存成本是其总额取决于储存存货数量的多少及储存时间长短的成本，如存货占用资金的机会成本即利息、存货的损耗和保险费用等。

当采购商为获得批量采购的折扣价时，不可避免地要增加企业的库存，而储存成本必然随库存量的增加而增加，由此引起的采购成本的增加将一定程度上抵消了批量采购的价格优惠。因此，采购人员应准确核算和比较因批量采购而获得的价格优惠与增加的储存成本之间的差额，从而达到降低采购成本的目的。

4. 缺货成本

缺货成本是指由于存货数量不能及时满足生产和销售的需要而给企业带来的损失，主要包括安全库存及其成本、延期交货及其损失、丧失销售机会损失、延期交货失去客户损失等。例如，因停工待料而发生的损失（如无法按期交货而支付的罚款、停工期间的固定成本等），由于物料存货不足而失去的创利额，因采取应急措施补足存货而发生的超额费用等。缺货成本大多属于机会成本，由于企业缺货成本往往大于单位储存成本，因此，尽管计算比较困难，也应采用一定的方法估算单位缺货成本（短缺一个单位存货一次给企业带来的平均损失），以供决策之用。

● **（二）影响采购成本的主要因素**

1. 内部因素

（1）跨部门协作和沟通。采购业务涉及计划部、设计部、质保部和销售部等多个部门。如计划部门拟定需求预测不准,生产计划变化频繁,紧急采购多,导致采购成本高;又如设计部门未进行价值工程分析等,过多考虑设计完美,导致物料差异大,形成不了采购批量,也会导致采购成本高;再如质量部门对质量标准过于苛刻,导致采购成本增加等。

(2)采购批量和采购批次。根据市场供需原理,物料的采购单价与采购数量成反比,即采购的数量越大,采购的价格就越低。企业间联合采购,可合并同类物料的采购数量,通过统一采购可使采购价格大幅度降低,使各企业的采购费用也相应降低。如供应商通常会采用数量折扣这种方式促销。数量折扣又称批量作价,这是供应商企业对大量购买产品的顾客给予的一种减价优惠。一般采购量越多,折扣也越大,以鼓励顾客增加购买量。因此,采购批量和采购批次是影响采购成本的主要因素。

(3)交货期、供货地点与付款期。供应商的交货期、供货地点、付款期等因素直接影响企业库存及采购成本高低。如,供应商通常会采用现金折扣,这为促使顾客尽早付清货款而提供的一种价格优惠。

(4)价格成本分析和谈判能力。采购价格分析、供应商成本构成分析,是确定采购价格和取得与供应商谈判主动权的基础。企业在采购谈判时,必须要自身分析所处市场的现行态势,有针对性的选取有效的谈判议价手法,以达到降低采购价格的目的。

2. 外部因素

(1)市场供需价格。影响采购成本最直接的外部因素就是市场供需情况。在资源紧缺,供不应求时,供应商就会涨价,反之,则降价。

(2)供应商生产技术、质量水平。一般供应商的生产技术先进、产品品质优良,产品销售价格就高,而且采购方对产品或服务的价格就越不敏感。因此,采购人员应根据需求部门对产品质量、技术功能及交货期的要求,合理选择供应商,达到最佳的性价比。

(3)采购企业与供应商的合作关系。如果与供应商的关系一般,则不容易得到详细的成本结构资料,只有与供应商维持较密切的关系,彼此合作时,才有可能分享供应商的有关的成本构成资料。

(4)供应商的销售策略。供应商报价与供应商的销售策略直接相关,如供应商为开拓市场获得订单，一般开始价格比较低，在占领市场后会逐渐提高价格。

（5）产品所处的生命周期阶段。采购量与产品生命周期所处的阶段有直接关系，产品由导入期、成长期到成熟期的过程中，采购量会逐渐放大，直到衰退期出现，采购量才会逐渐缩小，不同的阶段，有不同的采购成本。一般在新产品开发和投入阶段，采购数量少，供应商成本高；进入成长期后，随着采购量增加，技术成熟，供应商成本降低，供应商价格就会降低。

二 ABC 成本分类控制法

企业所采购的物料有的品种不多但价值很大，而有的品种很多但价值不高。由于企业的资源有限，所以对所有采购品种均给予相同程度的重视和管理是不可能的，也是不切实际的。为了更充分利用有限的人、财、物力等资源，应对采购物料进行分类，将成本控制的重点放在重要的物料上，即依据物料重要程度的不同，分别进行不同的成本控制，这就是ABC分类控制法。

ABC分类法的标准是根据每种物料每年采购的金额大小，将年采购金额最高的划为A类，次高的划为B类，低的划为C类。对A类物料集中力量进行重点成本控制，对B类物料按常规进行成本控制，对C类物料进行一般成本控制。

（一）ABC 分类控制的准则

1.A 类物料

在品种数量上一般占15%左右，但所占采购金额却相当大，应该千方百计降低它们的采购量（对于商业部门，则是增加它们的销售额）。对于采购人员，除了应该协助企业降低它们的采购量（或增加其销售额），还要在保障供给的条件下，尽量降低它们的库存额，从而减少资金占用，以提高资金周转率。A类物料消耗金额高，提高其周转率则能获得较大的经济效益。但是，A类物料又恰恰是企业中的重要物料，不能增加其库存额，还应降低，这就会增加缺货风险，进而增加了影响生产与经营的风险。加强控制A类物料的目的，正是要靠管理的力量使库存量降低，却又能保障供给。只要采用适当的策略，严密监视A类物料库存量的变化情况，在库存量降低到报警点时立即采取必要而积极的措施，就可以防止缺货。

采购人员可以从以下几个方面加强对A类物料的控制。

（1）勤采购，最好买了就用，用了再买。这样库存量自然会降低，资金周转率也相应会提高。当然，在绝大多数情况下，公司都是采购一批物料，以保证一段时间的供给，用完后再买。对A类物料来说，原则上应该尽可能降低一次采购的批量。

（2）勤发料，每次发料量应适当控制。减少发料批量，可以降低一级库的库存量，也可以避免以领代耗的情况出现。当然，每次发料的批量应满足工作上的方便与需要。

（3）与需求部门勤联系，了解需求的动向。企业要对自己的物料需求量进行分析，弄清楚哪些是日常需要，哪些是集中消耗（如基建项目、技改专用项目等的用料量集中发生、批量很大，而且用料时间是可以预知的）。因为后者是大批量的冲击需求，所以应掌握其需求时间，需求时再进货，不要过早进料造成积压。要掌握生产或经营中的动态，了解需求量可能发生的变化，从而使库存量满足这种变化。要与需求部门协同研究物料代用的可能，尽量降低物料的单价。

（4）恰当选择安全系统，使安全库存量尽可能减少。恰当选择报警点，对库存量变化要严密监视，当库存量降低到报警点时，要立即行动，采取预先考虑好的措施，以免发生缺货。应与供应商联系，了解下一批供货什么时候可以到达，数量有多少；计算缺少的数量，通过各种渠道，如补充订货、互相调剂、求援、请上级公司帮助解决等措施解决缺额量。与供应商密切联系，要提前了解合同执行情况、运输可能等。要协商各种紧急供货的互惠方法，包括经济上的补贴办法。

2. C类物料

C类物料与A类物料相反，品种数目众多，而所占的金额数则相对较少。品种如此之多，如果像A类物料那样加以控制，费力大、经济效益却不高，这是不合算的。C类物料的成本控制原则与A类物料相反，不应投入过多的控制力量，宁肯多储备一些，以便集中力量控制A类物料。由于所占金额非常少，所以多储备并不会占用多少资金。

至于多年来已不采购的物料不属于C类物料，而应视作积压物料。这部分库存，除其中某些品种因其特殊作用仍必须保留的以外，其余都应该清仓处理，避免积压。

3. B类物料

B类物料的状况处于A、C类物料之间。因此，其控制方法也处于A、C两种物料的控制方法之间，采用常规方法管理。

(二) ABC分类控制的几个问题

采购人员在对ABC三类物料进行采购成本控制时，还必须注意几个问题，即单价的影响问题和物料的重要性问题以及其他一些追加的问题。

1. 单价的影响

ABC分类标准一如前述，一般是以物料的年采购金额作为标准，即单价与年采购量的乘积。年采购金额相同的两个品种，其中一个可能年采购量大、单价小，另一个可能年采购量小、单价大。两者的成本控制策略应略有区别：一般单价高的物料在成本控制上要比单价较低的物料更严格，因为单价高，存量略增一点，占用金额便会急剧上升。凡单价高的品种，在成本控制时应有特殊要求，即与需求部门密切联系，详细了解使用方向、需求日期与数量，准时组织采购，控制库存量，力求减少积压，同时尽量少用高价物料。

2. 物料的重要性

进行ABC分类时只考虑采购金额的多少是不够的，还必须考虑物料的重要性作为补充。

物料的重要性体现在以下三个方面：

（1）缺货会造成停产或严重影响正常生产；

（2）缺货会危及安全；

（3）市场短线物料，缺货后不易补充。

采购人员不应把ABC分类与物料的重要性混淆，它们具有不同的意义。

（1）A类物料固然总是重要的，但其重要性首先在于它们的年采购金额相当高，部分A类物料同时具有缺货会影响生产、危及安全或不易补充等特点，但也有一部分A类物料不具备这些特点。而某些B类或C类物料虽然年采购金额并不高，但却具有缺货会影响生产、危及安全、不易补充等特点。因此，B类和C类物料可能也会是重要物料。

（2）对于A类物料，采购人员的成本控制策略是降低安全系数，适当压缩存量，用加强管理的办法补救由此造成的风险。但对于重要物料，采购主管的策略则是增加安全系数、提高可靠性、辅以加强管理。

3. 其他问题

在采用ABC分类法将物料分成若干类别之前，还要考虑除财务因素以外的其他因素。这些因素可能会影响或改变物料的分类以及成本控制方式。这些因素有：采购困难问题、预测困难问题（需求量变化大）、储存期限短、仓储容量需求大（体积太大）等等。

三 价值工程法（VA/VE）

（一）价值工程的含义

价值分析（Value Analysis，VA）又称"价值工程"（Value Engineering，VE），它是降低成本、提高经济效益的有效方法。所谓"价值工程"，是指以产品或服务的功能分析为核心，以最低的成本来实现产品或服务的必要功能，从而提高产品或服务的价值的一项有组织的活动。价值工程的主要思想是通过对选定研究对象的功能及费用进行分析，从而提高对象的价值。这里的"价值"，是反映费用支出与获得之间的比例，用数字比例式表达：价值=功能÷成本。其基本思路是：功能不变，成本降低；成本不变，功能提高；功能提高，成本同时降低；功能略有下降，成本大幅度降低；成本略有提高，同时功能大幅度提高。

（二）价值工程在采购中的应用

早在20世纪40年代，美国通用电器公司采购部门的工程师麦尔斯（Laurence D.Miles）于1947年把他长期在材料采购和材料代用方面积累的一整套独特的有效利用资源的管理技术总结出来，创立了价值分析学说。西方发达国家的实践证明，价值工程的效果是非常显著的，美国通用电气公司在开展价值分析的头17年中（1947年–1963年）共节约2亿美元以上，而分析费用只花了80万美元。根据国外统计数字显示，在价值工程上每花费1元，所获得的收益往往是10~20元。

正确选购物资是企业合理使用物资、降低产品成本的先决条件。要做到正确地选购物资，就必须对采购物资进行价值分析，以最低的费用获得所需的必要物资。采购物资不仅是购买一种实物，更重要的是购买这种实物所包含的必要功能，这是价值分析理论在采购中得以广泛应用的核心。

以合理的价格采购物资是价值分析的目的之一。任何功能都要为之付出费用，不切实际地追求多功能、高质量势必会造成浪费。因此，应以性能价格比作为衡量物资采购成功与否的标志。

降低物资的使用费用是价值分析的另一个目的。购置费用容易引起人们的重视，而使用费用往往被忽视。例如，有的物资购置费用低而使用费用及寿命周期费用却较高，价值分析则要求整个寿命周期费用降低到最低限度。过去，企业在面对经济萧条时，为了追求企业利润与降低成本，惯用的方法是通过采购人员的强势或谈判能力将卖方的报价给予无情的"砍杀"，以使采购价格压低，进而达到降低成本的目的。然而近年来，由于经济、社会环境的变化，企业经营成本大幅提高，导致企业经营管理也发生了巨变。只凭借往昔的强势作为，已无法达到降低采购价格与生产成本的目标。或许还有采购人员仍然抱着以往强势采购的观念，例如，认为卖方（或协作厂商）是靠企业养的、只有杀价才能买到便宜货等，持有这样的观念将会影响企业的长远发展。

（三）价值工程的实施程序

1. 选定对象

以采购物品中最主要的及影响最大的物品为对象。通常可从以下四个方面进行选择。

（1）设计上——结构复杂、笨重、体积庞大、材料贵、性能差的。

（2）生产上——批量大、料耗高、成品率低的。

（3）销售上——用户意见多、竞争能力差、长期没有改革的老产品。

（4）成本上——成本高于同类产品或高于功能相似的产品。

2. 收集情报

对象确定后就应根据对象的性质、范围和要求，寻找可靠的信息来源。这些情报主要包括以下四个方面的情况。

（1）企业基本情况。如企业的经营方针、生产规模、设备生产能力、职工人数等。

（2）技术资料。如产品的结构、性能、设计方案、加工工艺、成品率等。

（3）经济资料。产品的成本构成等。

（4）用户意见。用户的要求、使用的目的、使用的条件、使用中出现的问题等。

3. 功能分析

功能分析通常可分为以下三个步骤。

（1）功能了解。这一过程实际上就是对产品进行分析解剖的过程，也是发现问题的过程。当一个零件说不上起什么作用时，这个零件有无必要存在就值得考虑了。了解功能应越细越好，越细越能发现问题。

（2）功能整理。即对全部功能进行分类和整理，以便搞清楚哪些是基本功能，哪些是辅助功能；哪些功能是用户需要的，哪些功能是用户不需要的；哪些是功能过剩，哪些是功能不足。

（3）功能评价。功能评价就是评价功能的价值。

4. 制定方案

这是价值工程充分发挥集体智慧和创造才能的阶段。它一般可细分为以下三个步骤。

（1）提出改进方案。主要是根据功能分析和评价的结论，并按照用户要求提出合理化的新方案。在这个过程中，一定要树立现有的东西肯定不是最好的信念，要敢于打破常规、勇于创新。

（2）评价改进方案。对已提出的改进方案，从技术、经济和社会三方面进行充分比较和分析研究，并分别作出评价。

（3）选定最优方案。选出价值高并可能实现的最优方案，报经领导批准，即可付诸实施。

5. 方案的具体实施及效果的确认

6. 方案的改善与跟踪评价

四 作业成本法

作业成本法是另外一个控制成本的方法，这在美国惠普公司已经实施了多年。这种方式将间接成本依照在某一产品上实际花费的时间正确地进行配置，有别于传统会计作业将间接成本平均分摊的做法。运用到采购管理中，即将采购间接成本按不同的材料、不同的使用部门等进行分配，从而科学地评价每种材料、每个部门等实际分摊的采购间接费用。它可以让管理层更清楚地了解间接采购成本分配的状况。采购者可以利用作业成本法，取消不能产生价值增值的作业，减少作业的次数并且降低成本诱因率来降低供应商的成本。为了实现这些目标，采购者必须从供应商那里收集信息，这些信息包括：作业（特定任务）、成本诱因（一种衡量作业的方法）、成本诱因率（导致成本发生的比率）和成本诱因数量（作业的数量）。然后，采购者就可以确定哪些作业能够增加价值而应该进行，哪些作业不能产生增值而应该取消。即使一项作业是能够产生增值的，也有可能削减该作业进行的次数，从而降低成本。不过，分析的过度细化往往容易导致越想全面掌控却又越抓不到重点的情形。所以，适时地利用如帕累托分析等工具来找出关键的成本是非常必要的。

五 目标成本法

目标成本，是指企业在新产品开发设计过程中，为了实现目标利润而必须达到的成本目标值，即产品生命周期成本下的最大成本允许值。目标成本规划法的核心工作就是制定目标成本，并且通过各种方法不断地改进产品与工序设计，以最终使得产品的设计成本小于或等于其目标成本。这一工作需要由包括营销、开发与设计、采购、工程、财务与会计，甚至供应商与顾客在内的设计小组或工作团队来进行。

产品的目标成本确定后，可与公司目前的相关产品成本相比较，从而确定成本差距。而这一差距就是设计小组的成本降低目标，也是其所面临的成本压力。设计小组可把这一差距从不同的角度进行分解，如可分解为各成本要素（原材料和辅助设备的采购成本、人工成本等）或各部分功能的成本差距；也可按上述设计小组内的各部分（包括零部件供应商）来分解，以使成本压力得以分配和传递，并为实现成本降低目标指明具体途径。采购部门则要根据每种材料的目标成本去进行采购，以保证最终产品的成本能达到目标成本的要求。

六 早期供应商参与（ESI）

这是在产品设计初期，选择让具有伙伴关系的供应商参与新产品的开发小组。经由早期供应商参与的方式，新产品开发小组对供应商提出性能规格的要求，借助供应商的专业知识来达到降低成本的目的。

美国密执根州立大学一项全球范围内的采购与供应链研究结果表明：在所有

的降低采购成本的方法当中，供应商参与产品开发最具潜力，成本降低可达42%，利用供应商的技术与工艺则可降低成本40%，利用供应商开展即时生产可降低成本20%，供应商改进质量可降低成本14%，而通过改进采购过程以及价格谈判等仅可降低11%。欧洲某专业机构的另一项调查也得出类似结果：在采购过程中，通过价格谈判降低成本的幅度一般在3%~5%，通过采购市场调研比较优化供应商平均可降低成本3%~10%，通过发展伙伴型供应商并对供应商进行综合改进可降低成本10%~25%，而供应商早期参与产品开发成本降低则可达到10%~50%。由此可见，在整体采购成本中，采购人员更应该关注"上游"采购，即在产品的开发过程中充分有效地利用供应商。

延伸阅读

中小企业降低采购成本的方法

1. 集中采购：采购规模优势更大化

"涨"声一片之中，如何控制采购成本，很容易想到的解决之道是集中采购。集中采购的优势在家电行业最为明显。然而，要做到集中采购，听起来容易做起来难，有时不单单靠公司采购部一个部门就能够完成。以海尔集团为例，电缆是海尔众多产品都要使用的部件，为了做到集中采购，采购部门和产品设计部门通力合作，对空调、洗衣机、电冰箱等产品所用到的电缆重新进行了统一的设计，能够标准化的标准化，能采用通用部件的尽量使用通用部件。通过这些措施，海尔集团所采购的电缆由原来的几百种减少为十几种。只有采购产品种类减少，才能顺理成章地实现集中采购。据透露，仅此一项改进，就使得海尔集团在电缆采购上节约了大概20%的成本。

2. 联合采购：利用行业协会公共平台联合抵御风险

集中采购基本上是一个能使大企业的采购规模优势更大的手段。没有多品类的产品线，产品销量达不到一定规模，根本不可能实现集中。所以，在集中采购方面，大企业的竞争力相对比较强。某大型集团公司的采购经理说："规模的大小直接决定了企业在产业链的说话权，大企业拼命压迫小企业降低价格是采购的普遍现象。"只有实力规模强大的企业,才可以采取"大鱼吃小鱼,小鱼吃虾米"的采购策略。

但中小企业可以考虑组织或加入采购联盟。中小企业如果在原材料采购上联合起来,就可以增加防范风险的能力。一是多家企业联合采购,集小订单成大订单,增强集体的谈判实力,获取采购规模优势,争得和大企业一样的"江湖地位";二是联合采购的对象是原材料生产企业,这样就可以摆脱代理商的转手成本,通过直接与制造商交易,减少中间层次,大大降低流通成本和保障产品质量。

3. 第三方采购:中国企业尚未接受

顾名思义,第三方采购是企业将产品或服务采购外包给第三方公司。国外的经验表明,与企业自己进行采购相比,第三方采购往往可以提供更多的价值和购买经验,可以帮助企业更专注核心竞争力。但采购发包双方的信任也很难建立。正如IBM前任首席采购官里克特所言:"生产采购包含着许多提前设计工作,而你并不希望设计秘密公开给第三方,因为他们可能与其他公司分享这一信息",甚至他还认为:"采购外包会将IBM的采购利益和经验教给其他公司,这会损害企业的竞争优势。"在中国采取此策略还需解决大多存在的合作上的信任危机问题。

4. 全球一家,增加企业的底气

受原材料涨价的威胁,能实现国际采购的企业明显表现出更强大的竞争力。

2006年10月,因为钢材涨价,业内风传家电产品因为成本增加要提高售价,而当时日本松下公司却逆市而动,宣布松下公司旗下的洗衣机产品降价。当时就有专家指出,松下公司之所以有底气降价,主要是因为它的全球采购网络,使得它的材料成本低于中国同类企业。

在利用全球材料上,值得特别提示的是税收问题。某大型家电集团透露,针对原材料涨价风,以前对保税物资的退税方面的工作做得不细致,现在注意了这个问题,所有供应出口产品的进口原材料统统进行保税,就此,集团进口的原材料节省成本约10%。

5. 提高产品附加值,从长计议

当原材料涨价导致成本吃紧之后,企业才开始采取上面这些优化供应的措施,其实都是亡羊补牢,很难有立竿见影的效果。倒不如在产品那一端做文章,如创新款式、结构或功能等,想办法使你的产品个性化,不具有可比性,从而提高性价比。

因为，通常越是产品附加值高的生产环节，对原材料涨价的态度都比较平和。越是原材料成本占的比例高，产品附加值越小，企业对原材料涨价越在乎。

要增加产品附加值，一个是增加产品的技术附加值，另一个是增加产品的品牌附加值。

◆本章小结◆

采购成本是企业成本管理中的主体和核心部分，在采购管理过程中，采购价格的确定是一项重大决策。为此，采购人员需要熟知影响采购价格的因素，了解采购价格的种类，从而确定采购价格的方法。采购成本是企业成本的核心部分，理解采购成本的含义及影响因素，掌握降低采购成本的方法有ABC成本分类控制法、价值工程法、作业成本法、目标成本法和早期供应商参与等。

■案例分析■

国家卫生健康委员会：药品价格水分将被进一步压缩

2019年6月14日，国家卫生健康委员会（以下简称卫健委）召开新闻发布会，展示2018年公立医院改革成绩单，直指药品价格虚高。

"降低药品、耗材等费用腾出空间，建立医疗服务价格动态调整机制"。在发布会上，卫健委体改司巡视员朱洪彪表示，2018年年底全国公立医院财政直接补助收入占总收入的比例达到10%左右，这意味着还有90%左右的补偿要靠提供医疗服务，而这么大的空间需要通过规范诊疗行为、降低药品、耗材等费用腾出。

6月15日，北京市的医耗联动改革正式实施，在取消3700家公立医院医用耗材加成的同时，一次性调整了6621种医疗服务项目价格。而在2018年，总共有19个省份调整医疗服务价格，山东、广东、福建等省份明确规定每年调整1次价格。这意味着，药品、耗材的价格水分将被进一步压缩，以进一步调整医院收入结构。

1. 药品水分还要继续挤

在发布会现场，不少大众媒体注意到各地对医疗服务价格的调整，而价格的调整是否会对公众看病带来压力？朱洪彪在现场多次强调，价格的调整由药品、耗材等费用腾出空间，并不加重患者负担。他表示，当前公立医院改革的重点就是完善补偿机制，其重点就是深化医疗服务价格改革。

2017年全面推开公立医院综合改革时，所有省份都调整了医疗服务价格，但调整更多是围绕弥补取消药品加成减少的合理收入，部分医疗服务价格低于成本、比价关系不合理的问题还没有解决。现在各地都在积极深化价格改革，2018年有19个省份调整医疗服务价格，山东、广东、福建等省份明确规定每年调整1次价格。

"小步快走不停步"，对于价格的腾挪，朱洪彪这样说道。他表示，各地要继续按照"总量控制、结构调整、有升有降、逐步到位"的原则，通过规范诊疗行为，建立医疗服务价格动态调整机制，小步快走不停步，逐步提高诊疗、手术、康复、护理、中医等体现医务人员技术劳务价值的医疗服务价格，降低大型医用设备检查治疗和检验等价格，推动建立以公益性为导向的补偿新机制。调整的医疗服务价格要按规定同步纳入医保支付范围，保证患者基本医疗费用负担总体不增加。对于动态调整的频率，朱洪彪也表示最好能做到一年一次。

2. "4+7"外药品推广带量采购

朱洪彪表示，"腾空间、调结构、保衔接"是公立医院改革这几年探索出来的一个重要途径。

"腾空间"，就是取消药品加成，通过实行药品集中采购、分类采购，降低药品虚高价格。例如通过对17种抗癌药进入国家医保目录谈判降价56%，通过国家组织药品集中采购和使用试点25种药品降价52%，上海42种药品集中采购降价60%等。通过集中采购、分类采购，把药品的虚高价格降下来，把空间腾出来用于调整医疗服务价格，体现医务人员的劳务价值，逐步向合理的价格过渡

朱洪彪补充道，2018年总结公立医院改革成绩的时候，专门把上海实行药品集中带量采购作为一个经验向全国推广。上海市对未实施医保带量采购的品种探索实行药品集团采购，首批5家三级医院和6个区组成公立医疗机构采购联盟，通过发挥"团购"优势、提高采购集中度、优化供应链等措施，降低药品价格和采购成本，

采购的42种药品平均降价60%，取得了非常明显的成效。

朱洪彪解释道，上海的经验在于发挥了带量采购、集团采购的优势，形成了一定的采购规模，可以大幅降低采购价格，挤出药品价格的虚高水分。另外，这些药品基本上都是通过一致性评价的药品，在质量上都是有保证的。朱洪彪希望各地能够学习借鉴上海的经验，进一步降低药品虚高价格，继续落实"腾空间、调结构、保衔接"的改革思路。

朱洪彪表示，过去药品耗材收入占大头，现在把药品耗材价格降下去、技术劳务价格提上去以后，技术劳务服务收入占大头，逐步破除了以药补医机制。朱洪彪表示福建省三明市就是一个很好的典型，三明市到去年年底，全市医疗服务收入（不含药品、耗材、检查、化验收入）占医疗收入的比例已经达到42%，这是"调结构"。

此外，朱洪彪认为调整医疗服务价格还要两个衔接：一是和医保做好衔接，调整的医疗服务价格按规定纳入医保报销，总体上不增加群众负担；二是和薪酬制度改革要衔接上，改革公立医院薪酬制度，逐步提高医务人员的薪酬待遇，使他们的收入和劳动付出相匹配，使他们的收入能更加阳光、体面、有尊严。

（资料来源：搜狐财经）

问题讨论

1. 通过案例，分析应如何有效控制药品采购价格？
2. 采购价格的影响因素有哪些？

复习思考题

1. 什么是采购价格？采购价格受哪些因素的影响？
2. 如何确定采购价格？
3. 什么是采购成本？采购成本分析有什么意义？
4. 什么是学习曲线？采购人员为什么要了解学习曲线？
5. 降低采购成本的方法有哪些？

采购价格预测练习

将全班同学分成若干小组,对某种商品的价格进行预测,为公司提供可以实施最有利的采购方案。假设你的公司需要价值500,000元的这种商品,报告必须回答下述四个问题。

1. 这种商品的现货价格是多少?从何处得到?这种商品的规格是什么?能得到这个价格所需采购的最低数量是多少?500,000元的商品在重量上或者体积上体现为什么?

2. 这种商品目前的市场销售情况如何?

3. 预计3个月后(或半年)这种商品的价格将为多少?为什么?

4. 从预测出发,应向公司负责该种商品采购的委员会提出什么建议?建议现在还是迟些时候采购该商品并要求交货?存在其他的问题吗?预计你的建议能够带来多少节约?

限制条件

1. 所选定的商品不能是在你所进行采购的市场上价格稳定的商品。这种商品的价格必须能够自由波动,这种商品的价格每天在一种可获得的新闻渠道进行报道。

2. 必须由指导教师认可所选定的商品,任何两个小组不能选择同一种商品。

3. 在决策过程中考虑外币汇率是很重要的。

第七章

采购谈判与合同管理

◆学习目标◆

通过本章的学习,要求学生掌握了解采购谈判的含义、特点及阶段,掌握采购谈判的内容和方法;了解采购谈判的特点和战术,以及博弈论和采购谈判的共性与特性;掌握合同的主要内容;了解不同情况下采购合同的类型,学会草拟采购合同;基本掌握如何处理采购合同中的纠纷。

采购谈判是采购部门最重要的活动之一,是搞好采购工作的基础,离开谈判,采购活动将终止。实践表明,采购人员至少要花 20% 的时间去准备谈判以及与供应商进行正式谈判。采购谈判的目的是签订一份对双方都有利的合约,以保证供应商能及时并按质按量地供应物料。因此,掌握谈判的知识和谈判的技巧,有利于维护企业的利益,促进采购的成功。

开篇案例

麦当劳准备充分、方法得当赢得采购谈判

麦当劳要同上海怡斯宝特面包生产公司建立长期合作关系,于是派了一名高级食品监督人员带队与其谈判。该食品技术监督人员为了不负使命,作了充分的准备工作,他查找了大量有关该公司生产面包的资料,花了很大的精力了解国内市场上面包公司的行情及上海这家公司的历史和现状、经营情况等。掌握了足够的资料后,该监督人员开始与怡斯宝特公司进行谈判。

麦当劳谈判人员面对这种情况,随即列举出与国内各公司的成交价格,在大量的确切数据面前怡斯宝特谈判人员看得目瞪口呆,不得不让步,终于以80万元达成协议。

谈判开始,该公司一开口就对第一年的合作订金要价100万元且不予松口。但麦当劳不同意,坚持出价90万元。到了这种僵持局面,怡斯宝特表示价格已经到了他们的极限,如果麦当劳坚持压价,则该公司将不愿继续谈下去,把合同往麦当劳谈判人员面前一扔,说:"我们已经作了这么大的让步,贵公司仍不能合作,看来

你们对这笔交易没有诚意,这笔生意就算了,期待下次能合作。"麦当劳谈判人员对此并未有急切挽留的表现,闻言轻轻一笑,把手一伸,做了一个优雅的"请"的动作。怡斯宝特谈判方果真走了。同行进行谈判的麦当劳的其他人对此突发状况有些着急,甚至开始埋怨该食品监督人员不该抠得这么紧,表示公司已经准备同怡斯宝特签订合同,这样把对方逼走完全破坏了公司的发展计划。"放心吧,他们会回来的,这还只是他们的谈判策略。根据我们前期调查同样的合同成交价格,去年他们同另外一家快餐厅建立合作时的首批面包定价只有85万元,即使有涨幅,也不应过高。"

果然不出所料,一个星期后怡斯宝特又回来继续进行谈判了。谈判员向怡斯宝特点明了他们与另一家快餐厅的成交价格,怡斯宝特又愣住了,没有想到眼前这位谈判人员如此精明,于是不敢再报虚价,只得说:"现在物价上涨得厉害,比不了去年。"麦当劳谈判人员说:"每年物价上涨指数都没有超过6%。一年时间,你们算算,该涨多少?"怡斯宝特被问得哑口无言,在事实面前,不得不让步,最终以90万美元达成了这笔交易。

第一节 采购谈判的概述

谈判,是指人们为了改善彼此之间的关系,通过面对面、电子方式或书面方式而进行的相互协调和沟通,以便在某些方面达成共识的行为和过程。谈判的中心内容就是每一方都试图说服另一方作出最有利于自己的决策。

一 采购谈判的含义和特点

(一) 采购谈判的含义

采购谈判是商务谈判的一种。采购谈判,是指企业在采购方与供应商之间为完成交易目标而进行协商的过程。采购方想以自己比较理想的价格、货物质量和供应商提供优良的服务保证条件来获取供应商的货物，而供应商则想以自己希望的价格和服务条件向采购方提供自己的货物。在两者不完全统一以前，就需要通过不断的协商、讨价还价来使意向趋于一致，这就是采购谈判。

（二）采购谈判的特点

1. 采购谈判是买卖双方合作与冲突对立关系的统一

合作性表明双方的利益有共同的一面，冲突性表明双方利益又有分歧的一面。作为谈判人员要尽可能地加强双方的合作性，减少双方的冲突性。合作性和冲突形式可以相互转化，如果合作性的比例加大，冲突性的比例将会减少，那么谈判成功的可能性就大；反之，如果冲突的一面通过洽谈没有得到解决或减少，那么谈判就有可能失败。采购人员可以在事前将双方意见的共同点和分歧点分别列出，并按照其在谈判中的重要性分别给予不同的权重和分数，比较共同点方面的分数和分歧点方面的分数来预测谈判成功的概率，以决定如何消除彼此之间的分歧。

2. 采购谈判是原则性和协调性的统一

原则性，是指谈判双方在谈判中最后退让的界限，即谈判的底线。谈判双方对重大原则问题通常是不会轻易让步的，退让也是有一定限度的。但谈判双方在坚持彼此基本原则的基础上，可以通过不断调整各自的需要和利益向对方作出一定让步和妥协，最终在某些方面达成共识。作为采购谈判，如果双方在所有的谈判条件上都不肯作出任何让步，则谈判是难以成功的。因此，原则性和协调性是同时存在的。

3. 采购谈判以经济利益为中心

谈判的中心是各自的经济利益，价格在谈判中作为调节和分配经济利益的主要杠杆是谈判的焦点。谈判经济利益中心性并不意味着不考虑其他利益，而是说相对于其他利益，经济利益是首要的、起支配作用的。

4. 采购谈判具有艺术性

谈判结果受谈判当事人谈判技巧和谈判艺术的影响。因此，采购人员掌握谈判的策略、懂得谈判的艺术是维护公司利益的必要条件。

二 采购谈判的目的和内容

（一）采购谈判的目的

一般来说，采购谈判是为了达到以下目的：希望获得供应商的质量好、价格低的货物；希望获得供应商比较好的服务保障条件；希望在发生货损、货差损失时，获得合适的赔偿；当双方就货物质量、数量等问题发生纠纷、产生赔偿争议时，能够妥善解决。

（二）采购谈判的主要内容

在采购谈判中，谈判双方主要就货物交易条件进行磋商，具体包括：

1. 货物的数量条件

货物的数量是采购合同不可缺少的主要条件之一，也是交易双方交接货物的依据，必须根据供方和需方的实际情况磋商确定。

2. 货物的质量条件

只有明确了货物的质量条件，谈判双方才有谈判的基础。也就是说，谈判双方首先应当明确双方希望交易的是什么货物。在规定货物质量时，可以用规格、等级、标准、产地、型号和商标、货物说明书和图样等方式来表达，也可以以对方提供货物实样的方式来表明己方对交易货物的品质要求。

3. 货物的价格条件

在国内货物买卖中，谈判双方在货物的价格问题上主要就价格的高低进行磋商。而在国际货物买卖中，货物的价格表示方式除了要明确货币种类、计价单位，还应明确以何种交易术语成交。

4. 货物的交货条件

交货条件，是指谈判双方就货物的运输方式、交货时间和地点等进行的磋商。而货运的保险条件的确定则需要买卖双方明确由谁向保险公司投保、投保何种险别、保险金额如何确定，以及依据何种条款办理保险等。

5. 货款的支付

货款的支付主要涉及支付货币和支付方式的选择。在国际货物买卖中使用的支付方式主要有：汇付、托收、信用证等。不同的支付方式，买卖双方可能面临的风险大小不同。在进行谈判时，应根据情况慎重选择。

6. 检验、索赔、不可抗力和仲裁条件

有利于买卖双方解决争议、保证合同的顺利履行、维护双方的权利是国际货物买卖谈判中必然要商议的交易条件。

三 采购谈判的程序

(一) 准备阶段

准备工作做得如何在很大程度上决定着谈判的进程和结果。一些规模较大的重要谈判，往往需要提前几个月甚至更长时间就开始着手进行精心的准备。谈判前期的准备工作主要包括以下几个方面。

1. 确立谈判目标

制定有意义的目标对谈判取得成功至关重要，所以准备工作的第一步就是确立希望通过谈判达到的明确目标，这一点谈判组的每个成员都务必要清楚。

采购谈判的基本目标是就所要采购的产品或服务达成协议。谈判的另一个重要目标是在买卖双方之间以公平合理的价格达成协议。这里需要注意的是，尽管谈判有众多的目标，但并不是所有的目标都同等重要，采购方可根据目标的重要程度把目标划分为：必须实现目标、中等目标和最高目标三类。

（1）必须实现目标。这是谈判的底线。对于采购谈判，谈判要以能满足本企业对于所需求货物的数量、质量和规格等作为谈判追求的目标，也就是"必须实现的目标"。

（2）中等目标。采购谈判还要以价格水平、经济效益水平等作为谈判所追求的目标，这就是中等目标。

（3）最高目标。采购谈判还要考虑供应商的售后服务情况，如供应商的送货、安装、质量保证、技术服务等，这就是谈判所要追求的最高目标。

2. 搜集谈判资料

要分析自己和对手的优劣势，首先需要搜集信息。如果和这次的供应商原先有过采购谈判，这个过程就不那么困难，因为以前打过交道对许多问题已先有了答案。例如，对方的谈判风格、说话方式、对方最关注的是什么问题、容易产生分歧的地方在哪等等。如果是第一次和这个供应商打交道，那么可借助于报纸、行业杂

志、互联网等公共信息来了解该供应商。

总之，通过对谈判有关资料信息的搜集、整理、分析和研究，谈判人员才会有较为充分的思想准备，明确谈判的主客观环境，以及在谈判中可能出现的问题。只有这样，谈判才更容易取得成功。

（1）采购需求分析。这是根据生产和销售的情况，对生产中所需要的原材料、辅助材料、包装材料，以及各种商品在市场上的需求情况进行分析和预测，确定需采购的材料、商品的品种、规格、型号和数量。

（2）市场资源调查。调查的主要内容包括产品供需情况、产品销售情况、产品竞争情况、产品分销渠道。

①通过对所需产品在市场上的总体供应状况的调查分析，可以了解该产品目前的市场供应情况。市场供求状况不同，买方就要制定不同的采购谈判方案和策略。另外，对所要采购的产品的市场需求情况进行调查分析，还可以了解到目前该产品在市场上的潜在需求者。

②作为买方，调查准备购买的产品在市场上的销售情况，可以了解该类产品各种型号在过去几年的销售量及价格波动情况；该类产品的需求程度及潜在的销售量；其他购买者对此类新、老产品的评价及要求等。通过对产品销售情况的调查，可以使谈判者大体掌握市场容量、销售量，有助于确定未来具体的购进数量。

③产品竞争情况的调查包括生产同种所需产品的供应商的数目及其规模；所要采购产品的种类；所需产品是否有合适的替代品及替代品的生产厂商；此类产品的各重要品牌的市场占有率及未来变动趋势；竞争产品的品质、性能与设计；供应商主要竞争对手所提供的售后服务方式以及中间商对这种服务的满意程度等。通过产品竞争情况的调查，使谈判者能够掌握所需同类产品竞争者的数目、强弱等有关情况，寻找谈判对手的弱点，争取以较低的成本费用获得己方所需产品。同时，也能使谈判者预测对方产品的市场竞争力，使自己保持清醒的头脑，在谈判桌上灵活掌握价格弹性。

④产品分销渠道的调查主要包括：各主要供应商采用何种经销路线，当地零售商或制造商是否聘用人员直接推销，其使用程度如何；各种类型的中间商有无仓储设备；各主要市场地区的批发商与零售商的数量；各种销售推广、售后服务及存储商品的功能等。调查商品的分销路线，不仅可以掌握谈判对手的运输、仓储等管理

成本的状况，在价格谈判上做到心中有数，而且可以针对供应商售后服务的弱点，要求对方在其他方面给予一定的补偿，争取谈判成功。

（3）收集对方情报。

①资信情况。调查供应商的资信情况，一是要调查对方是否具有签订合同的合法资格；二是要调查对方的资本、信用和履约能力。

②对方的谈判作风和特点。谈判作风，是指谈判者在多次谈判中表现出来的一贯风格。了解谈判对手的谈判作风，对预测谈判的发展趋势和对方可能采取的策略，以及为制定己方的谈判策略，可提供重要的依据。此外，还可以收集供应商要求的货款支付方式、谈判最后期限等方面的资料。

（4）对资料进行整理和分析。通过各种渠道收集到以上有关信息资料以后，还必须对它们进行整理和分析。这里主要有两方面的工作。

①鉴别资料的真实性和可靠性。在实际工作中，因为各种各样的原因和限制因素，在收集的资料中往往存在着某些资料比较片面、不完全，有的甚至是虚假的、伪造的，所以必须对这些初步收集到的资料做进一步的整理和甄别，去伪存真，从而为我所用。

②在资料具备真实性和可靠性的基础上，结合谈判项目的具体内容与实际情况，分析各种因素与该谈判项目的关系，并根据它们对谈判的相关性、重要性和影响程度进行比较分析，并依此制定出具体的、切实可行的谈判方案与对策。

3. 制定谈判方案

谈判方案是指导谈判人员行动的纲领，在整个谈判过程中起着重要作用。

（1）谈判地点的选择。

①谈判地点安排在采购方企业所在地。其优点是环境熟悉，不会给采购谈判人员造成心理上的压力，有利于以放松、平和的心态参加谈判；查找资料和邀请有关专家比较方便，可以随时向本企业决策者报告谈判进展；同时，可以利用地利、人和之便，通过热心接待对方，关心其谈判期间的生活等问题，显示己方的诚意，从而创造融洽的谈判氛围，促使谈判成功。其缺点是易受本企业各种相关人员及相关因素的干扰，不利于谈判小组独立地开展工作。此外，还免不了要承担烦琐的接待工作。

②谈判地点选在对方企业所在地。其优点是采购方谈判人员可以少受外界因素

的打扰而以全部精力投入到谈判工作中去；可以与对方企业决策者直接交换意见，可以使对方谈判人员无法以借口无权决定而拖延时间，同时也省去了许多繁杂的接待工作。但这种方法也有缺点，主要是：环境不熟悉，易有压力；临时需要查找资料和邀请有关专家不方便；等等。

③谈判地点选在双方之外的第三地。其优点是对双方来讲都比较公平，谈判可以不受外界因素打扰、保密性强。但缺点是对双方来讲，由于都远离自己的所在地，所以在谈判准备上会有所欠缺，查找信息和请示领导都多有不便且各项费用支出较高。

（2）谈判时间的选择。谈判时间的安排就是要确定谈判在何时举行、为期多久。若是谈判需要分段进行，则应对各阶段的谈判时间作出安排。一般来说，在选择谈判时间时，要考虑以下几个方面的因素。

①准备的充分程度。要注意给谈判人员留有充分的准备时间，以防仓促上阵。
②要考虑对方的情况。不要把谈判时间安排在对对方明显不利的时间进行。
③要考虑谈判人员的身体和情绪情况。要避免在身体不适、情绪不佳时进行谈判。

（3）谈判方式的选择。采购谈判方式可以简单分为两大类：面对面的会谈及其他方式。面对面的会谈又可以分为正式的场内会谈和非正式的场外会谈；其他谈判方式包括采用信函、电话、电传、电报、因特网等方式进行的谈判。

4. 组选谈判队伍

人是谈判中的关键因素，采购谈判能否取得预期的效果，取决于谈判人员能否审时度势，并正确合理地运用谈判策略。

为了保证谈判达到预期的目标，并提高工作效率和谈判的成功率，在确定谈判队伍阵容时，应着重考虑谈判主体的大小、重要性和难易程度等因素。有的采购谈判可能由于规模小、所以目标已明确，仅需要1~2名谈判人员；而有的采购谈判可能由于规模大、情况复杂、目标多元化而需要有多个谈判人员组成的谈判小组。但不管谈判人员的多少，都应满足对谈判人员基本素质的共同要求。这些共同要求包括：谈判者应具有良好的自控与应变能力、观察与思维能力、敏捷的反应能力、敏锐的洞察能力，经过多次的采购谈判而无形之中形成的直觉；此外，采购人员还应具有平和的心态、沉稳的心理素质以及大方的言谈举止，以及团队合作精神。

如果必须组成谈判小组，那么其谈判小组的组成要适当，并依据实际情况而定,且应遵循的原则就是保持精干高效。采购谈判小组除了有一名具有丰富的谈判实践经验、高明的组织协调能力的组长,还需要财务、法律、技术等各个方面的专家。在性格和谈判风格上,小组成员应该是"进攻型"和"防御型"两类人员优势互补,这样易使谈判取得最佳效果。

5. 谈判双方的优劣势分析

有经验的谈判者在谈判开始前会预先通过调研与经历来了解对方,评估究竟各自有哪些优势和劣势,这样才能舍己之短、发挥所长。能够影响采购方和供应方谈判力量的因素主要有以下几种。

(1)买方的力量,主要应考虑下列因素:采购数量很大、主要原料、标准化或没有差异性的产品、转换成本低、利润很低、向上整合的潜力和充分掌握商情。

(2)卖方的力量,主要应考虑下列因素:独家供应或寡头市场、对顾客很重要的产品、转换成本很高、向下整合的潜力和复杂或差异性很大的产品。

(3)替代品,要考虑的因素主要是:转换成本、转换意愿和产品差异性。

(4)竞争者,要考虑的因素主要是:产业成长情形、竞争者多寡和资本密集。

(5)新供应商障碍,要考虑的因素主要是:资金需求、技术或专利、政府政策、产品差异性、原料的取得和经销通道的建立。

● (二)开局阶段

开始谈判时,一般双方先会彼此熟悉一下,然后就会对谈判的目的、计划、进度和参加人员等问题进行讨论,尽量取得一致意见并在此基础上就本次谈判的内容分别发表陈述,这是在双方已做好充分准备的基础上进行的。通过这种商谈,可为以后具体议题的商谈奠定基础。在这一阶段,要注意营造良好的谈判氛围,并为正式谈判做好预备工作。双方应对本次谈判的议题、进程、进度和期限等进行交谈,以谋求谈判双方对谈判进程的意见一致。一方主谈人员可以以协商的口气向对方主谈人员提出有关谈判进程方面的一些问题。这里有两点是必须在这一阶段解决的。

1. 谈判主题的确定

要进行一次谈判,首先就要确定谈判的主题,不能漫无边际地进行谈判。一般地说,凡是与本次谈判相关的、需要双方展开讨论的问题都可以作为谈判的议题。可以把它们一一罗列出来,然后根据实际情况确定应重点解决哪些问题。

对于采购谈判,最重要是采购物料的质量、数量、价格、水平、运输等方面,所以应把这些问题作为谈判议题重点加以讨论。

2. 采购谈判时间的安排

谈判时间的安排就是要确定谈判在何时举行、为期多久。若是一系列的谈判需要分阶段进行，则应对各个阶段的谈判时间作出安排。

（三）实质性谈判阶段

实质性谈判阶段，也就是进入正式谈判阶段。在这一阶段，双方各自提出自己的交易条件，并且尽量提出有说服性的理由并进行磋商，争取达到一致。当然，双方的意见可能会存在某些分歧和矛盾，因此，谈判可能要经过多轮。双方为了解决分歧和矛盾，就必须进行讨价还价，反复进行磋商。磋商的结果要么是企业放弃某些利益，要么就是供应商放弃某些利益，也可以是双方进行利益交换。

在谈判过程中，一方面，要充分阐述自己的观点，合理地坚持自己的观点，维护自己的利益；另一方面，也要认真地听取对方的意见，分析是否真有道理，如果真有道理，就应当适当调整自己的观点和立场。这时要随时比较自己调整后的方案与谈判前的预定的目标方案之间的差距是否可以接受。如果不能接受，就不要轻易调整；如果能够接受，就可以调整。如果没有把握，就可以暂时休会，在休会期间再好好思考，或召集企业相关谈判人员一起仔细讨论，或打电话请示领导之后作出决定，并把决定后的方案再进行讨论磋商。这样，经过一系列反反复复的磋商使彼此的立场和观点接近或趋于一致，最终双方达成一致的协议。

总之，在谈判过程中，双方都是力求维护本企业的利益，想方设法使对方让步。如果双方都不让步，谈判就进行不下去，这就会使谈判破裂、失败。如果双方能够逐步让步、协调，最后大体利益均等，这时谈判双方意见达成一致，谈判就会获得成功，谈判就可以结束了。

（四）成交阶段

谈判结束阶段是较为轻松、活跃的阶段，原先谈判桌上的对手一下变成了亲密的朋友。谈判结束阶段的主要任务是：尽快达成交易；签订书面协议或合同；谈判资料的回收和整理等。

供需双方在交易将要达成时，必然会对前几个阶段的谈判进行整体的回顾，以明确还有哪些问题需要讨论，并据此对某些重要的交易条件、目标作出重要的决定，明确企业为实现本次交易所需作出的最后让步的限度，以及最后阶段所要采用的策略和技巧，并开始着手安排签约的事宜。

当双方对所有的交易条件都达成了共识后，就可以将谈判结果以法律的形式确立下来，即进入签约阶段。在签约前，双方应当确认谈判过程中所作书面记录的真实性，并据此确认合同的条款。如果双方对合同条款无异议，就可以立即进行合同的签约事宜。

四 采购谈判技巧

在了解了谈判心理原则的基础上，我们在实际谈判中还可以总结出许多规律性、技巧性的经验与策略，可以将其称为"谈判的技巧"。采购谈判的技巧主要包括以下内容。

(一) 入题技巧

谈判双方刚进入谈判场所时，难免会感到拘谨，尤其是谈判新手，在重要谈判中往往会产生忐忑不安的心理。为此，必须讲究入题技巧，采用恰当的入题方法。

1. 迂回入题

为避免谈判时单刀直入、过于暴露，影响谈判的融洽气氛，谈判时可以采用迂回入题的方法。

2. 先谈细节、后谈原则性问题

围绕谈判的主题，先从洽谈细节问题入题，丝丝入扣，待各项细节问题谈妥之后，便自然而然地达成了原则性的协议。

3. 先谈一般原则、再谈细节

一些大型的经贸谈判，需要采取先谈原则问题，再谈细节问题的方法。一旦双方就原则问题达成了一致，洽谈细节问题也就有了依据。

4. 从具体议题入手

大型谈判总是由具体的一次次谈判组成。在每一次谈判中，双方可以首先确定本次会议的谈判议题，然后从这一议题入手进行洽谈。

（二）阐述技巧

1. 开场阐述

谈判入题后，接下来就是双方进行开场阐述，这是谈判工作中的一个重要环节。

开场阐述的要点具体包括：一是开宗明义，明确本次会谈所要解决的议题，以集中双方的注意力，统一双方的认识；二是表明己方通过洽谈应当得到的利益，尤其是对己方至关重要的利益；三是表明己方的基本立场，可以回顾双方以前合作的成果，也可以展望或预测今后双方合作中可能出现的机遇或障碍，还可以表示双方可采取何种方式共同获得利益等；四是开场阐述应是原则的，而不是具体的，应尽可能简明扼要；五是开场阐述应以诚挚和轻松的方式来表达。对对方开场阐述的反应具体包括：一是认真耐心地倾听对方的开场阐述，归纳并弄懂对方开场阐述的内容，思考和理解对方的关键问题，以免产生误会；二是如果对方开场阐述的内容与己方意见差距较大，不要打断对方的阐述，更不要立即与对方发生争执，而应当先让对方说完，认同对方之后再巧妙地转开话题，从侧面进行谈判。

2. 让对方先谈

在谈判中，让对方先说明可提供何种产品、产品的性能如何、产品的价格如何等，然后再审慎地表达意见。让对方阐述利益要求、报价和介绍产品，然后在此基础上再提出自己的要求。这种先发制人的方式，常常能收到奇效。

3. 坦诚相见

谈判中应当提倡坦诚相见，不但应将对方想知道的情况坦诚相告，而且可以适当透露己方的某些动机和想法；当然，坦诚相见是有限度的，并不是将一切和盘托出。总之，以既赢得对方的信赖又不使自己陷于被动、利益受损为度。

（三）提问技巧

要用提问方式摸清对方的真实需要，掌握对方的心理状态，从而表达自己的意见。

提问的方式有封闭式提问、开放式提问、婉转式提问、澄清式提问、探索式提问、借助式提问、强迫选择式提问、引导式提问、协商式提问。

提问的时机有在对方发言完毕时提问，在对方发言停顿、间歇时提问，在自己发言前后提问，在议程规定的辩论时间提问。

提问的其他注意事项有注意提问速度，注意对方心境，提问后给对方足够的答复时间；提问时应尽量保持问题的连续性。

(四) 答复技巧

答复不是件容易的事，答复的每一句话都会被对方理解为是一种承诺，都负有责任。答复时应注意：不要彻底答复对方的提问；针对提问者的真实心理答复；不要确切答复对方的提问；降低提问者追问的兴趣；让自己获得充分的思考时间；礼貌地拒绝不值得回答的问题；找借口拖延答复。

(五) 说服技巧

1. 说服原则

说服原则包括：不要只说自己的理由；研究分析对方的心理、需求及特点；消除对方戒心、成见；不要操之过急、急于奏效；不要一开始就批评对方，把自己的意见观点强加给对方；说话用语要朴实亲切、不要过多讲大道理；态度诚恳、平等待人、积极寻求双方的共同点；善于激发对方的自尊心；坦率承认如果对方接受意见，己方也可获益。

2. 说服技巧

说服技巧包括：讨论先易后难；多向对方提出要求、传递信息、影响对方意见；强调一致、淡化差异；先谈"好"后谈"坏"；强调合同有利于对方的条件；待讨论赞成和反对意见后，再提出意见；说服对方时，要精心设计开头和结尾，要给对方留下深刻印象；结论要由己方明确提出，不要让对方揣摩或自行下结论；多次重复某些信息和观点；多了解对方，以对方习惯的、能够接受的方式和逻辑去说服对方；先做铺垫，不要奢望对方一下子接受突如其来的要求；强调互惠互利、互相合作的可能性、现实性，激发对方在自身利益认同的基础上来接纳己方的意见。

(六) 报价技巧

在谈判的过程中，报价不仅是在价格方面提出自己的想法，还泛指谈判双方在洽谈项目中的利益要求，也就是其想要达到的目的。谈判双方在经过摸底、明确了具体内容和范围之后，提出各自的交易条件，表明自己的立场和利益。

谈判双方通过报价来表明自己的立场和利益要求，但是，任何一方在阐述自己要求的时候都不会一下子就把自己的底价透露给对方，而总是要打个"埋伏"，给自己留下讨论协商、讨价还价的空间。或者以优于底价的条件成交，超过既定目标完成谈判；或者以不低于底价的条件成交，完成谈判的既定目标。所以，报价是有技巧性的。

1. 报价要果断

报价应该坚定、明确、完整，不加任何解释和说明。开盘价的报价要坚定、果断，不保留任何余地，并且毫不犹豫。这样能够给对方留下我方是认真而诚实的印象。要记住，任何欲言又止、吞吞吐吐的行为，必然会导致对方的不良感觉，甚至会产生不信任感。

开盘报价明确、清晰而完整，可以使对方能够准确地了解我方的期望。实践证明，报价时含糊不清最容易使对方产生误解，从而扰乱本方所定步骤，对己不利。

报价时，不要对我方所报价格作过多的说明和辩解，因为对方对我方报价的水分多少都会提出质疑。如果在对方还没有提出问题之前，就主动加以说明，会提醒对方意识到我方最关心的问题，而这种问题有可能是对方尚未考虑过的问题。因此，有时过多地说明和解释会使对方从中找出破绽或突破口，从而猛烈地反击，甚至会使我方十分难堪、无法收场。

2."低开"策略

"低开"策略，是指采购方先提出一个低于我方实际要求的谈判起点，以让利来吸引对方、试图首先去击败参与竞争的同类对手，然后再与被引诱上钩的供应商进行真正的谈判，迫使其让步，达到自己的目的。

商业竞争从某种意义上可分为三大类：采购方之间的竞争、供应商之间的竞争和供应商与采购方之间的竞争。在供应商与采购方之间的竞争中，一方如果能首先打败同类竞争对手，就会占据主动地位。当对手觉得别无所求时，就会委曲求全。

在谈判过程中，应根据具体情况看能否运用"低开"策略，同时我们也要防止对手的这一策略。如果在谈判的开局阶段对方接受或提出一些违反常态的便宜要求，确认对方有"低开"的嫌疑时，就要采取一些破解方法。

一般来说，破解此策略的主要对策方法有：要求对方预付定金；在洽谈未达成正式协议之前，不要拒绝其他谈判方；要求速战速决；草签协议，把实质性问题定好；如果对方执迷于实施"低开策略"，则可提前点破它。

最重要的是，在谈判时不要低估了对手，不要有占便宜的心理，要知道占小便宜有时会吃大亏的。

3. 影子报价或影子要约

影子报价或影子要约是一方说谎或有意误导对方。例如，采购方可以告诉供应商说，他收到了另一个供应商的报价，每单位低于5美元。如果供应商不对该价格作出相应的变动，则说明他是不想和采购方合作了。供应商也可以使用这种方法。供应商可以通知采购方A，说采购方B准备以更高的价格采购这些物料（这些物料是稀缺的）。显然这是一个不道德的、冒险的策略，但如果对方担心丢掉这笔生意，就会在自己期望的成交位置作出相应的让步。反之，如果对方对这种威胁性的报价没有反应，就意味着自己的这一策略失效。

4. 探知临界价格

在谈判中，采购方想知道供应商的最低出让价，供应商想知道采购方的最高接受价，以便判断出一个双方都能接受的临界价格。所以，要运用一些技巧从对方口中探听出来。下面一些技巧能有效地帮助厂家准确地探知临界价格。

（1）以假设试探。如，询问要购买更多商品价格是否能降低一些。

（2）低姿态试探。采购方先告诉供应商他显然没有那么多钱来购买某些贵重的物料，但出于好奇想知道这些物料现在能值多少钱，没有防备的供应商会毫无保留地说出来。供应商可能没有想到采购方真正存心要买这些物料，不久就来议价了。

（3）派别人试探。先让另一个出低价者来试探供应商的反应，然后采购方才出现。

（4）规模购买试探。对于只卖少量物料的供应商，采购方可以提议成批购买。供应商会认为太荒谬，而说出许多不该说的话，从而使采购方知道供应商真正愿意接受的价格。

（5）低级购买试探。采购方先提出购买品质较差的物料，再设法以低价购买品质较好的物料。

（6）可怜试探。表现出对供应商的产品很感兴趣，但资金有限买不起，看供应商能否出最低价。

（7）威胁试探。告诉供应商，要卖就是这个价，否则就算了。

（8）让步试探。采购方提议以让步来交换对方的让步，然后再以此为起点继续商谈。

（9）合买试探。采购方先问供应商两种物料多少钱，再问其中一种多少钱，然后以这个差价为基础确定另一种物料的价钱。

(七) 还价技巧

在报价结束之后，双方就会进入讨价还价的胶着状态，开始一场价格和其他问题的拉锯战，这个过程是漫长而重要的，要求谈判者必须自始至终要保持谈判的高昂热情、冷静的头脑与灵敏的应变能力，当然还要掌握相应的还价技巧。

1. 还价要有弹性

在价格谈判中，还价要讲究弹性。对于采购人员，切忌不要漫天还价，也不要一开始就还出了最低价。前者让人觉得是在"光天化日下抢劫"，而后者却因失去弹性而处于被动地位，让人觉得不够精明，从而使价格谈判毫无进行余地。

2. 化零为整

采购人员在还价时可以将价格集中开来，化零为整，这样可以在供应商心理上造成相对的价格昂贵感，以收到比用小数目进行报价更好的交易。因为从心理的角度，价格如果化零为整，会从心理上加重商品价格的昂贵感，给供应商造成很大的诱惑力。

这种报价方式的主要内容是换算成大单位的价格，加大计量单位，如将"千克"改为"吨"，"两"改为"千克"；"月"改为"年"，"日"改为"月"；"小时"改为"天"等。

3. 过关斩将

所谓"过关斩将"，即采购人员应善于使用上级主管的议价能力。通常供应商不会自动降价，采购人员必须据理力争。但是，供应商的降价意愿与幅度会视议价的对象而定。因此，如果采购人员对议价的结果不大满意，那么此时就应要求上级主管来和供应商议价，当买方提高议价者的层次时，卖方有受到敬重的感觉，可能同意提高降价的幅度。若采购金额巨大，则采购人员甚至可进而请求更高层的主管（如采购经理，甚至副总经理或总经理）邀约卖方的业务主管（如业务经理等）面谈，或由买方的高层主管与对方的高层主管直接对话，此举通常效果不错。因为，高层主管不但议价技巧与谈判能力高超且社会关系及地位崇高，甚至与卖方的经营者有相互投资或事业合作的关系。

4. 压迫降价

所谓"压迫降价",是在采购方占优势的情况下,以胁迫的方式要求供应商降低价格,并不征询供应商的意见。这通常是在供应商处于产品销路欠佳,或竞争十分激烈,以致发生亏损和利润微薄的情况下,为改善其获利能力而使出的杀手锏。由于市场不景气,供应商亦有存货积压而急于脱手产品换取周转资金的现象,因此,这时候形成采购方市场。采购人员通常遵照公司的紧急措施,通知供应商自特定日期起降价若干;若原来供应商缺乏配合意愿,则即行更换供应来源。当然,此种激烈的降价手段会破坏供需方之间的和谐关系;当市场好转时,原来委曲求全的供应商不是"以牙还牙"抬高售价,就是另谋发展,供需关系难能维持良久。

5. 敲山震虎

在价格谈判中,巧妙的暗示对方存在的危机,可以迫使对方降价。通过暗示对方不利的因素,从而使对方在价格问题上处于被动,这样有利于自己提出的价格获得认同,这就是还价法的技巧。但必须"点到为止",要给人一种"雪中送炭"的感觉,让供应商觉得并非在幸灾乐祸、趁火打劫,而是真心诚意地想合作、想给予帮助。当然这是有利于双方的帮助,那么还价也就天经地义了。

6. 欲擒故纵

由于采购方、供应商双方势力均衡,任何一方无法以力取胜,所以必须斗智。采购人员应该设法掩藏购买的意愿,不要明显表露非买不可的心态,否则被供应商识破非买不可的处境,将使采购人员处于劣势。采购人员应采取"若即若离"的姿态,以试探性的询价着手。若能判断供应商有强烈的销售意愿,则要求更低的价格,并作出不答应即行放弃或另行寻求其他货源的表示。

若采购人员出价太低,供应商无销售意愿,则不会要求采购人员加价;若供应商虽想销售,但利润太低,则要求采购人员酌予加价。此时,采购人员的需求相当急迫,应可同意略加价格,迅速成交;若采购人员并非迫切需求,则可表明绝不加价之意,供应商极可能同意买方的低价要求。

7. 差额均摊

采购方、供应商双方议价的结果存在着差距,若双方各不相让,则交易告吹,采购人员无法取得必需的商品,供应商丧失了获取利润的机会,双方都是输家。因此,为了促成双方的交易,最好的方式就是采取"中庸"之道,即将双方议价的差额各承担一半，结果双方都是赢家。

8. 釜底抽薪

为了避免供应商在处于优势下攫取暴利，漫天要价，采购人员以"合理"利润来订采购价。通常由采购人员要求供应商提供所有成本资料。就国外货品而言，则请总代理商提供一切进口单据，以查核真实的成本，然后加计合理的利润作为采购的价格。

9. 转嫁价格

在协商议价中要求供应商分担售后服务及其他费用。当供应商决定提高售价，而不愿有所变动时，采购人员不应放弃谈判，而可改变议价方针，针对其他非价格部分则要求获得补偿。最明显的例子便是要求供应商提供售后服务，如大件家电的维修、送货等。

在一般的交易中，供应商通常将维修送货成本加于售价中，使采购人员常忽略此项成本。所以，在供应商执意提高售价时，采购人员可要求供应商负担所有维修送货成本，而不将此项成本进行转嫁，如此也间接达到议价作用。

10. 妥协技巧

在供应商价格居高不下时，采购人员若坚持继续协商，则往往不能达到效果，此时可采取妥协技巧，在少部分不重要的细节上作出让步，再从妥协中要求对方回馈。但妥协技巧的使用须注意：一次只能做一点点的妥协，如此才能留有再妥协的余地；妥协时马上要求对方给予回馈补偿；即使赞同对方所提的意见，亦不要太快答应；记录每次妥协的地方，以供参考；利用专注的倾听和温和的态度博得对方好感。

在议价协商的过程中，威胁吼叫、咄咄逼人并非制胜的武器。即使取得了这次的合作，也难保下次合作的意愿。因此，采购人员在协商过程中应仔细倾听对方的说明，在争取己方权益时，可利用所获对方资料，或依据法规章程，合理地进行谈判。

总之，在以上无论哪个环节中都必须做到正确使用语言，主要应注意：

（1）语言要准确易懂。在谈判中，所使用的语言要规范、通俗，使对方容易理解，不致产生误会。

（2）语言要简明扼要，具有条理性。人们有意识的记忆能力有限，对于大量的信息，在短时间内只能记住有限的、具有特色的内容，在谈判中一定要用简明扼要而又有条理性的语言来阐述自己的观点。这样，才能在洽谈中收到事半功倍的效果。

（3）第一次要说准。在谈判中，当双方要求提供资料时，第一次一定要说准确，不要模棱两可、含混不清。如果对对方要求提供的资料不甚了解，应延迟答复，切忌脱口而出。

（4）语言要富有弹性。谈判过程中使用的语言，应当丰富、灵活、富有弹性。对于不同的谈判对手，应使用不同的语言。

（八）谈判的发展

1. 传统的谈判观念

传统的谈判观念，就是许多谈判者相信谈判的基本目标是牺牲对方、取得胜利。我们称为"赢—输谈判"。

传统的谈判观念意味着一方或多方就一个固定的价值展开竞争，赢者取得较大利益，一方所得是另一方所失，采购价格的每一分增长仅利于卖方，价格的每一分降低仅利于买方。这种"赢—输谈判"的对抗性竞争很少让卖方渴望与买方合作。当各方没能从适当的收入中获利并且签订了非最优协议时就会导致另一种谈判类型，即"输—输谈判"。在"输—输谈判"中，任何一方的需要都没有得到满足。

2. 现代的谈判观念

现代的谈判观念是双赢性质的，称为"赢—赢谈判"。它是通过合作性谈判寻求扩大参与者可能得到的价值与资源。各方仍然要通过谈判来决定如何分配更大的价值，增加的价值对采购方意味着得到一个优于竞争者的采购价格，或者得到了开发新技术或产品设计的帮助。在供应商一方，增加的价值意味着采购方提供了额外的采购量，采购方准备在未来继续采购该供应商的产品，或者意味着采购方提高了技术帮助来降低成本。

3. 二者的特征比较

表 7-1 赢输谈判 / 双赢谈判的特征比较

传统谈判的特征	双赢谈判的特征
固定的谈判成交位置	理解双方的需要
在固定的价值上展开竞争	集中于共同的而不是自己的利益
一方对另一方强加力量	共同努力解决问题，开发能提供额外价值的创造性的解决方法
在谈判桌上展开对抗性竞争	致力于公开分享信息

4. 双赢谈判的成功需具备的条件

双赢谈判并不是在任何情况下都适用，它的成功要求具备以下先决条件：共同的目标；相信各方自己解决问题的能力；合作的动机与承诺；相互信任；公开和精确的信息沟通；相信对方谈判位置的有效性。

5. 双赢谈判实现的方法

实践表明，实现双赢谈判的方法主要有以下四种。

（1）把饼做大。各方通过谈判协商，确定扩大资源或取得价值的方法。

（2）协作互利。成功的协作互利是各方承认存在的分歧，并同意协商这些问题。同时，就双方最主要的问题予以解决，而不像在"赢—输谈判"中，各方均不关心对方需要。

（3）成本削减。双方努力削减供应商的生产成本和经营成本（交易费用），这种成本削减能让一方（通常是采购方）得到较低的价格，这是双赢的。因为，采购方的目标得到满足（有竞争力的价格），供应商也由于降低了成本而在市场上更具竞争力。

（4）提供不确定的补偿。这种方法是，一方在一个问题上达到了目标，另一方得到某种价值作为相应的"回报"。

第二节 采购合同管理

在整个采购流程中，最为重要的文件是采购合同。要做好采购管理工作，必须要掌握和理解采购合同的定义、种类、内容和形式。

一 采购合同概述

(一) 合同及经济合同的含义

合同,又称为契约、协议,是平等的当事人之间设立、变更、终止民事权利义务关系的协议。合同作为一种民事法律行为,是当事人协商一致的产物,是两个以上的意思表示相一致的协议。只有当事人所作出的意思表示合法,合同才具有国家法律约束力。依法成立的合同从成立之日起生效,具有法律约束力。

经济合同,是指平等民事主体的法人、其他经济组织、个体工商户、农村承包经营户相互之间,为实现一定的经济目的,明确相互权利义务关系而订立的合同。从外延上看,它主要包括购销、建设工程承包、加工承揽、货物运输、供用电、仓储保管、财产租赁、借款、财产保险及其他经济合同。

经济合同具有如下基本特征:经济合同的主体主要是法人;经济合同是为实现一定的经济目的的有偿合同;经济合同一般应采用书面形式;经济合同受国家经济政策的影响。

(二) 采购合同的含义及特征

采购合同是经济合同的一种,是供需双方为执行供销任务,明确双方权利和义务而签订的具有法律效力的书面协议,有的企业也称之为采购协议。签订合同的双方都有各自的经济目的,双方受经济合同法保护并承担相应的合同责任。

采购合同是买受人通过市场购买自己所需的物品,出卖人将物品的所有权转移给买受人,买受人支付相应价款的合同。采购合同属于买卖合同中的一种,是社会经济生活经常出现的合同。它是明确平等主体的自然人、法人、其他组织之间设立、变更、终止才购物品过程中的权利义务关系的协议,是确立物品采购关系的法律形式。

采购合同根据采购商品的要求、供应商的情况、企业自身要求、采购方针等的不同而各不相同。采购合同主要具有以下特征。

1. 它是转移标的物所有权或经营权的合同

采购合同的基本内容是出卖人向买受人转移合同标的物的所有权或经营权,买受人向出卖人支付货款，因此这就必然导致标的物的所有权或经营权的转移。

2. 采购合同的主体较为广泛

从国家对流通市场的管理和采购的实践来看，除生产企业外，流通企业也是采购合同的重要主体，其他社会组织和具有法律资格的自然人也是采购合同的主体。

3. 采购合同与物品流通过程密切联系

商品流通是社会再生产的重要环节之一，对国民经济和社会发展有着重大意义，而采购合同标的物是工业品生产资料或服务，这些工业品生产资料或服务采购关系是国家调控的重要内容。采购合同是采购关系的一种法律表现形式，它以物品采购这一客观经济关系作为设立的基础，直接反映采购的具体内容，与国民经济流通过程密切相关。

二 采购合同的组成和形式

（一）采购合同的组成

合同、合约、协议等作为正式的契约，应条款具体、内容详细完整。采购合同通常是由首部、正文与尾部三部分组成。

1. 首部

（1）名称。如原材料采购合同、品质协议书、设备采购合同、知识产权合同、加工合同等。

（2）编号。如2019年第1号。

（3）签订日期。

（4）签订地点。

（5）买卖双方的名称。

（6）合同序言。

2. 正文

（1）合同正文的主要内容。

采购合同的正文是购销双方商定的主要内容，是采购合同的必备条款，是购销双方合同的基本依据，合同的正文主要包括以下主要内容。

①商品名称。商品名称是指所采购物品的具体名称。

②品质规格。这是指商品所具有的内在质量与外观形态的结合，包括各种性能指标和外观造型。该条款主要内容有技术规范、质量标准、规格和品牌。

③数量。这是指用一定的度量制度来确定买卖商品的重量、个数、长度、面积、容积等。该条款的主要内容有交货数量、单位、计量方式等，商品的数量多少应按国家统一的计量单位标出。另外，如有必要还应清楚地说明误差范围及交付数量超出或不足的处理。

④单价与总价。合同中对商品的价格要作具体的规定，规定作价的办法和变价处理等。其中，单价是指交易物品每一计量单位的货币数值，具体包括计量单位的价格金额，货币类型，国际贸易术语如FOB、CIF等，物品的定价方式如固定价格、浮动价格等。

⑤包装。这是为了有效地保护商品再运输存放过程中的质量和数量，并有利于分拣和环保而把货物装进适当容器的操作。该条款主要内容是：包装标识、包装发放、包装材料要求、包装容量、质量要求、环保要求、规格、成本、分拣运输成本等。

⑥装运。装运是把货物装上运输工作并运送到交货地点。该条款主要内容有：运输方式、装运实践、装运地与目的地、装运方式（分批、转运）和装运知识等。在FOB、CIF、CFR合同中，卖方只要按合同规定把货物装上船或者其他运输工具，并取得提单，就算履行了合同中的义务。提单签发的时间和地点就是交货时间和地点。

⑦到货日期。这是指约定的最晚到货时间。到货期限要以不延误企业生产为基本准则。

⑧到货地点。这是货物达到的目的地。到货地点的确定并不一定总以企业的生产所在地为标准，有时为了节约运输费用，在不影响企业生产的前提下，可以选择交通便利的港口交货。

⑨付款方式。国际贸易中的支付是指采用一定的手段，在指定的时间、地点、使用确定的方式方法支付货款。

⑩保险。保险是企业向保险公司投保并交纳保险费的行为，这是指货物在运输过程中受到损失时，保险公司向被保险企业提供经济上的补偿的条款。该条款的主要内容包括确定保险类别和金额、指明投保人并支付保险费。按照国际惯例，按照CIF、CIP条件成交的出口货物，一般由供应商投保；按照FOB、CFR条件成交的进口货物由采购方办理保险。

⑪商品检验。这是指商品的产方、买方或者第三方在一定条件下，借助于某种手段和方法，按照合同、标准或国内外有关法律、法规、惯例，对商品的质量、规格、重量、数量、包装、安全及卫生等方面进行检查，并作出合格与否或通过验收与否的判定。

⑫纷争与仲裁。仲裁条款一般以仲裁协议形式体现，表示买卖双方自愿将其争议事项提交第三方进行裁决。仲裁协议的主要内容有仲裁机构、仲裁程序、仲裁地点及裁决效用等。

⑬不可抗力。这是指在合同执行过程中发生的、不可预见的、人力难以控制的意外事故，如战争、地震、洪水等，致使合同执行被迫中断。遭遇不可抗力的一方可因此免除合同责任。不可抗力条款主要内容有不可抗力的定义、适用范围、法律后果、双方的权力义务等。

（2）合同正文的选择性内容。

①保值条款。

②价格调整条款。

③误差范围条款。

④法律适用条款。法律适用条款是指买卖双方在合同中明确说明合同适用何国、何地法律的条款。

对大批量、大金额、重要设备及项目的采购合同，要求全面详细地描述每一条款；对于金额不大且批量较多，买卖双方已签有供货、分销、代理等长期协议（认证环节完成）的，则每次采购交易只使用简单订单合同，索赔、仲裁、不可抗力等条款已包括在长期认证合同中。

对于企业因频繁批量采购而与供应商的合同可以分为两个部分：认证合同和订单合同。认证合同解决在买卖之间长期需要遵守的协议条款，由认证人员再认证环节完成，是对企业环境的确定。订单合同就每次物料采购的需求数量、交货日期、其他特殊要求等条款进行表述。

3. 尾部

（1）合同的份数。

（2）适用语言及效力。

（3）附件。

(4)合同的生效日期。

(5)双方的签字盖章。

工矿产品采购合同

供方:_____ 合同编号:

需方:_____ 签订日期: 年   月   日

签订地点:

经充分协商,签订本合同,共同信守。

一、产品名称、数量、价格:

产品名称及牌号或商标	产地或国别	型号规格或花色品种	等级	计量单位	数量	单价	折扣	金额
合计金额(人民币):	仟	百	拾	万	仟	百	拾	元 角 分

二、质量、技术标准和检验方法、时间及负责期限:_____;

三、交(提)货日期:_____;

四、交(提)货及验收方法、地点、期限:_____;

五、包装标准、要求及供应、回收、作价办法:_____;

六、运输方法、到达港(站)运杂费负担:_____;

七、配件、备品、工具等供应办法:_____;

八、超欠幅度、交货数量超欠在_____%范围内,不作违约论处;

九、合理磅差、自然减(增)量的计算,_____;

十、给付定金数额、时间、方法:_____;

十一、结算方式及期限:_____;

十二、保险费:以____方名义,由____方按本合同总值____%投保,保险费由____方负担;

十三、违约责任:供方不能交货,需方中途退货的,向对方偿付因不能交货或中途退货部分货款总值____%的违约金;

十四、其他:_____。

未尽事宜,均按《中华人民共和国经济合同法》和《工矿产品购销合同条例》规定执行。

          供　方　　　　　　　　　　　　　需　方

单位名称　　　　　　　　　　　(章)　　　　　　　　　　　　(章)

法定代表

签约代表

地址

电话

开户银行及账户

主管部门

保证单位　　　　　　　　　　　(章)　　　　　　　　　　　　(章)

图 7-1　采购合同示范

（二）采购合同的形式

1. 口头合同形式

口头合同指当事人以口头交谈形式达成协议而成立的合同。一般适用于标的数量不大、内容不复杂且能及时清结的合同关系。采用口头形式订立物品采购合同优点是合同关系简便、迅速、缔约成本较低，但缺点是这类合同发生纠纷时，当事人举证困难，不易分清责任。所以，对于可以即时清结、关系比较简单的合同，适于采用这种形式。对于不能即时清结的合同以及较为复杂重要的合同则不宜采用这种合同形式。

《民法典》在合同形式的规定方面，放松了对当事人的要求，承认口头合同形式的合法性，将选择合同形式的权力交给当事人，对当事人自愿选择口头形式订立物品采购合同的行为予以保护，体现了合同形式自由的原则。

2. 书面合同形式

书面合同是"口头合同"的对称，是以文字表述形式按一定格式记载当事人之间的协议的合同。书面合同一般适用于计划的、规范性的、标的数量比较大、内容比较复杂的以及法人之间订立的难于即时结清的合同。在中国，经济合同除即时清结外，都应当采用书面形式。公民之间订立的一些特殊标的的合同如房屋买卖、机动车船买卖等合同，也应以书面合同方式进行。书面合同通常并不要求必须遵守某种固定的格式，但基本内容应包括：当事人的名称；双方的权利、义务及责任；有效期限、签订日期和地点；当事人签名或盖章。

《民法典》第四百六十五条明确规定：书面形式是指合同书、信件和数据电文（包括电报、电传、传真、电子数据交换和电子邮件）等可以有形地表现所载内容的形式。书面合同的优点主要是，有据可查，权利义务记载清楚，便于履行，发生纠纷时容易举证和分清责任。目前，当事人订立物品采购合同，适宜采用书面合同形式，所以书面合同是采购实践中采用最为广泛的一种合同形式。同时规定：当事人订立合同，有书面形式、口头形式和其他形式。法律、行政法规规定采用书面形式的，应当采用书面形式。当事人约定采用书面形式的，应当采用书面形式。书面合同形式主要分为以下四类。

（1）合同书。合同书是记载合同内容的文书。它是书面合同的一种，也是物品采购合同中最常见的一种。当事人采用合同书形式订立采购合同的，自双方当事人签字或者盖章时即成立。

（2）信件。信件是当事人就合同的内容相互往来的普通信函。信件的内容一般记载于纸张上，区别于电子邮件，电子邮件是通过计算机及其网络手段而产生的信件。在采购合同中，经常是当事人在签订合同书的基础上，又围绕合同条款发生一系列信件往来，这些信件往来构成书面合同的一部分。

（3）数据电文。数据电文是与现代通信技术相联系的书面形式，包括电报、电传、传真、电子数据交换和电子邮件。其中，电报、电传和传真是通过电子方式传递信息，它们的最终传递结果都被设计成纸张的书面材料；而电子数据交换和电子邮件则不同，它们虽然也是通过电子方式传递信息，但它们的传递结果可以产生以纸张为载体的书面资料，也可以被储存在磁带、磁盘、激光盘或其他接收者选择的非纸张的中介物上。这些由中介载体载明的信息记录，构成了明确、可靠的书面材料，能够充分证明合同的存在，这完全符合书面合同的概念和要求。因此，电子数据和电子邮件也是书面合同形式的一种。这种合同形式在订立设计物品采购合同时比较多见。随着电子计算机和互联网技术的发展和普及，这种书面合同形式也将会越来越多。

（4）确认书。确认书是通过信件和数据电文的方式订立物品采购合同时，在承诺方承诺生效之前，交易双方以书面形式对合同内容予以确认的文件。《民法典》第四百九十一条规定：当事人采用信件、数据电文等形式订立合同的，可以在合同成立之前要求签订确认书。

确认书的适用条件有：当事人采用信件或数据电文形式订立合同；有一方当事人要求签订确认书；确认书一般在合同成立前签订，确认书是对合同内容的最终确认。

3. 其他合同形式

这是指除了口头和书面合同以外的其他形式的合同，主要包括默示形式和推定形式，也即交易双方未用语言明确表示成立，而是根据交易双方的行为推定合同成立。

【例7-1】2017年-2019年，A厂多次向B厂供应毛条，累计价款1194万余元。双方每次供货、提货时，均记载了毛条的数量和价款，但始终未签订书面采购合同，也未约定付款的具体期限。

期间，A厂曾多次向B厂催收部分货款，但未提出清偿全部货款及利息的要求。

与此同时，双方间供、提毛条的业务仍在继续进行；B厂在提货时也曾多次向A厂支付过部分货款。至今，两厂间仍有590万余元货款未结清。A厂遂向法院提起诉讼，要求B厂清偿全部货款和利息，并赔偿其经济损失。通过该案例你认为A、B两厂的买卖行为有合同吗？

答：A、B两厂之间，双方对彼此间存在着业务往来意思表示真实、内容合法，所供标的物及标的数量、价款一致的口头采购毛条的事实均予以认可。双方虽未以书面形式签订采购毛条的合同，也未就毛条的供货时间、付款方式、供货方式等作出约定，但因双方对所供标的、标的数量等均无异议，根据我国有关法律规定，此行为已具备了合同成立的必备条款，且双方对采购毛条及数量、价款等意思表示是一致的，因此，应认定双方间口头采购毛条的合同成立，双方虽未就合同的付款期限作出约定，但并不影响本合同的成立。A、B两厂在履行合同中，就付款的期限，通过再次协商的方式弥补不足。如双方协商不成，A厂仍可随时向付款义务人B厂主张权力，要求清偿。

三 采购合同的签订

（一）合同签订前的准备工作

采购人员在签订采购合同之前，必须审查供应商人的合同资格、资信和履约能力，按照合同法的要求，逐条订立采购合同的各项必备条款。

1. 审查供应商的合同资格

合同资格，是指订立合同的当事人及其经办人，必须具有法定的订立合同的权利。为了避免和减少采购合同执行过程中的纠纷，在正式签订合同之前，采购人员必须审查当事人作为合同主体的资格。审查供应商人的合同资格，其目的是确定对方是否具有合法签约的资格，这直接关系到所签订的合同是否具有法律效力。

（1）法人资格审查。

认真审查供应商人是否属于经国家规定的审批程序成立的法人组织。法人，是指拥有独立的必要财产，有一定的经营场所，依法成立并能独立承担民事责任的组织结构。判断一个组织是否具有法人资格，主要是看其是否持有工商行政管理部门颁发的营业执照。经工商登记的国有企业、集体企业、私营企业、各种经济联合体以及实行独立核算的国家机关、事业单位和社会团体等，都可以具有法人资格，成为合法的签约对象。

没有取得法人资格的社会组织、已被取消法人资格的企业或组织，无权签订采购合同。要特别警惕一些根本没有依法办理工商登记手续或未经批准的所谓的"公司"，它们或私刻公章，冒充法人，或假借他人名义订立合同，其目的是骗取买方的货款或定金。同时，要注意识别哪些没有设备、技术、资金和组织机构的"四无"企业，它们往往在申请营业执照时弄虚作假，骗取营业执照，虽签订供货合同并收取货款或定金，但根本不具备供货能力。

（2）法人能力审查。

如果供应商的经营活动超出营业执照批准的范围，超越业务范围以外的经济合同属于无效合同。所以，对于法人能力审查，主要是审查供应商的经营活动是否超出营业执照批准的范围。采购合同必须是由法人的代表人或法定代表人授权的承办人签订。法人的法定代表人即法人的主要负责人，如厂长、经理等，他们代表法人签订合同。法人代表也可授权业务人员如推销员、采购员作为承办人，以法人的名义订立采购合同。承办人必须有正式授权证明书，方可对外签订采购合同。法人的代表人在签订采购合同时，应出示本人的身份证证明、法人委托书、营业执照及其副本。

2. 审查供应商的资信和履约能力

资信，即资金和信用。审查供应商当事人的资信情况，了解当事人对采购合同的履约能力，对于在采购合同中最终确定权利义务条款具有非常重要的作用。

（1）资信审查。具有固定的生产经营场所、生产设备和与生产经营规模相适应的资金，特别是拥有一定比例的自有资金，是一个法人对外签订采购合同起码的物质基础。在准备签订购货合同时，采购人员在向供应商当事人提供自己的资信情况说明的同时，要认真审查供应商的资信情况，从而建立互相信赖的关系。

（2）履约能力审查。履约能力是指当事人除资信以外的技术和生产能力、原材料与能源供应、工艺流程、加工能力、产品质量、信誉高低等方面的综合情况。履约能力其实质就是要了解对方有没有履行采购合同所需的人力、物力、财力和信誉保证。如果经审查发现卖方资金短缺、技术落后、加工能力不足，无履约供货能力，或信誉不佳，都不能与其签订采购合同。只有在对供应商的履约能力充分了解的基础上签订采购合同,才能有可靠的供货保障。

审查供应商的资信和履约能力的主要方法有:通过供应商的开户银行,了解其债权、债务情况和资金情况;通过供应商的主管部门,了解其生产经营情况、资产情况、技术装备情况、产品质量情况;通过供应商的其他用户,了解其产品质量、供货情况、维修情况;通过供应商所在地的工商行政管理部门,了解其是否具有法人资格和注册资本、经营范围、核算形式;通过有关的消费者协会和法院、仲裁机构,了解供应商的产品是否经常遭到消费者投诉,是否曾经牵涉诉讼;对于大批量的性能复杂、质量要求高的产品或巨额的机器设备的采购,在上述审查的基础上,还可以由采购人员、技术人员、财务人员组成考察小组,到供应商的经营加工场所实地考察,以确切了解供应商的资信和履约能力。采购人员在日常工作中,应当注意搜集有关企业的履约情况和有关的商情,作为以后签订合同的参考依据。

● (二) 签订采购合同的程序

合同的签订是买方和卖方在平等自愿的基础上,就合同的主要条款,按照平等、自愿、公平、诚实信用、遵守法律、行政法规和尊重社会公德的原则签订的。在通常情况下,采购合同签订程序主要包括要约和承诺两个阶段。签订合同的谈判过程其实质就是当事人双方反复协商进行要约和承诺的动态过程。

1. 要约阶段

要约即发盘、出盘、发价或报价,当事人一方向他方提出订立经济合同的建议。提出建议的一方叫要约人。要约是签订合同的第一步,要约具有以下特征。

(1) 要约是要约人单方的意思表示,它可向特定的对象发出,也可向非特定的对象发出。

(2) 要约内容必须明确、真实、具体、肯定,不能含糊其辞,模棱两可。

(3) 要约是要约人向对方作出允诺,因此要约人对要约承担责任,并且受要约的约束。如果对方在要约一方规定的期限内作出承诺,要约人就有接受承诺并与对方订立采购合同的义务。

(4) 要约人可以在得到对方接受要约表示前撤回自己的要约,但撤回要约的通知必须不迟于要约到达。对已撤回的要约或超过承诺期限的要约,要约人不再承担法律责任。

要约邀请，又称要约引诱，是邀请或者引诱他人向自己发出订立合同的要约表示。要约邀请可以是向特定人发出的，也可以是向不特定的人发出的。要约邀请与要约不同，要约是一经承诺就成立合同的意思表示，而要约邀请只是邀请他人向自己发出要约，自己如果承诺才成立合同。虽然在理论上，要约与要约邀请有很大区别，但事实上往往很难区分。当事人可能原意是发出要约，但由于内容不确定只能被看作是要约邀请；当事人可能原意是发出要约邀请，但由于符合了要约的条件而会被判定为是要约。在实际生活中，拍卖公告、招标、寄送价目表、招股说明书、商业公告、广告等，都属于要约邀请。

要约和要约邀请可从目的、对象、方式和条件这四个因素方面进行区别。

表 7-2 要约和要约邀请的区别

因素 类别	目的	对象	方式	条件
要约	当事人希望和他人订立合同的意思表示，以订立合同为直接目的	针对特定的相对人的	采用对话和信函等方式	标的额、标的物数量、质量、价款报酬、履行期限
要约邀请	希望对方向自己发出要约的意思表示	针对不特定的相对人的	通过电视、报刊等媒介手段	无具体条件

【例7-2】A因建造大楼急需水泥，向本省新华水泥厂发出函电，函电中称："我公司急需标号为150型号的水泥100吨，贵厂有货，请速来函电，我公司愿派人前往购买。"水泥厂在收到函电以后，均先后回复函电告知备有现货，且告知了水泥的价格。而新华水泥厂在发出函电同时即派车给A送去50吨水泥。A的行为是属于要约还是要约邀请？请简单分析。

答：A的函电应该是要约邀请，因为没有约定价格，本意不具有签订合同的意思。水泥厂的回复具有要约的法律效力，即在承认原来函电的情况下，约定了价格，对方接受即为合同成立。

（1）要约是当事人自己发出的订立合同的意思表示，而要约邀请则是当事人希望对方当事人向自己发出订立合同的一种意思表示。

（2）要约一经发出，邀请方可以不受自己的要约邀请的约束，即受要约邀请而发出要约一方当事人，不能要求邀请方必须接受要约。

2. 承诺阶段

承诺表示当事人另一方完全接受要约人的订约建议，同意订立采购合同的意思表示。接受要约的一方叫承诺人，承诺是签订合同的第二步。承诺阶段主要有以下特征。

（1）承诺由接受要约的一方向要约人作出。

（2）承诺必须是完全接受要约人的要约条款，不能附带任何其他条件，即承诺内容与要约内容必须完全一致，这时协议成立。如果对要约提出本质性意见或附加条款，则是拒绝原要约，提出新要约。这时，要约人和承诺人之间的地位发生了互换。在实践中，很少有对要约人提出的条款一次性完全接受的，往往需要经过反复的业务洽谈和协商，取得一致意见后，才能达成最后协议。

采购合同的签订是一个复杂的系统工程，企业各层次的很多部门与人员都有可能涉及。为了制定一份可实施、高效率、低风险的合同，一般需要按照以下流程进行。

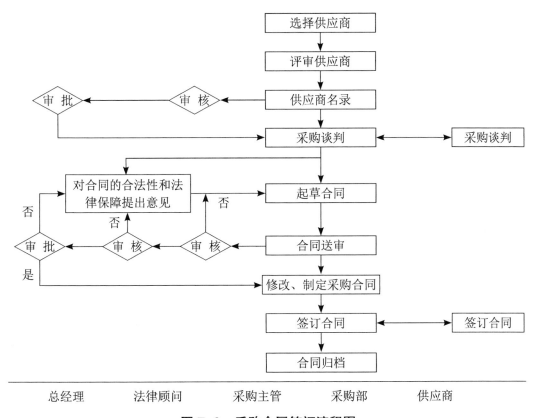

图7-2 采购合同签订流程图

(三）合同签订的后续工作

1. 合同的草签与正式签订

供需双方经过反复磋商，经过要约与承诺的反复，将合同主要条款协商确定后，形成具有文字的草拟合约，当事人双方可以先草签合同。待其他次要条款约定后，在草拟合约确认基础上，由双方法定代表签署，再正式签订合同。

2. 合同的公证、鉴证

合同的公证，就是国家公证机关即公证处，代表国家行使公证职能，根据当事人的申请和法律的规定，依照法律程序，证明采购合同真实性和合法性的活动。

根据《合同法》，合同公证需要达到以下条件。

表 7-3 采购合同公证审查的条件

序号	条件
第一条	当事人必须具有行为能力。
第二条	合同的订立必须贯彻平等互利、协商一致、等价有偿的原则。
第三条	合同内容不得违反国家的政策、法律法令；符合公共利益和社会主义道德准则。
第四条	合同的内容必须清楚、具体、齐全。

在签订采购合同时，尤其是签订金额较大或大宗商品采购时，需进行合同鉴证。合同的鉴证一般由合同签订地或履行地的工商行政管理局办理，合同鉴证收费标准为采购合同价款的万分之二。采购合同的鉴证是合同监督管理机关根据双方当事人的申请，依法证明合同的真实性和合法性的一项制度。采购鉴证的特点主要有三个方面：一是签证行为主体是合同监督管理机关；二是签证依据合同当事人的自愿申请实施；三是签证的内容是审查合同的真实性和合法性。

合同鉴证的意义在于：通过合同鉴证，可以及时发现和纠正在合同订立过程中出现的不合理、不合法现象；提请当事人对合同中缺少的必备条款予以补充；对显失公平的内容予以修改；对利用合同进行违法活动予以制止和制裁；对约定义务超过承担能力的予以削减。合同鉴证可以减少和避免许多不必要的纠纷；为合同的履行奠定基础。

四 采购合同履行、纠纷管理及变更与解除

（一）采购合同的履行原则

合同生效后，进入合同履行阶段。采购合同的履行是采购双方当事人按照合同约定或者法律的规定，全面地、正确地履行自己的所承担的义务。

1. 合同履行的原则

合同履行的原则，是指法律规定的当事人在履行合同的整个过程中所必须遵循的一般准则。合同的履行除应遵守平等、公平、诚实信用等民法基本原则外，还应遵循以下合同履行的特有原则。

（1）实际履行原则

这个原则就是要严格按照协议规定的标的履行，不能任意用其他标准来代替，也不能用支付违约金或赔偿金的办法来代替合同原定的标的履行。如果供方未能履行协议，必须按合同规定承担其全部责任，向需方支付违约金和赔偿金。但此时，协议并没有中止，违约方仍然要执行实际履行的义务。所以原则上罚款不能代替标的履行。

（2）适当履行原则

这个原则就是要求协议的当事人，不仅要严格按协议的标的履行协议，还要对协议中其他条款，如质量、数量、期限、地点、付款等都要以适当的方式全面履行。凡属适当履行的内容，如果双方事先在协议中规定得不明确，一般可按常规作法来执行。但这是在不得已情况下采用的。严格来讲，适当履行原则本身就要求当事人在订立协议时，尽量具体明确，以便双方遵照执行。

（3）协作履行的原则

这个原则是指在合同履行过程中，双方当事人应互助合作共同完成合同约定义务。协作履行原则也是诚实信用原则在合同履行方面的具体体现。

（4）经济合理原则

这个原则要求履行合同时，讲求经济效益，付出最小的成本，取得最佳的合同利益。

（5）情势变更原则

这个原则是指合同依法成立后，因不可责于双方当事人的原因发生了不可预见

的变更，致使合同的基础丧失或动摇，若继续维护合同原有效力则显失公平。

2. 合同条款不明确的履行规则

采购合同生效后，当事人就物品质量、价款、履行期限和地点等内容没有约定或者约定不明确的，可以签订补充协议；不能补充协议的，可按照合同有关条款或者交易习惯确定。如果按照合同有关条款或者交易习惯仍不能确定的，适用下列规定。

（1）质量要求不明确的，按照国家标准、行业标准履行；没有国家标准的、行业标准的，按照通常标准或者符合合同标的特定标准履行。

（2）价款或者报酬不明确的，按照订立合同时的市场价格履行；依法执行政府定价或政府指导价的，按政府规定履行。

（3）履行地点不明确的，在履行义务一方所在地履行。

（4）履行期限不明确的，债务人可以随时履行。债权人也可以随时要求履行，但当应当给对方准备时间。

（5）履行方式不明确的，按照有利于实现合同目的方式履行。

（6）履行费用的负担不明确的，由履行义务的一方负担。

（二）采购合同的履行

采购合同的履行主要包括采购订单管理、进货验收、采购结算、违约处理等环节。

1. 订单管理

合同按照生产节点分拣就变成了采购订单。在履行合同的过程中，我们是按照采购订单的方式履行的。采购订单管理是一项业务功能，它引导和监控整个流程，从最初下订单开始到成功交付产品或服务结束。采购订单管理主要包括采购订单的编制、出具采购订单、跟踪采购订单、采购订单存档管理。其中，采购订单跟踪，就是采购员对采购订单执行的全部过程进行跟踪检查，以保证采购订单的正常履行。主要有三个目的：保证合同正常执行、满足本企业生产经营的物料需求、保持合理的库存水平。采购订单的追踪管理主要包括以下几个方面。

（1）采购订单执行前的跟踪

当一个采购订单合同制定之后，供应商是否接受采购订单，是否及时签订等都是订单人员要及时了解的情况。在采购过程中，同一物料有几家供应商可供选择是十分正常的情况，独家供应的情况是很个别的。虽然每个供应商都有分配比例，但是在具体操作时还可能会遇到供应商因为各种原因拒绝订单的情况。随着时间的变化，供应商可能提出改变"认证合同条款"，包括价格、质量、期货等，作为订单人员应该充分与供应商进行沟通。如果供应商没有按时签返订单合同，应及时选择其他供应商。

（2）采购订单执行过程中跟踪

与供应商签订的采购订单合同具有法律效力，订单人员应该全力跟踪，采购订单合同执行过程中跟踪要把握以下事项。

①严密跟踪

严密跟踪供应商准备物料的详细过程，保证订单正常进行。如果发现问题要及时反馈，需要中途变更的要立即解决，不能在这方面耽误时间。不同种类的物料，其准备过程也不同，可以分为两类：一类是供应商需要按照样品或图纸定制的物料，存在加工过程，周期比较长，出现问题几率大的情况；另一类是供应商有库存，不存在加工过程，周期也相对比较短，不容易出现问题。

②响应生产需求形式

如果因市场生产需求紧急，要求本批物料立即到货，采购人员就应该马上与供应商协调，必要时还应该帮助供应商解决疑难问题，保证需求物料的准时供应。有时市场需求出现滞销，企业经过研究决定延缓或取消本次订单物料供应，订单人员也应该立即与供应商进行沟通，确认可以承受的延缓时间或者终止本次订单操作，同时应该给供应商相应的赔款。

③慎重处理库存控制

库存水平要保证在适当的水平，既不能让生产缺料，又要保持最低的库存水平，这是一项非常具有挑战性的问题。

④控制物料验收环节

物料到达订单规定的交货地点，对国内供应商一般是指到达企业原材料库房，对境外供应商一般是指到达企业的国际物流中转中心。在境外交货的情况下，供应商在交货之前会将到货情况表单传真给订单人员，订单操作者必须按照原先所下的订单对到货的物品、批量、单价及总金额等进行确认，并进行录入归档，办理付款手续。

（3）采购订单合同执行后跟踪

在按照合同规定的支付条款对供应商进行付款后需要进行合同跟踪。订单执行结束的条件之一是供应商收到本次订单的货款，如果供应商未收到货款，订单人员有责任督促付款人员按照流程规定加快操作，否则会影响企业的信誉。物料在运输或者检验过程中，可能会出现一些问题，对于偶发性的小问题可由订单人员或者现场检验人员直接与供应商联系解决。此外，还需要注意以下几个方面的跟踪。

①在合同跟踪过程中，要注意供应商的质量、货期等的变化情况。需要对认证合同的条款进行修改的，要及时提醒相关工作人员，以利于订单操作。②注意把合同、各类经验数据的分类保存工作做好。有条件的，可以采用计算机软件管理系统进行管理，将合同进展情况录入到计算机中，借助计算机自动处理跟踪合同。③供应商的历史表现数据对订单下达以及合同跟踪具有重要的参考价值，因此，应当注意利用供应商的历史情况来决定对其实施的过程办法。

2. 进货验收

（1）确定交货与验收时间。采购合同中要写明供应商必须在某一具体时间前交货，并必须于交货前若干日先将交货清单送交采购人员，以便采购人员准备验收工作。交货验收时间应以采购合同中写明的时限要求为准，一般有以下几种情况：生产过程所需的预备操作时间；供应物料的交货日期；特殊器材验收时所需时间；采用分期交货的时间。供应商如有延期交货或需要变更交货时间，采购人员应根据供应商的说明函件并与供应商确认后，确定验收时间。

（2）明确交货验收的地点。交货验收地点通常以合同指定地点为主。如：在供应商生产地验收；在指定仓库或交货地点验收；在采购商使用地点验收；其他约定的验货地点。采购员可根据货物的实际情况、物理化学性质等，经双方约定，确定最佳的验货地点。若预定交货地点因故不能使用，需转移他处办理验收工作时，采购员应事先通知供应商。

（3）明确采购验收职责。一般而言，国内供应物料的验收工作由买卖双方共同办理，以示公平，如有争执就提交仲裁。国外采购因涉及国际贸易，通常委托公证机构办理。至于涉及理化生物性能或品质问题，则抽样送专门的化验机构，凭其检验报告书作为判定依据。如果买卖双方或者一方具有化验能力，则经双方同意，也可由双方共同（或一方）化验。

（4）明确货品检验方法。验收工作直接影响所购货品、物料的品质，进而影响生产、成本、销售等环节，所以采购员应按自己所在岗位的职责严格控制，选择正确的方法，减少人为因素造成的验收过程的疏忽以及错误。

（5）组织货物验收及验收结果处理。采购人员可根据约定的时间、地点，组织有关人员进行物资点收数量、检验品质、检验交货手续等方面的货物验收工作。经过检验，采购员应根据验收结果及时对来货进行处理，给出标识、拒收、处理短损的意见。如因交货不符而拒收，也必须详细写明原因，以便洽谈办理其他手续。同时，到货验收后，采购员应及时给供应商出具验收证明书或报告书。

3. 采购结算

采购结算也称采购报账，是指采购核算人员根据采购入库单、采购发票核算采购入库成本。采购结算主要包括采购资金结算、采购发票核销及采购返款管理。采购方主要支付方式有买方直接付款、银行托收、信用证这三种方式。

（1）买方直接付款

买方直接付款是指由买方主动地把货款汇付给卖方的一种付款方式。买房在付款时，虽然通过银行办理，但是银行对货款的收付不承担任何责任。这是一种基于商业信用的付款方式。主要有订货付现和见单付款两种方式。订货付现是指卖方要求买方在订货时即预付全部货款或部分汇款。这是对供应商最为有利的支付方式，但在现实货物采购中并不常用。见单付款是指卖方在发货后，将有关单据寄交给买方，然后由买方在收到单据之后按照合同的规定将货款通过银行汇给卖方。根据付款方式可分为信汇、电汇和票汇。

（2）银行托收

这是由卖方对买方开立汇票，委托银行向买方收取货款的一种结算方式。银行托收的基本做法是，由卖方根据发票金额开立以买方为付款人的汇票，向出口地银行提出托收申请，委托出口地银行通过它在进口地的代理行或往来银行，代为向买方收取货款。

银行托收有光票托收和跟单托收两种形式。光票托收是指卖方仅开具汇票委托银行向买方收款，而没有附任何单据。跟单托收是指卖方将汇票连同提单、保险单、发票等装运单据一起交给银行，委托银行向买方收取货款。在国际贸易中，货款的支付一般都采用跟单托收。

（3）信用证。

信用证是银行根据进口人（买方）的请求，开给出口人（卖方）的一种保证承担支付货款责任的书面凭证。信用证是一种银行信用，银行承担第一位的付款责任。受益人收到了开证行开的信用证，即得到了付款的保障。信用证支付在国际贸易中使用广泛。

采购结算由合同承办部门负责，结算手续必须符合财务管理有关规定，对手续不全、计算有误、资料不合规定、与合同条款不符的，财务部门不予结算。合同结算时，应按照合同规定扣除质保金。质保期满，由生产部门负责组织相关专业人员对合同项目质量进行技术评审，合同承办部门办理付款证明，财务部门方可支付质保金。其次，合同的定金、预付款、进度款支付要严密。企业要严格按照合同订立时明确约定的付款方式、交付时间、定金额度、违约责任等条款执行。对手续不齐全，不符合条件的，不予支付。

4. 违约处理

在采购合同履行的过程中，因市场、供应商生产能力等方面的原因，会经常出现各种供应商拒绝交货、不适当交货以及拒绝或迟交单证及资料等违约情况。其中，供应商的不适当交货主要表现为，未在适当的时间交货、未以适当的方式交货、未按约定的数量交货、供应商违反品质担保、未按适当包装交货这些情形。当供应商发生拒绝交货等违约行为时，采购人员应采用相应的措施，可以选择继续履行处理、更换或交付替代物、解除合同、索赔处理等措施。

● **（三）采购合同的纠纷与解决**

在采购过程中，买卖双方常会因彼此之间的责任和权力问题引起争议，并由此引发索赔、理赔、仲裁以及诉讼等。为了减少争议的产生，并在争议发生后能获得妥善的处理和解决，买卖双方通常都在签订合同时对违约后的索赔、免责事项等内容事先作出明确规定。这些内容反应在合同中就是违约责任条款。在采购业务中，处理好争议和索赔是一项非常重要的工作。

1. 争议

争议是指买卖的一方认为另一方未能全部或部分履行合同规定的责任与义务所引起的纠纷。

发生争议主要由以下原因引起：卖方违约，未按合同的交货期交货，或不交货，或所交货物的品质、规格、数量、包装等与合同（或信用证）规定不符，或所提供的货运单据种类不齐，份数不足等；买方违约，未按合同规定的时间付清货款，或未按合同规定的时间、地点组织提货、验收等；合同规定不明确、不具体，以致买卖双方对合同条款的理解或解释不一致，造成一方违约，引起纠纷；或在履约中，双方均有违约行为。

2. 索赔与理赔

发生合同争议后，先分清责任是因为卖方、买方还是运输方引起。如果买方在采购活动中因为卖方或运输方责任遭受了经济损失，可以通过与其协商交涉，进行索赔。索赔是指遭受损害的一方在争议发出后，向违约方提出赔偿的要求。在法律上是指主张权利，在实际业务中，通常是指受害方因对违约方违约而根据合同或法律提出予以补救的主张。索赔一般是在货物遭受损害时提出，主要出现情况是货物数量短缺、破损、产品不符合规格及延期交货等。理赔是指违约方对受害方所提出赔偿要求的受理与处理。因此，索赔和理赔是一个问题的两个方面。索赔和理赔是一项维护当事人权益和信誉的重要工作，同时也是一项涉及面广、业务技术性强的细致工作。因此，提出索赔和处理理赔时，需注意以下问题。

（1）索赔的期限。这是指受损害方有权向违约方提出索赔的期限。按照法律和国际惯例，受损害方只能在一定的索赔期限内提出索赔，否则就丧失索赔权利。索赔期限分为约定索赔期限和法定索赔期限两种：约定索赔期限是指买卖双方在合同中明确规定的索赔期限；法定索赔期限是指根据有关法律或国际公约受损害方有权向违约方要求损害赔偿的期限。也就是说，索赔期限根据相关法律或国际公约的规定依法执行，没有规定的，可根据不同商品的具体情况作出不同的规定。一般农产品等索赔期限较短，一般商品的索赔期限较长，机器设备的索赔期限更长。

（2）索赔的依据。提出索赔时，必须出具因对方违约导致己方损失的证据（保险索赔另外规定），当争议条款为商品的质量条款或数量条款时，该证据要与合同中检验条款相一致，并同时出示检验的出证机构。如果索赔时证据不全、不足或不清，及出证机构不符合规定，都可能遭到对方的拒赔。

（3）索赔额及赔偿办法。关于处理索赔的办法和索赔金额，因为事先无法预测违约的后果，通常在合同中只作一般笼统的规定，不作具体规定。而在业务实践中关于索赔事件的发生，可以来自许多不同的业务环节，可供选择的违约补救办法又多种多样，故很难在订立合同时准确地加以规定。因此，有关当事人双方应根据合同规定和违约事实，本着平等互利和实事求是的原则，合理确定损害赔偿的金额或其处理办法，如退货、换货、补货、整修、延期付款、延期交付等。

损害赔偿是指违约方用金钱来补偿另一方由于其违约所遭受的损失，是国际货物买卖中使用最广泛的手段。根据《联合国国际货物销售合同公约》，一方违反合同，只要使另一方蒙受损失，受害方就有权提出损害赔偿，而且损害赔偿并不因其采取了其他的救济而丧失。损害赔偿的范围应当与受损方因对方违约而遭受的包括利润在内的损失额相等，但不得超过违反合同一方在订立合同时，按照他当时已经知道或者理应知道的事实和情况对违反合同预料或者理应预料到的可能损失。在确定赔偿金额时，如果属于供方不能交货，应向采购方偿付违约金：通用物资的违约金是货款总值的1%~5%，专用物资的违约金是货款总值的10%~30%。

3. 区分违反合同的责任

在当采购合同履行中，采购商品未能按合同要求送达买方时，首先要是分清是供货方责任还是运输方责任，确定索赔对象。

（1）违反采购合同的责任。

①供货方责任。违反采购合同时，供货方的责任主要是两个方面：一是，物资的品种、规格、数量、质量和包装等不符合合同的规定，或未按合同规定日期交货，应赔付违约金、赔偿金；二是，物资错发到货地点或接货单位（人），除按合同规定有责任运到规定的到货地点或接货单位（人）外，还要承担因此而多支付的运杂费；如果造成逾期交货，偿付逾期交货违约金。

②采购方责任。违反采购合同时，采购方的责任主要是三个方面：一是，中途退货应偿付违约金、赔偿金；二是，未按合同规定日期付款或提货，应偿付违约金；三是，填错或临时变更到货地点，要承担由此多支出的费用。

（2）违反运输合同的责任。

①承运方的责任，主要有五个方面。一是，不按运输合同规定的时间和要求发运的，赔付托运方违约金；二是，物资错运到货地点或接货单位（人），应无偿运至合同规定的到货地点或接货单位（人）。如果货物逾期运到，偿付逾期交货的违约金。三是，在运输过程中物资的灭失、短少、变质、污染、损坏，按其实际损失

（包括包装费、运杂费）赔偿。四是，联运的物资发生灭失、短少、变质、污染、损坏，应由承运方承担赔偿责任的，具体由终点阶段的承运方先按照规定赔偿，再由终点阶段的承运方向负有责任的其他承运方追偿。五是，在符合法律和合同规定条件下的运输，由于下列原因造成商品损坏、污染、短少、变质、灭失的，承运方不承担违约责任：不可抗力的地震、洪水、风暴等自然灾害；物资本身的自然性质；物资的合理损耗；托运方或收货方本身的过失等造成物资灭失、短少、变质、污染、损坏的，承运方不承担违约责任。

②托运方的责任，主要有三个方面。一是，未按运输合同规定的时间和要求提供货物运输，偿付承运方违约金。二是，在普通物资中夹带、匿报危险物资、错报笨重货物重量等而招致物资摔损、爆炸、腐蚀等事故，承担赔偿责任。三是，罐车发运的物资，因未随车附带规格质量证明或化验报告，造成收货方无法卸货时，托运方须偿付承运方卸车等费用及违约金。

（3）已投财产保险时，保险方的责任。对于保险事故造成的损失和费用，保险方在保险金额的范围内承担赔偿责任。被保险方为了避免或减少保险责任范围内的损失而进行的施救、保护、整理、诉讼等所支出的合理费用，依据保险合同规定偿付。

4. 仲裁

仲裁是一个法律术语，是指由双方当事人协议将争议提交（具有公认地位的）第三者，由该第三者对争议的是非曲直进行评判并作出裁决的一种解决争议的方法。商业仲裁是指买卖双方在纠纷发生之前或发生之后，根据书面协议，自愿将纠纷提交双方所同意的第三者予以裁决，以解决纠纷的一种方式。仲裁协议有两种形式：一种是在争议发生之前订立的，它通常作为合同中的一项仲裁条款出现；另一种是在争议之后订立的，它是把已经发生的争议提交给仲裁的协议。这两种形式的仲裁协议，其法律效力是相同的。当采购方与供方发生纠纷需要仲裁时，主要涉及仲裁受理机构的选择和仲裁程序的处理两个方面的内容。

（1）仲裁受理机构。根据我国的实际情况和有关法律法规规定，凡是我国法人之间以及法人与自然人之间的经济合同纠纷案件，统一由国家工商行政管理局所设立的经济合同仲裁委员会（属于国内经济仲裁的范畴）管辖。凡是有涉外因素的经济纠纷或海事纠纷案件，统一由民间性的非政府性社会团体——中国国际贸易促进委员会设立的对外经济贸易仲裁委员会和中国海事仲裁委员会（属于涉外经济仲裁的范畴）管辖。

①国内经济仲裁的受理机构。仲裁一般地域管辖即按当事人所在地确定仲裁管辖机关。实行申诉人就被诉人的原则，即要求经济合同纠纷案件的原告，要到被告所在地的仲裁机关提出申诉。《中华人民共和国经济合同法仲裁条例》规定，经济合同纠纷案件一般由合同履行地或者合同签订地的仲裁机关管辖，执行中有困难的也可由被诉方所在地的仲裁机关管辖。这样规定便于传唤当事人到仲裁庭参加审理，也便于仲裁机关在审理中采取必要的保全措施；更有利于仲裁机关对生效调解书、裁定书的执行。

一般经济合同纠纷案例，由县（市）、市辖区仲裁机构受理。如果案件影响较大，争议金额高或者跨省、市，跨部门，根据《中华人民共和国经济合同仲裁条例》视不同影响程度和争议金额分别确定受理机构：有较大影响或争议金额在50万~500万元的经济合同纠纷案件，由省辖区、地区、自治州仲裁机构受理；有重大影响或者争议金额在500万~1,000万元的经济合同纠纷案件，由省、直辖市、自治区仲裁机关管辖；在全国范围内有重大影响或者省、市、自治区之间，中央部门与省、市、自治区之间，中央各部门之间，争议金额在1,000万元以上的经济合同纠纷案件，由国家工商行政管理局的经济合同仲裁机关管辖。

②涉外经济仲裁的受理机构。目前，我国的进出口业务所签订的采购合同，仲裁受理点选择主要有三种方式：规定在我国仲裁的，由中国国际贸易促进委员会对外经济贸易委员会附设的对外经济贸易仲裁委员会仲裁；规定在被诉方所在国仲裁；规定在双方同意的第三国进行仲裁。另外，如有与我国有贸易协定的国家，仲裁地按照协定的规定办理。

一般外贸采购合同，不仅规定仲裁地点，还规定了仲裁机构及仲裁程序和仲裁费用。国际商事仲裁机构分为临时仲裁机构和常设仲裁机构。根据常设仲裁机构的性质的不同，常设仲裁机构还可以分为国际性、区域性和行业性仲裁机构。

（2）仲裁的程序

仲裁程序是指双方当事人将所发生的争议根据仲裁协议的规定提交仲裁时应办理的各项手续，仲裁程序一般由五个部分构成。

①提出仲裁申请。这是仲裁程序开始的首要手续。各国法律对申请书的规定不一致。根据我国《中国国际经济贸易仲裁委员会仲裁规定》规定，当事人一方申请

仲裁时，应向该委员会提交包括下列内容的签名申请书：申诉人名称、地址，法人代表姓名、职务；被诉人名称、地址，法人代表姓名、职务；申请的理由和要求；证据、证人姓名和住址。当事人向仲裁机构申请仲裁，应从其知道或应当知道权力被侵害之日起一年内提出，但侵权人愿意承担责任的不受该时效限制。

②立案受理。仲裁机构收到仲裁申请书后，经过审查，符合仲裁条例规定的，应当在7日内立案，不符合规定的，应当在7日内通知申诉人不予受理，并说明理由。案件受理后，应当在5日内将申请书副本发送被诉人；被诉人在收到申请书副本后，应当在15日内提交答辩书和有关证据。被诉人没有按时提交或不提交答辩书的，不影响案件的受理。

③调查取证。仲裁员必须认真审阅申请书、答辩书，进行分析研究，确定调查方案以及搜集证据的具体方法、步骤和手段。为了调查取证，仲裁机构可向有关单位查阅与案件相关的档案、资料和原始凭证，有关单位应当如实提供和协助调查，并出具证明。仲裁机构为了取证需要，还可组织现场勘察和对物证进行技术鉴定。

④先行调解。仲裁庭经过调查取证，在查明事实、分清责任的基础上，应首先进行调解，促使当事人双方互相谅解，自愿达成和解协议，但协议内容必须本着双方自愿原则，协议内容不得违背法律法规和政策，以及损害公共和他人利益。调解未达成协议或调解书送达当事人一方或双发反悔的，仲裁庭应当进行仲裁。

⑤开庭裁决。开庭裁决是仲裁程序的最后一个环节，仲裁庭决定仲裁后，应当在开庭之前，将开庭时间、地点，以书面形式通知当事人。在庭审过程中，当事人可充分行使自己的诉讼权力，包括申诉、答辩、反诉和变更诉讼请求权力、申请回避的权力等。仲裁庭认真听取当事人陈诉和辩论，出具相关证据，然后按申诉人、被诉人的顺序征询双方最后意见，可再次进行调解。调解无效，仲裁庭评议后作出裁决，宣布最终裁决结果，审理案件的程序即告终结，因而这种裁决被称为最终裁决。裁决书在闭庭后10日内送达当事人。

● **（四）合同变更和解除**

1. 采购合同变更和解除的含义

在合同执行过程中出现特殊情况时，可通过修订条款、重新确定合同的某些方面、添加合同附录等方式解决合同执行过程的问题。在采购合同履行过程中存在分歧，双方应先进行采购合同变更，当出现合同不能履行的情况时，进行采购合同的解除。

采购合同的变更，是指采购合同没有履行或没有完全履行时，由当事人依照法律规定的条件和程序，对原采购合同的条款进行修改、补充，使之更精确。如对标的物数量的变化、履行地或履行时间等的变化。

采购合同的解除，是指采购合同尚未开始履行或尚未全部履行的情况下，由当事人依据法律规定的条件和程序，终止原采购合同关系。

2. 采购合同变更或解除的条件

当一方要求变更合同或解除合同时，应采取书面形式（文书、电报）及时通知对方。对方在接到通知后15天内（另有规定或当事人另行商定期限者除外）予以答复，逾期不答复视为默认。在新的协议未达成之前，原合同仍然有效。采购合同变更或解除应符合三个基本条件。

（1）当事人双方经协商同意，并且不因此损害国家利益和社会公共利益。

（2）由于不可抗力致使采购合同的全部义务不能履行。

（3）由于另一方在合同约定的期限内没有履行合同。

变更或解除采购合同的协议应按照合同签订程序报原审批人员批准。法律、行政法规规定变更合同应当办理批准登记等手续，应依法及时办理。变更或解除合同的日期，以双方达成协议的日期为准，需报经主管部门批准的，以批准的日期为准。

◆本章小结◆

采购谈判是指企业为采购商品，作为买方与卖方对购销业务的有关事项进行反复磋商，达成协议，建立双方都满意的购销关系。采购合同是具有法律效力的文书，是供需双方为执行供销任务，明确双方权利和义务而签订的具有法律效力的书面协议。采购谈判与采购合同的制订是实践性很强的工作。

案例分析

细节决定成败

东北某林区木材厂是一个近几年生意红火的中型木器制造厂。几年来，依靠原材料有保证的优势，就地制造成本比较低的传统木器，获得了可观的经济效益。但是该厂的设备落后，产品工艺比较陈旧，限制了工厂的发展。因此，该厂决定投入巨资引进先进的设备和技术，进一步提高生产效率，开拓更广阔的市场，于是他们打算通过某国际经济技术合作公司代理与外国某木工机械集团签订引进设备合同，总价值110万美元。

外方按照合同规定，将设备到岸进厂，外方人员来厂进行调试安装。中方在验收中发现，该设备部分零件磨损痕迹严重，开机率不足70%，根本不能投入生产。

中方向外方指出，设备存在严重质量问题，没有达到合同机械性能保证的指标，并向外方征询解决办法。

外方表示将派技术人员赴该厂研究改进。两个月后，外方派来的工作组到厂，更换了磨损的部分零件，对机器进行了再次的调试，但经验收仍然不符合合同规定的技术标准。调试研究后外方应允回国后再研究，但一去三个月无下文。后来厂方经过代理公司协调，外方人员来厂又进行了一次调试，验收仍未能通过。中方由于安装，调试引进的设备已基本停产，半年没有效益。为了尽快投入生产，中方认为不能再这样周旋下去，准备通过谈判，作出一些让步，只要保证整体符合生产要求即可。

中方提出这个建议后，外方马上答应，签署了设备验收备忘录，外方公司进行了第三次调试。但调试后，只有一项达到标准，中方认为不能通过验收。但外方公司认为已经达到规定标准，双方遂起纠纷。

本来，外方产品质量存在严重问题，中方完全有理由据理力争，但双方纠纷发生后，外方却显得理直气壮，反而搞得中方苦不堪言。其症结到底何在呢？原来，双方签署的备忘录中，经中方同意，去掉了部分保证指标，并对一些原规定指标进行了宽松的调整，实际上是中方作出了让步。但是让步必须是有目的的和有价值的，重新拟定的条款应需做更有利于中方的、明确清晰的规定，不然可能造成新的隐患。

但该备忘录中竟然拟定了这样的条款标准：某些零部件的磨损程度"以手摸光滑为准"；某某部件"不得出现明显损伤"等。这种空泛的、无可量化的、无可依据的条款让外方钻了空子。根据这样的模糊规定，他们坚持认为达到了以上标准，双方争执不下。

中方认为摸着不光滑，但外方认为摸着就是光滑。显然，外方一开始就发出了一套不合格的设备，意图蒙混过关，如果骗不过去，就是以技术调试进行拖延，逼着中方主动让步。

外方的调试显得很有耐心，但中方的效益却随之流失。事后，中方的一位负责人说，签订合同时，有关索赔条款的很多内容都规定得不是很清楚，也未请律师，当时只把索赔看成了合同中必要格式中的一项，也根本未想到会出现纠纷。

可见这位负责人的意识是多么的淡薄，而没有正确的纠纷意识，又怎会有强烈的竞争意识呢？中方在外方一改"耐心诚恳"的态度，拒不承认产品质量不符合标准的情况下，终于被迫求助于法律，聘请了律师，要求外方按原合同赔偿损失。外方在千方百计地拖延一个月之后，才表示愿意按实际损失来赔偿。

中方认为，赔偿后至少可以保本，但结果又横生枝节。在原合同中，精明的外方在索赔条款中写进了一个索赔公式，由于这个公式相当复杂，签约时中方人员根本没有认真研究就接受了。现在，外方拿来这个公式算账。按照这个公式计算，即使这套设备完全不符合要求，视同报废，外方也仅赔偿设备引进总价的0.8%，110万美元的损失只赔偿约1万美元。

此时，纠纷的调解已无可能，律师写上建议依法提出仲裁。但查看合同有关仲裁的条款时，结果令人大吃一惊。如按合同进行仲裁，吃亏的仍然是中方。合同中写道："如果在本合同中，发生一切纠纷，均需执行仲裁，仲裁在被诉一方所在国进行。"这就是说，如果中方提出仲裁，只能在对方所在国进行，中方将要付出巨大的代价。但如果不提出仲裁，将受到巨大的损失。如果中方想要外方提出仲裁，中方只能有一种手段，就是拒付货款。在国际贸易中，中国银行出具的不可撤销的保证函已与合同一起生效，银行方面为保证信誉，遵守国际惯例，根本不可能拒付。在这种情况下，仲裁与否，中方真是进退两难。

外方趁中方处在这种进退两难的情况下，又提出所谓的新的妥协方案。最后，中方在万般无奈的情况下,接受了对方提出的赔偿总额的12%,同时提供另外3%零件更换费用的最终方案。那台机器两年来根本就不能运转,没有创造任何经济效益。现在,虽然机器能勉强运转,仍需要不断地调整修理。即便如此,也只有60%左右的生产效率。

在这个案例中,中方在签订合同时没有仔细地确定合同的细节,而只想当然地认为不会发生纠纷,并且对合同条款认识不清楚,最终上当受骗,给厂家造成了重大的损失。

因此,在合同谈判签订过程中,要注意确定谈判的细节和签约的细节,不能马虎大意,否则容易引起纠纷。"细节决定成败"谈判人员在签订合同的过程中,不能忽视任何一个细节。

(资料来源:百度文库)

问题讨论

1.商务谈判直接影响公司采购目标的实现,并关系着公司的经济利益和生存发展。讨论该案例,企业应在采购谈判前进行哪些准备工作?谈判策略有哪些?

2.采购合同管理是一项综合性的工作,涉及企业的各个方面,能否实施有效的合同管理,是企业经营管理成败的重要因素之一。在合同签署之前,应确认每一个条款细节,结合该案例从合同管理的角度,谈谈你的看法。

复习思考题

1.何为采购谈判?采购谈判有哪些特征?

2.采购谈判的主要内容有哪些?

3.采购谈判有哪些基本技巧?

4.采购合同要约的特征是什么?

5.采购合同履行的内容主要有那些?

第八章

传统采购方式

◆学习目标◆

通过本章学习,要求学生掌握集中采购的优势,掌握政府采购的特点和方式,掌握招标采购的分类及程序,理解集中采购和分散采购的选择因素,理解联合采购的优点和政府采购的概念及原则,熟悉国际采购的影响因素及实施办法,了解联合采购的方式、政府采购的目标和招标文件的内容。

采购方式多种多样,根据不同的标准可以进行不同的分类。而各种采购方式都有各自的优缺点和适用条件,它们的实施方法也各不相同。每个企业应根据自身的特点选择最合适的采购方式。

开篇案例

2017年中国政府采购规模达 32,114.3 亿元

2017年全国政府采购规模快速增长,采购规模达32,114.3亿元(人民币,下同),比2016年同口径增加6,382.9亿元,增长24.8%,占全国财政支出和GDP的比重分别为12.2%和3.9%。

据财政部介绍,政府采购结构发生较大变化,服务类采购规模增长迅速。货物类采购规模为8,001.8亿元,工程类采购规模为15,210.9亿元,服务类采购规模为8,901.6亿元。货物、工程、服务采购规模占全国政府采购规模的比重分别为24.9%、47.4%和27.7%,服务类采购规模占比首次超过货物类。

2017年,政府集中采购、部门集中采购、分散采购,占全国政府采购规模的比重为47.6%、17.1%和35.3%。分散采购规模占比较2016年提高7.9个百分点,主要是中央和各地深入落实"放管服"改革要求,清理规范和优化集中采购目录,减少集中采购项目,扩大了采购人分散采购的范围和采购自主权。

财政部还介绍,政策支持力度不断加大,政府采购政策功能进一步显现。继续扩大绿色采购范围,优化中小企业参与政府采购活动的市场环境,促进中小企业发展。全国政府采购授予中小微企业合同金额为24,842亿元,占全国政府采购规模的77.4%。

(资料来源:中国政府采购网)

第一节 集中采购与分散采购

一 集中采购

(一) 集中采购的概念

集中采购是相对于分散采购而言的，它是指政府或企业建立专门的采购机构，统一组织采购所需物品的业务。跨国公司的全球采购部门的建设是集中采购的典型应用。它以组建内部采购部门的方式来统一管理其分布于世界各地分支机构的采购业务，减少采购渠道，通过批量采购获得优惠价格。

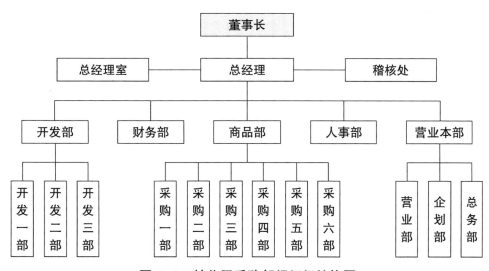

图 8-1 某公司采购部门组织结构图

图8-1是集中采购方式简单而典型的图示。随着连锁经营、特许经营和外包制造模式的增加，集中采购更是体现了经营主体的权力、利益和制度。它是经营主体赢得市场，保护产权、技术和商业秘密，提高效率，取得最大利益的战略和制度安排。

(二) 集中采购的优点

第一，集中采购采购数量巨大，在与对方的谈判中能够增强自身的分量，较易获得价格折让与良好服务，降低进货成本和物流成本，从而实现规模效益。

第二，集中采购下决策集中，采购方针与作业规则容易统一实施，所购物料比较容易达到标准化，这样既可统筹规划供需数量，避免各自为政引起的存货增加，亦可协调各部门的过剩物资，以便相互转用。

第三，集中采购有利于专业化分工和专业技能的发展，既有利于降低采购作业成本，提高采购工作效率，还可以培养专业化人才。

第四，集中采购可以实现同供应商间的"双赢"格局，对企业而言，易于稳定本企业与供应商之间的关系，从而得到供应商在技术开发、货款结算、售后服务支持等诸多方面的支持与合作；对于供应商，他们不必同时与公司内的多个部门及采购人员联系，而只需和采购经理或采购专员联系，这样不仅降低了交易成本，还可以推动其进行有效管理。

（三）集中采购的适用范围

对于下列采购主体，适宜使用集中采购方式：集团范围实施的采购活动；跨国公司的采购；连锁经营、OEM厂商、特许经营企业的采购。

对于下列物资商品，适宜使用集中采购方式：大宗或批量物品、价值高或总价多的物品；关键零部件、原材料或其他战略资源，保密程度高、产权约束多的物品；容易出问题的物品；最好是定期采购的物品，以免影响决策者的正常工作。

二 分散采购

（一）分散采购的概念

与集中采购相对应，分散采购是由企业下属各单位，如子公司、分厂、车间或分店实施的满足自身生产经营需要的采购。这是集团将权力进行分散的采购活动。此种制度通常适用于企业规模较大、工厂分散较广的区域。因此，若采用集中制，则容易产生迟延且不易应付紧急需要，而购用部门的联系相当困难，采购作业与单据流程显得漫长复杂。除了前述地理因素造成采用分散制的理由外，若散布各地的工厂在生产设备、贮藏设施、社区的经济责任等方面具有独特的差异性，则以采用分散制较为适宜。

分散采购是集中采购的完善和补充，有利于采购环节与存货、供料等环节的协调配合，有利于增强基层工作责任心，从而使基层工作富有弹性和成效。

（二）分散采购的优点

集中采购与分散采购相互对应，集中采购的优势恰恰是分散采购的劣势。同理，集中采购的劣势也就是分散采购的优势。分散采购的优点可以简要地概括为如下几点：适宜于批量小或单件物品，价值低、开支小；过程短、手续简、决策层次低；问题反馈快，针对性强，方便灵活；占用资金少，库存空间小，保管简单、方便。

（三）分散采购的适用范围

对于下述采购主体，适宜使用分散采购方式：二级法人单位、子公司、分厂、车间；离主厂区或集团供应基地较远，其供应成本低于集中采购成本的情况；异国、异地供应的情况。

对于下述采购物资商品，适宜使用分散采购方式：小批量、单件、价值低、总支出在产品经营费用中所占比重小的物品（各厂情况不同，自己确定）；分散采购优于集中采购的物品，包括费用、时间、效率、质量等因素均有利，不影响正常的生产与经营的情况；市场资源有保证，易于送达，较少花费物流费用的物品；分散后，各基层采购与检测能力的物品；产品开发研制、试验所需的物品。

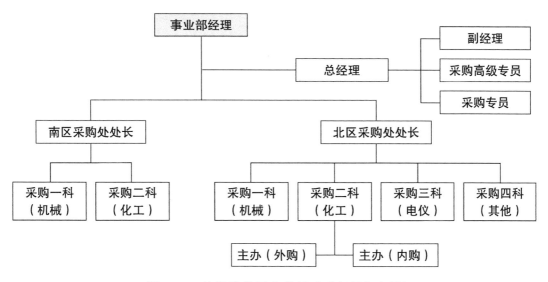

图8-2　某塑胶公司事业部采购部门组织图

三　集中采购与分散采购的选择

集中采购和分散采购的优劣势恰好互补。因此，在实际采购工作中，企业应根据自身的条件、资源状况、市场需要等作出灵活选择。选择时，应考虑下列因素。

(一)采购需求的通用性

经营单位对购买产品所要求的通用性越高,从集中的或协作的方法中得到的好处就越多。这就是大型公司中的原材料和包装材料的购买通常集中在一个地点的原因。

(二)地理位置

当经营单位位于不同的国家或地区时,就可能会极大地阻碍协作方的努力。例如,在欧洲和美国之间的贸易和管理实践就存在较大的差异,甚至在欧洲范围内也存在着重大的文化差异。一些大型公司已经将全球的协作战略转为地区的协作战略。

(三)供应市场结构

有时,公司会在它的一些供应市场上选择一个或数量有限的几个大型供应商组织。在这种情况下,力量的分散肯定对供应商有利,而采用协同的采购方法则可以获得一个更好的谈判地位。

(四)潜在的节约

一些类型的原材料的价格对采购数量非常敏感。在这种情况下,购买更多的数量会立刻带来成本的节约。对于标准商品和高技术部件都是如此。

(五)所需的专门技术

有时,有效的采购需要非常高的专业技术。例如,对高技术半导体和微芯片的采购。因此,大多数电子产品制造商已经将这些产品的购买集中化。在购买软件和硬件时也是如此。

(六)价格波动

如果物资(例如果汁、小麦、咖啡)价格对政治和经济气候的敏感程度很高,则集中的采购方法就会受到偏爱。

(七)客户需求

有时,客户会向制造商指定他所需产品应具备的条件。这种现象在飞机制造工业中非常普遍。这些条件是与负责产品制造的经营单位商定的,在这种情况下不适于采取集中采购模式。

除了以上需要考虑的因素外,选择集中采购时还应该以有利于资源的合理配置、减少交易环节、加速周转、简化手续、满足要求、节约物品、提高综合利用率、保证和促进生产的发展、调动各方的积极性、促进企业整体目标的实现等为原则。

四 混合采购

混合采购模式又叫"分散集中化采购模式",是指有些零售采购活动在零售企业总部进行,同时主要的运作部门或分店也进行采购。混合采购模式综合采用集中化与分散化采购模式,以发挥它们各自的优点,避免各自的缺点。

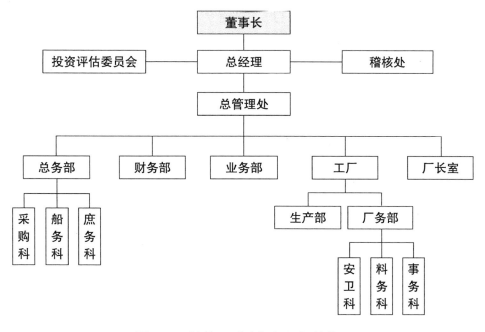

图 8-3 某公司采购部门组织结构图

混合采购模式通常被限制于非常大的国际公司中。例如,美国的西尔斯公司、沃尔玛公司过去采用直线的组织,但是几年前已改变了它们的结构,兼取集中、分散制优点混合而成。凡属共同性物料、采购金额较大者、进口品等均集中由总公司采购部办理;小额、因地制宜、临时性的采购则授权分公司或各工厂执行。图8-3显示某公司采购组织使用混合制,进口物品集中由总公司采购科办理;国内可取得物品则由工厂事务科办理。

第二节 联合采购

联合采购，是指多个企业之间的采购联盟行动，是集中采购在外延上的进一步拓展。

一 实施联合采购的必要性

如果从企业外部去分析我国企业的现行采购机制，则其外部特征是各企业的采购基本还是各自为政，相互之间缺乏在采购及相关环节上的联合和沟通，或采购政策不统一、采购效率低下，这样很难实现经济有效的采购目标。由此导致的主要问题有以下几个方面。

（1）各企业都设有采购及相关业务的执行和管理部门。如从行业直至国家的角度看，采购机构重叠、配套设施重复建设，这样会造成采购环节的管理成本和固定资产投入大幅增加。

（2）多头对外，分散采购。对于通用和相似器材无法统一归口和合并采购，无法获得大批量采购带来的价格优惠，这就使各企业的采购成本居高不下。采购管理政策完全由企业自行制定，其依据为企业自身的采购需求和采购环境条件，与其他企业基本没有横向的联系，不了解其他企业的采购状况和需求。

（3）各企业自备库存，又缺乏企业间库存资源的信息交流和统一协调，从而使通用材料的储备重复，造成各企业的库存量增大，沉淀和积压的物资日益增多。

（4）采购环节的质量控制和技术管理工作重复进行，管理费用居高不下。各企业在质量保证系统的建立和控制、供应商评审和管理、器材技术标准和验收规范等各类相关文件的编制和管理上均未实现一致化和标准化。各企业重复进行编制和管理等工作，管理费用难以降低。

（5）采购应变能力差。以外包为例，由于产品设计的改进、制造方法的改进等原因造成的材料紧急需求不可避免，但是由于从国外采购周期比较长，所以器材的紧急需求难以满足。

因此，在采购工作中需要突破现行采购方式的束缚，从采购机制上入手，探索新形势下企业间的合作。利用采购环节的规模效益是从根本上解决上述问题的方法之一。

二、联合采购的优点

（一）采购环节

如同批发和零售的价格差距一样，采购的单价与采购的数量之间成反比，即采购的数量越大，采购的价格越低。例如，飞机制造用器材，此种价差有时可达90%。企业间联合采购可合并同类器材的采购数量，通过统一采购使采购单价大幅降低，从而使各企业的采购费用相应降低。

（二）管理环节

管理落后是我国企业的普遍现象，而管理的提高需要企业付出巨大的代价。后继企业只有吸取先行企业的经验和教训，站在先行者的肩上，才能避免低水平重复，以收到事半功倍的效果。对于一些生产同类产品的企业，如果各个企业在采购及质量保证的相关环节的要求相同、需要的物品相同，就可以在管理环节上实施联合，以便归口管理相关工作。联合后的费用可以由各个企业分担，从而使费用大大降低。

（三）仓储环节

通过实施各企业库存资源的共享和器材的统一调拨，可以大幅度减少备用物资的积压和资金占用，从而提高各企业的紧急需求满足率，减少因器材供应短缺造成的生产停顿损失。

（四）运输环节

器材单位重量运费率与单次运输总量成反比，特别是在国际运输中更为明显。企业在运输环节的联合，可通过合并小重量的货物运输使单次运量加大，从而可以以较低的运费率计费，减少运输费用的支出。

三、联合采购的方式

国际上一些跨国公司为降低采购成本，发展了一些联合采购的具体形式。

(一)采购战略联盟

采购战略联盟,是指两个或两个以上的企业出于对整个市场的预期目标和企业自身总体经营目标的考虑,采取一种长期联合与合作的采购方式。这种联合是自发的、非强制性的,联合各方仍保持各个公司采购的独立性和自主权,彼此依靠相互间达成的协议以及经济利益的考虑联结成松散的整体。现代信息网络技术的发展开辟了一个崭新的企业合作空间,企业间可通过网络保证采购信息的即时传递,从而使处于异地甚至异国的企业间实施联合采购成为可能。国际上一些跨国公司为充分利用规模效益、降低采购成本、提高企业的经济效益,正在向采购战略联盟发展。

(二)通用材料的合并采购

这种方式主要用于有竞争关系的企业之间,通过合并通用材料的采购数量和统一归口采购来获得大规模采购带来的低价优惠。在这种联合方式下,每一项采购业务都交给采购成本最低的一方去完成,从而使联合体的整体采购成本低于各方原来进行单独采购的成本之和,这是这些企业的联合准则。这种合作的组织策略主要分为虚拟运作策略和实体运作策略。虚拟运作策略的特点是组织成本低,它可以不断强化合作各方最具优势的功能和弱化非优势功能。

如美国施乐公司、斯坦雷公司和联合技术公司三家组成的钢材采购集团。虽然施乐公司的钢材用量仅是其他两家用量的1/4,但是通过这种方式获得了这两家公司大规模采购带来的低价好处。美国波音公司为降低其零部件采购成本、提高其民用飞机的竞争实力,根据其零部件生产商原材料采购状况,制定了在全球范围内统一其全部约750个生产商的原材料采购和运输业务,以整合这些生产商的原材料采购渠道及价格。其目的是通过降低生产商的原材料采购成本,进而达到降低其零部件的采购成本、降低飞机整体成本、提高竞争力的目的。

这种企业间的合作正在世界范围内盛行。联合采购已超过了企业界限、行业界限,甚至国界。目前,我国一些企业为解决采购环节存在的问题,正在探讨企业间联合采购的可能性。企业在采购及相关环节的联合将为企业降本增效、提高企业的竞争力开创良好的前景。

第三节 政府采购

作为市场经济国家管理政府公共支出的一个基本手段，政府采购已有200多年的历史，最早可追溯到1761年美国的《联邦采购法》。英国政府也于1782年设立文具公用局负责采购政府部门所需的办公用品。在我国，政府采购这一概念出现较晚，大概始于20世纪末。

一 政府采购的概念

政府采购也称"公共采购"，是指各级政府为了开展日常政府活动或建设公共工程，为公众提供公共服务的需要，在财政的监督下，以法定的方式、方法和程序，利用国家财政性资金或政府借款，从市场购买商品、工程及服务的行为。这一定义包含了如下几层含义。

（一）采购主体更加宽泛

实行政府采购制度的不仅包括各级政府机构，还包括其他实行预算管理的国家机关、企事业单位、社会团体等各级组织。

（二）政府采购的目的是为了满足社会公共需要

政府采购虽然是由政府组织和管理的，但其最终目的是为了满足社会公众的共同需要，是受社会公众委托而进行的，实质上是社会公众的采购。因此，世界上许多国家把政府采购叫作"公共采购"。

（三）政府采购所用的资金为财政性资金

政府采购既然是政府为社会公众提供公共服务的一种手段，就必须以具有公共性质的财政资金作为资金来源。按照世界上大多数国家的情况，财政资金是必须纳入政府预算统一管理的资金。由于历史的原因，我国社会公共资金的结构比较特殊，主要是由纳入政府财政预算的预算内资金和预算外资金组成，但从目前的实际情况来看，不管是预算内资金还是预算外资金都属于财政性资金。按照国际惯例和我国相关法律、法规的要求，运用财政性资金进行的采购都应该属于政府采购的范畴。

(四)政府采购必须按照法定的程序和方式进行

按照我国相关法律、法规和政策的规定,政府采购资金的使用者有向社会公众和纳税人说明其资金使用正当性的法律义务,其使用财政性资金的行为应当受到专门的规范和监督。政府采购必须遵循公开、公平、透明的原则,按照法定程序,运用科学方式、方法来进行。

(五)政府采购的采购对象涵盖广泛

政府采购的对象主要有三大类:工程、货物和服务。鉴于国家已经有了招标投标法,有人认为工程采购就不应再纳入政府采购的范围。但大多数人还是认为,招标投标法重点只在于规范招投标活动的程序,而政府采购法则在于全面规范整个政府采购行为,包括采购预算的制定、采购方式和采购程序的选择、采购的投诉与仲裁等等。因此,从总体上来说,工程采购应该包含在政府采购范围内,如果涉及工程采购的具体程序,则遵照招标投标法的相关规定来执行。

二 政府采购的特点

(一)政府采购具有社会公众性,必须向社会公众负责

政府采购实质上是社会公众采购,是政府代表社会公众进行的采购,其目的是满足社会公共需要。因此,政府采购具有典型的公众性。认识政府采购的社会公众性的意义在于:其一,政府采购必须向社会公众负责,实现公共财政支出资金的价值最大化目标;其二,必须增强政府采购的公开性和透明度,从而使社会公众能够参与政府采购管理和监督;其三,既然是社会公众的采购,所有有资格的供应商都应该有公正、平等地参与政府采购竞争的机会。

(二)政府采购数额巨大,对社会经济产生重大影响

政府为了满足社会公共需要,每年都要从企业和个人等不同社会微观经济主体那里筹集大量的资金。正是由于政府采购资金支出数量巨大,所以必然在社会资源配置、提高财政资金使用效果、调节经济平衡、促进公平竞争、提高社会公共福利水平等方面产生巨大的影响。政府采购对社会经济有着其他采购不可替代的巨大影响,它已成为各国政府普遍使用的一种宏观经济调控手段。

（三）政府采购具有行政性，必须依法行政

当政府作为采购者出现在市场上时，其行为具有市场性，而当政府采购以政府为主体，由政府部门计划、决策、监督和管理时，又是一种行政行为，具有典型的行政性。认识政府采购行政性的意义在于：一方面，既然具有行政性，就必须依法行政，国家需要建立相关的法律、法规制度，保障政府采购规范化的实现；另一方面，作为一种行政性行为，政府在进行采购决策时，必须体现政府的总体政策意向，需要综合考虑政府的全局和整体目标，如保护民族产业、保护环境、照顾中小企业、增强劳动保障和社会保障，等等，并拒绝采购各种违纪、违法的产品。

（四）政府采购具有市场性，必须遵循市场规则

当政府以采购者的身份出现在市场上时，与其他社会主体一样，其采购行为也是一种市场行为，具有典型的市场性。认识政府采购市场性的意义在于：一方面，政府作为采购人，与供应商的关系是一种平等的贸易关系，政府采购人与供应商签订的采购合同主要属于民事合同范畴；另一方面，政府作为购买者，与其他社会主体一样，必须按照市场经济规律办事，遵循市场法则，如买卖公平、最大限度节省开支，以及遵守批量采购、竞争采购的规则。

此外，财政部门实行全方位的监督也是政府采购的一个重要特征，当然这种监督不是指财政部门直接监督参与每项活动，而是通过制定采购法规和政策来规范采购活动，并检查这些法规、政策的执行情况。财政监督的对象不仅是采购实体，还包括采购中介机构、供应商等参与采购活动的机构和个人。

三 政府采购的目标

（一）实现经济性和有效性目标

这是政府采购最基本和首要的目标。国际上通行的政府采购规则都将提高政府采购的经济性和有效性作为其首要目标。经济性，是指采购资金的节约和合理使用，基于公共资金的性质，采购机构必须谨慎合理地使用采购资金。有效性，是指采购的货物、工程或服务要具有良好的质量，价格要便宜，还要注意采购的效率，要在合同规定的合理时间内完成招标采购任务，以满足使用部门的需求。

(二) 调节国民经济运行

政府采购制度的确立把各级政府部门的消费有机地组织起来，进而有效地执行国家的财政政策、货币政策、产业政策和社会发展计划，政府这个最大的单一消费者才能形成。政府可以依据宏观经济冷热程度及其发展态势，适时、适量地安排政府采购。当经济偏冷时，增加和提前进行政府采购，以刺激总需求增长；反之，当经济偏热时，适当压缩和推迟政府采购，以减少社会总需求。

(三) 贯彻政府在结构调整方面的意图

政府采购客观上对不同产业和行业有一定的选择余地，可以据此体现不同的政府倾向，如对符合产业政策和技术经济政策的新兴产业或技术项目，政府采购中可以较多安排它们的产品。特别是在环境保护、社会福利等方面的特定政策目标可以纳入政府采购之中，从而确保这些政策目标能够及时、有效地落实。

(四) 保护民族工业，支持国有企业的发展

我国的政府采购目前主要面向国内企业，但向国际上开放政府采购市场已为期不远。推行政府采购，通过对企业规模、产品产地、技术条件及品牌的限制和选择，可以保护国内技术先进、竞争力强的民族工业，支持国有企业，从整体上提高国有企业的市场竞争能力。

四 政府采购的原则

(一) 公开原则

政府采购的公开原则，是指政府采购的法律、政策、程序和采购活动的有关信息和要求都要公开。由于采购机关组织实施政府采购使用的是公共资金，所以就对公众产生了一种管理的责任，这就要求采购机关谨慎地执行采购政策并使采购活动具有透明度。因此，公开原则是政府采购的一个重要原则。透明度高、规范性强的采购方法和采购程序具有可预测性，从而使投标商可以计算出他们参加采购活动需要承受的代价和风险，从而提出最有竞争力的价格。公开原则还有助于防止采购机关及上级主管部门作出随意的或不正当的行为或决定，从而增强潜在供应商参与采购并中标的信心。

在政府采购制度中，公开原则贯穿在整个采购过程中。有关采购的法律和程序

要公布于众，并严格按照法律和程序办事。这些法律文件也要便于公众及时获得。采购项目的要求和合同的条件要公开，从而使采购单位与供应商双方履约明晰化；采购活动要做好采购记录，以备公众和监督机构的审查和监督；为保证采购透明度，要接受供应商的质疑和申诉。对一些特殊的采购项目，由于采购物品的性质和国家保密的要求，所以使得采购过程不能公开。但即使如此，采购机构也必须作出说明和记录，并需经严格审批和授权。采购活动的公开程度与采购主体的法律意识、监督力度和传媒手段等有着密切的关系。

（二）公平原则

政府采购中的公平性首先是指所有参加竞争的供应商机会均等并受到同等待遇。允许所有有兴趣参加政府采购的供应商、服务提供者参加竞争；资格审查和投标评价对所有参加政府采购的供应商使用同一标准；采购机关向所有投标人提供的信息都应一致。

公平性的另一个重要表现是合同的授予要兼顾政府采购社会目标的实现。在政府采购的竞争中，小企业、少数民族企业、困难企业等处于不利的地位，如果按其实力，那么他们很难赢得政府采购合同。因此，在政府采购制度中制定出一些规则和采取一些措施，使小企业等也能分得政府采购合同的一部分，从而促进社会经济的协调发展。

（三）公正原则

公正原则是建立在公开和公平的基础上的，只有公开和公平，才能使政府采购得到一个公正的结果。公正原则主要由政府采购管理机关、采购机关和中介机构来执行。作为政府采购的管理机关，除制定统一的政策、法规和制度外，还必须坚持这些规则在执行中不偏不倚、一视同仁。因为政策、法规和制度很多只是原则性的规定，没有很具体、很详细的解释。不同管理者在不同时间，对不同的对象，会出现不同的理解，在掌握执法的尺度上就会不同。为了避免这种过大的差异而导致不公正性，管理机关应尽可能统一思想和认识，统一执法的力度，尽量做到公正合理。作为采购机关要做到公正，首先必须对各供应商提出相同的供货标准和采购需求信息，对物品的验收要实事求是、客观公正，严格执行合同的标准，不得对供应商提出合同以外的苛刻要求或不现实的条件。作为政府采购的中介机构，主要是参与采购中的开标和评标，贯彻公正原则必须体现在开标和评标的过程中。在评标时，对各供应商提供的标书进行客观、科学的评价，既要看到各种标的优点，也要指出其缺陷和不足，尽可能采用评分的方法进行评价，用分数的高低评出优劣及等次，从而为决标提供显而易见的依据，尽量使各供应商心服口服，从而得到真正的公正结果。

（四）效率原则

政府采购的效率原则包括经济效率和管理效率两个方面。

经济效率原则主要表现在两个方面：一是宏观经济效率，即切实强化财政支出调控，有效提供公共产品，保持宏观经济稳定，实现经济结构调整，促进民族工业发展，以实现市场机制与财政政策的最佳结合；二是微观经济效率，即该政府采购实施后是否节约财政资金，财政资金的使用效率是否有了提高。

管理效率原则要求政府经常公布招标信息，及时购买物美价廉的商品和劳务，缩短采购时间、降低采购成本；同时，便于支出控制和财政监督，实现支出由价值领域向实物领域的延伸管理。管理效率主要体现在实施政府采购所花费的成本上，具体表现为节约的财政资金与实施政府采购的成本比。一般来说，采购成本越低，节约财政性资金的比例就越大，管理效率也越高；反之则管理效率就低，甚至出现管理无效率的情况。

（五）物有所值原则

物有所值，是指购买"物"的投入（成本）与产出（收益）之比。这里的投入不是指所采购物品的现价，而是指物品的寿命周期成本，即所采购物品在有效使用期内发生的一切费用再减去残值。政府采购追求的是采购物品寿命周期成本最小而收益最大。目前，物有所值原则的内涵在发达国家和发展中国家之间引起了激烈的争论，争论的焦点为对物有所值中的"值"的理解。我们认为，它不仅应包括资金的使用效率和物品在使用过程中的满意程度，还应包括为国内产业发展提供的机会以及促进技术转让等。

五 政府采购的方式

（一）按是否具备招标性质分类

按是否具备招标性质，可分为招标性采购和非招标性采购。采购金额是确定招标性采购和非招标性采购的重要标准之一。一般说来，达到公开招标数额标准以上的要实行招标采购，不足一定金额的则采用非招标采购方式，采购货物和服务达到公开招标数额但由于特殊情况需要采用其他方式采购的，要报相关财政部门批准。

非招标采购，是指除招标采购方式以外的采购方式，常用的主要有询价采购、单一来源采购、竞争性谈判采购等。

询价采购，是指采购单位向相关供应商（通常不少于三家）发出询价单，让其报价，然后在报价的基础上进行比较并确定中标供应商的一种采购方式。达到限额标准理应进行招标采购的项目，遇到如下情形并经管理机关批准的可以采用询价采购方式：招标后没有供应商投标或没有合格标的；出现紧急采购时无法进行招标采购或虽可进行但并不经济的；招标文件的准备需很长时间的；对高新技术含量有特别要求的；等等。

单一来源采购即没有竞争的采购，是指达到了竞争性招标采购的金额标准，但所购产品属于来源渠道单一、首次制造、合同追加、后续维修扩充等特殊情况的采购。达到限额标准理应招标的项目，出现下列情形之一并经管理机关批准的可以采用单一来源采购方式：只能从特定供应商采购，或供应商拥有专有权，且无任何替代标的的；原采购的后续维修、零配件供应、更换或扩充，必须向原供应商采购的；采购机关有足够理由认为只有从特定供应商进行采购才能达到相关政策目的的；从残疾人或慈善等机构采购的；等等。

竞争性谈判采购，是指在紧急情况下，采购单位通过与多位供应商进行谈判，以确定最优供应商的一种采购方式。达到限额标准理应招标的项目，出现下列情形的可以进行竞争性谈判采购：出现了不可预见的紧急情况或灾难性事件，招标采购或其他采购方式都会贻误时机的；由于货物或工程的技术特点或服务的性质，采购单位必须与供应商进行谈判。

（二）按采购规模分类

按采购规模可以将采购方式分为小额采购方式、批量采购方式和大额采购方式。

小额采购，是指单价不高、数量不大的零散物品的采购，具体而言可以是询价采购，也可以直接到商店或工厂进行采购。

批量采购，是指小额物品的集中采购，其适用条件是：在招标限额以下的单一物品由个别单位购买，而且数量不大，但本级政府各单位经常需要；单一物品价格不高但数量较大。其具体采购方式可以是询价采购、招标采购或谈判采购。

大额采购，是单项采购金额达到招标采购标准的采购，适用的具体采购方式有招标采购、谈判采购。

（三）按采购手段分类

采购方式按运用的采购手段可分为传统采购方式和现代化采购方式。传统采购方式，是指依靠人力来完成整个采购过程的一种采购方式，如通过报纸杂志发布采购信息、采购实体和供应商直接参与采购每个环节的具体活动。现代化采购方式，是指主要依靠现代科学技术的成果来完成采购过程的采购方式，如采购卡采购方式和电子采购方式。

政府采购，市场空间巨大，竞争往往非常激烈，在这一市场上获得足够的份额，不仅可以增加营业额和利润，还能够形成良好的公共关系，从而在此后的政府采购竞争中占据优势。因此，企业应充分准备、合理报价、注意策略，积极参与政府采购项目。

第四节 招标采购

一 招标采购的内涵及特点

（一）招标采购的概念

招标采购，是指通过在一定范围内公开购买信息，说明拟采购物品或项目的交易条件，邀请供应商或承包商在规定的期限里提出报价，经过比较分析后，按既定标准选择条件最优的投标人并与其签订采购合同的一种采购方式。通过招标采购，能够做到优中选优、物超所值,并能产生采购乘数效益,激励供应商提供更好的服务。招标采购是公认的最能体现现代民主竞争精神、降低成本、提高效率、推动社会进步的一种采购方式,也是被国际社会、政府确定为优先采用的采购方式。

(二)招标采购的分类

由于不同的招标采购模式具有不同的特点和运作方式,企业在具体操作中往往根据自身特点进行选择。在实际运作过程中,企业常采用以下三种方式进行招标采购。

1.公开招标

公开招标采购,是指采购方在报刊、网络或其他媒体上发布招标公告,吸引众多供应商参加投标,然后从中择优选择的一种招标方式。按照招标范围的不同,一般又可分为国际竞争性招标和国内竞争性招标。国际竞争性招标要求制作完整的英文标书,在国际上通过各种宣传媒体刊登招标公告;国内竞争性招标则可用本国语言编写标书,在国内的宣传媒体上刊登招标公告。无论是国际竞争性招标还是国内竞争性招标都要将采购的所有条件列明并在公告上发布,包括货物名称、规格、数量、交货期、付款条件、投标押金、投标资格等,投标各企业对照相关条件交纳押金,参加投标。但是,由于国内竞争性招标限制了竞争范围,所以通常供应商不能及时得到有关投标的信息,出于公平公正的原则,许多国际组织都对国内招标加以限制。

公开招标的优点很多,概括来说有如下几点。

(1)公开公平:可以避免企业在采购中进行暗箱操作。实施公开招标采购后,由于实行"阳光采购",所以产品质量达不到要求的供应商就被排除在外。

(2)品质改进:不少企业在投标竞标的同时,还纷纷指出采购方设计方案中存在的不足,从而使招标方了解技术水平的发展趋势,促使其产品品质的改进。

(3)价格合理:因为实行公开招标,所以投标方之间的竞争较为激烈,采购方可以获得合理满意的价格。

(4)树立形象:公开招标把采购商品置于公众的监督之下,企业采购商品的机密变成公开的经营活动,这一活动又必然引起社会公众的关注,从而使企业在社会公众中树立廉洁高效的良好企业形象。

当然,公开招标在具有巨大优势的同时,也存在着一些缺陷,主要表现在如下几个方面。

（1）采购费用高：刊登招标公告、制作招标文件、聘请专家评标都要花费大量的人力、财力与物力。

（2）程序复杂：招标采购是一个复杂的系统工程，涉及多个环节，每一环节都要精心准备，严格按照相关规定执行，稍有疏忽就会引起纠纷。

（3）串通投标：供应商之间甚至会合谋，串通投标、操纵价格、共同谋利，这会给招标方带来损失。

（4）其他问题：由于参与投标的企业不是事先确定的，其来源广泛，招标方并不能十分了解，更谈不上做相应的背景调查，因而不可避免会产生一些不可预料的问题（如倒手转包等）。

2. 邀请招标

邀请招标也称"有限竞争性招标"或"选择性招标"，招标单位选择一定数目的供应商（不得低于三家），并向其发出投标邀请书，邀请他们参加招标竞争，受邀企业在规定时间内向招标单位提交投标意向、购买投标文件并参加竞标。按照通行的做法，采用邀请招标方式的适用前提：是对市场供给对供应商或承包商的情况比较了解；对于技术含量高、技术支持及后续服务有特殊要求，且只有有限供应商能够满足供货条件的，多采用邀请招标方式；对于项目本身价值低，招标人只有通过限制投标人才能达到节约成本提高效率的多采用邀请招标的方式。

邀请招标的主要特点：不使用公开的公告形式，接受邀请的单位才有资格参加投标；而被邀请参加的投标者数量有限。邀请招标不仅大大降低了工作量，还可以节省相关费用，同时也提高了投标者的中标机会。虽然邀请招标限制了充分的竞争，但由于是基于同一标准邀请供应商参与竞争，所以公平竞争的本质相同，只是竞争程度不及公开竞争。当然，邀请招标还是会带来一些问题，如串通投标的可能性增加、轮流供应引起的规格差异等。

3. 议标

议标也称谈判招标或限制性招标，即通过谈判来确定中标者。当采购方公开招标后，没有供应商投标或没有合格标的，或者是不可预见的急需采购，这些情况下多采用议标采购方式。另外，当投标文件的准备和制作需要较长时间才能完成或需要高额费用时，也往往采用议标采购方式。

在科技招标中，通常使用公开招标，但不公开开标的议标。即招标单位在接到各投标单位的标书后，先就技术、设计、加工、资信能力等方面进行调查，在取得初步认可的基础上，选择一个最理想的预中标单位，并与其商谈对标书的调整，如能取得一致意见，则可定为中标单位，若不行则再找第二家预中标单位。这样逐次协商，直到双方达成一致意见为止。这种议标方式使招标单位具有更多的灵活性，可以选择到比较理想的供应商和承包商。

由于议标的中标者是通过谈判产生的，不便于公众监督，容易导致非法交易，所以，在我国机电设备招标规定中禁止采用这种方式。其他领域即使允许使用议标方式，也大都对议标方式做了严格限制。

（三）招标采购的特点

随着市场化的逐步深入，企业采购活动越来越透明。大体来说，与其他采购方式相比。招标采购具有如下特点。

1. 公开性

招标的基本原则是"公开、公平、公正"，其目的就是防止腐败的发生，把采购置于阳光之下。公开性，是指整个采购程序都在公开情况下进行，即公开发布投标邀请，公开开标，公示采购法律、采购标的技术规格等必要参数，公示投标商资格审查标准、最佳投标商评选标准、投标截止时间、招投标结果，并接受社会监督，其程序非常规范。

2. 竞争性

招标作为一种竞争性的采购程序，其竞争性充分体现了现代竞争的平等、信誉、正当和合法性等基本原则。在招标过程中，不论哪个环节、哪道程序都有严格的规章制度和实施办法，这些规章制度具有约束力。采购单位通过招标程序，可以最大限度地吸引和扩大投标人之间的竞争，从而使招标方有可能以更低的价格采购到所需的物品或服务，以充分地获得市场利益，有利于其经济效益目标的实现。

3. 公平性

所有感兴趣的供应商、承包商和服务提供者都可以进行投标，并且其地位一律平等，不允许对任何投标商进行歧视。招标结束时，评选中标商应按事先公布的标准进行。所有这些措施既保证了招标程序的完成，又可以吸引优秀的供应商来竞争投标。

4. 一次性

在一般的交易活动中，买卖双方往往要经过多次误判后才能成交。招标则不同，在投标人递交投标文件到确定中标人之前，招标人不得与投标人就投标价格等实质性内容进行谈判。也就是说，投标人只能一次报价，不能与招标人讨价还价，俗称"一口价"，并以此报价作为签订合同的基础。

以上四个特点，基本上反映了招标采购的本质。同时，也是判断一项采购活动是否属于招标采购的标准和依据。认识到这些特点，对于顺利开展招投标工作非常重要。

●（四）招标采购的适用条件

通常而言，招标采购是一项复杂的系统工程，程序烦琐、要求严格，并不适合所有的采购工作。招标采购适用的范围为：比较重大或影响较深远的建设工程项目；企业寻找长期物资供应商，如新企业开业，寻找未来长期物资供应伙伴；政府采购或采购批量比较大的项目。

二 招标采购文件的制定

招标文件是整个招投标活动的核心文件，是招标方全部活动的依据，也是招标方意图的载体。因此，拟定一个高水平的招标文件是做好招标采购的关键。

招标文件没有一个完全严格不变的格式，招标企业可以根据具体情况灵活地组织招标文件的结构。但是，在一般情况下，一个完整的招标文件应当包括以下八项内容。

●（一）招标邀请书

招标邀请书也称"招标书"，其主要内容是向未定的投标方说明招标的项目名称和简要内容，发出投标邀请，说明招标书编号、投标截止时间、投标地点、联系电话、传真、电子邮件地址等。招标书应当简短、明确，让读者一目了然，并得到基本信息。

●（二）投标人须知和投标资料表

投标人须知是招标文件的重要组成部分，它是采购企业对投标人如何投标的指导性文件。其内容包括投标条件、有关要求及手续等，具体有：资金来源，对投标商的资格要求，货物产地要求，招标文件和投标文件的澄清程序，投标文件的内容要求、语言要求，投标价格和货币规定，修改和撤销投标的规定，标书格式和投标保证金的要求，评标的标准和程序，国内优惠的规定，投标程序，投标有效期，投标截止日期，开标的时间、地点等。

投标资料表是关于拟采购货物的具体资料，是对投标人须知的具体补充和修改。如果有矛盾，则应以投标资料表为准。投标人须知和投标资料表都是指导投标商编制投标文件的重要文件，但都不包含在采购企业与投标商签订的合同中。

(三) 合同条款

合同条款包括一般合同条款和特殊合同条款，它们是采购企业与供应商签订合同的基础。一般合同条款适用于没有被本合同其他部分的条款所取代的范围，特殊合同条款是对一般合同条款的补充。一般合同条款内容包括：买卖双方的权利和义务，运输、保险、验收程序，价格调整程序，付款条件程序以及支付货币规定，履约保证金的数量、货币类别及支付方式，不可抗力因素，延误赔偿和处罚程序，合同中止程序，解决争端的程序和方法，合同适用法律的规定，有关税收的规定，等。特殊合同条款内容包括：交货条件、履约保证金的具体金额和提交方式、验收和测试的具体程序、保险的具体要求、零配件和售后服务的具体要求等。

(四) 技术规格

技术规格是招标文件和合同文件的重要组成部分。它规定所要采购的设备和货物的性能、标准以及物理和化学特征。如果是特殊设备，则还要附上图纸，以规定设备的具体形状。货物采购技术规格一般采用国际或国内公认的标准。

(五) 投标书的编制要求

投标书是投标供应商对其投标内容的书面声明，包括投标文件构成、投标保证金、总投标价和投标书的有效期等内容。投标书中的总投标价应分别以数字和文字表示。投标书的有效期是投标商确认受其投标书约束的期限，该期限应与投标须知中规定的期限一致。

(六) 投标保证金

投标保证金的作用是防止投标商在投标有效期内任意撤回其投标，或中标后不签订合同，或不缴纳履约保证金，从而使采购方蒙受损失。

投标保证金的金额不宜过高,可以确定为投标价的1%~5%,也可以定为一个固定数额。由于按比例确定投标保证金的做法很容易导致报价泄露,所以确定固定投标保证金的做法较好,它有利于保护各投标商的利益。国际性招标采购的投标保证金的有效期一般为投标有效期加上30天。

投标商有下列行为之一的,应没收其投标保证金:投标商在投标有效期内撤回投标;投标商在收到中标通知书后,不按规定签订合同或不缴纳履约保证金;投标商在投标有效期内有违规违纪行为;等等。

在下列情况下应及时把投标保证金退还给投标商:中标商已按规定签订合同并缴纳履约保证金、没有违规违纪行为的未中标投标商。

(七)供应一览表、报价表和工程量清单

供应一览表应包括采购商品品名、数量、交货时间和地点等。在国境内提供的货物和在国境外提供的货物在报价时要分开填写。在报价表中,境内提供的货物要填写商品品名、商品简介、原产地、数量、出厂单价、出厂价境内增值部分占的比例、总价、中标后应缴纳的税费等。境外提供的货物要填写商品品名、商品简介、原产地、数量、离岸价单价及离岸港、到岸价单价及到岸港、到岸价总价等。工程量清单由分部分项工程量清单、措施项目清单和其他项目清单组成,应由具有编制招标文件能力的招标人或受其委托具有相应资质的中介机构进行编制。

(八)投标文件格式

有的招标文件把这一部分叫作"附件"。这一部分很重要,其作用就是要告诉投标者,他们将来的投标文件应该包括一些什么文件,每种文件的格式应当如何。例如,有一份招标文件附件如下:附件一,投标书的格式;附件二,资格文件的内容;附件三,项目的详细方案和技术说明要求。总之,投标文件格式规定了投标方投标时所需要提供的所有文件的内容和格式。

三 招标采购的运作程序

招标采购是一个复杂的系统工程,涉及方方面面的因素。一个完整的招标采购过程应包括策划、招标、投标、开标、评标、定标、签订合同。

(一) 策划

招标前的策划工作是进行招标工作的第一步，也是招标能否成功的关键一步。一般招标策划阶段的招标工作过程主要包括风险分析、合同策略制定、中标原则的确定、合同价格的确定方式、招标文件编制等。只有充分做好这些工作过程的规划、计划、组织、控制研究分析，并采取有针对性的预防措施，减少招标工作实施过程中的失误和被动局面，招标工作质量才能得到保证。

(二) 招标

策划方案经过讨论，经企业管理层同意和支持后，就进入了实质性的操作阶段。招标阶段，是指采购方根据已经确定的采购需求，提出招标采购项目的条件，并向潜在的供应商或承包商发出投标邀请的行为。在这一阶段，采购方需要做的工作主要有：编制招标文件、确定标底、发布采购公告或发出投标邀请、进行投标资格审查、通知投标商参加投标并向其出售标书、组织召开标前会议等。

(三) 投标

投标人在收到招标书后，如果愿意投标，就会进入投标程序。

其中，投标书、投标报价需要经过特别认真的研究、详细的论证才能完成。这些内容是要和许多供应商竞争评比的，既要先进，又要合理，还要有利可图。

投标文件要在规定的时间准备好，一份正本、若干份副本，并且分别封装签章。信封上分别注明"正本""副本"字样，并寄到招标单位。

(四) 开标

1. 开标程序

开标应按招标通告中规定的时间、地点公开进行，并邀请投标商或其委派的代表参加。开标前，应以公开的方式检查投标文件的密封情况，当众宣读供应商名称、有无撤标情况、提交投标保证金的方式是否符合要求、投标项目的主要内容、投标价格以及其他有价值的内容。开标时，对于投标文件中含义不明确的地方，允许投标商做简要解释，但做的解释不能超过投标文件记载的范围，或实质性地改变投标文件的内容。以电传、电报方式投标的，不予开标。

2. 开标记录

开标要做开标记录，内容包括：项目名称、招标号、刊登招标通告的日期、发售招标文件的日期、购买招标文件单位的名称、投标商的名称及报价、截标后收到标书的处理情况等。

3. 开标说明

如果采用两阶段招标方法，则开标也要按招标通告中规定的时间、地点办理，先开技术标，然后再按规定开商务标。

在有些情况下，可以暂缓或推迟开标时间，如：招标文件发售后对原招标文件做了变更或补充；开标前，发现有足以影响采购公正性的违法或不正当行为；采购单位接到质疑或诉讼；出现突发事故；变更或取消采购计划；等等。

评标的目的是根据招标文件中确定的标准和方法，对多个投标商的标书进行评价和比较，以评出最低投标价的投标商。评标必须以招标文件为依据，不得采用招标文件规定以外的标准和方法进行评价，凡是评标中需要考虑的因素必须写入招标文件之中。

（五）评标

招标方收到标书后，不得事先开封。只有当招标会开始，投标人到达会场，并将投标书交投标人检查签封完好，才能当面开封。开封后，投标人可以拿着自己的投标书当众宣读，并接受评委的咨询。待所有投标人陈述辩论完毕后，投标人全部退出会场，评标委员会进行评议，通过投票或打分选出中标人。

一般而言，评标要经过初步评标和详细评标两个阶段。初步评标的工作相对简单，即召开预备会议向专家作招标采购的介绍，对供应商和投标文件进行初步审查；经过初步评标符合要求者进入详细评标阶段。详细评标主要包括技术评审和商务评审两个方面的内容。技术评审的目的在于确认备选的中标商完成本招标项目的技术能力以及其提供方案的可靠性，其内容有：标书是否包括了招标文件要求提交的各项技术文件；实施进度计划是否符合时间要求，计划是否科学严谨；投标方提出的确保质量和进度的措施是否切实可行；投标方对招标项目在技术上有何种保留，建议的可行性和技术经济价值如何。商务评审的目的在于从成本、财务和经济分析等方面评定投标报价的合理性和可靠性，并估量授标给各投标商后的不同经济效果，其内容有：评价投标商的报价是否合理；评审投标者的财务能力和资信程度；分析投标者提出的财务及付款方面的建议；比较投标商提出的优惠条件。

（六）定标

定标就是决定中标的供应商。一般而言，合同授予要价最低的投标商。定标后，在向中标投标商发中标通知书时，也要通知其他没有中标的投标商，并及时退还投标保证金。

（七）签订合同

定标后的主要工作就是同中标人签订采购合同。具体的合同签订方法有两种：一种是在发中标通知书的同时，将合同文本寄给中标单位，让其在规定的时间内签字退回；另一种是中标单位收到中标通知书后，在规定的时间内派人前来签订合同。合同签字，并在中标供应商按要求提交了履约保证金后，合同就正式生效，采购工作自此进入了合同实施阶段。

第五节 国际采购

一、国际采购的内涵与动因

（一）国际采购的内涵

国际采购就是在全球范围内组织货源，面向全球范围内的供应商实施采购工作，以求在价格、质量、服务等方面达到仅靠国内采购所达不到的竞争优势。在全球经济一体化的形势下，国际贸易已十分普遍，所以国际市场采购显得尤为重要。

（二）国际采购动因

在国际市场上进行商品或服务的采购原因有很多。选取国际供应商的最基本、最简单的原因就是从国外购买商品或服务可以获得更多的利润。具体地说，实施国际采购主要有以下几个方面的原因。

1. **价格**

价格是全球化采购的主要原因。在当今经济全球化的时代，全球已经形成了一个大市场，企业可以在这个大市场中进行生产经营活动。由于历史和地理的原因，所以各国在劳动力成本、汇率、生产效率、产品垄断程度方面存在差别，再加上信息和运输技术的进步，可以在国外市场寻找到具有更低价格的商品。

2. 质量

采购者选择国际市场采购在质量方面的考虑主要有以下几个方面：某些国外产品的性能是国内生产的同类型产品达不到的；某些国外供应商的物品质量的稳定性更好以及技术更先进。国外供应商的产品质量并不是都比国内供应商好，但在某些产品上，国外供应商的产品质量更稳定。

3. 匮乏的国内物资

某些原材料，特别是自然资源，国内没有储备，只能大量从国外进口。此时，采购者可能必须到其他国家才能采购到他所需要的货物。如某些原材料在本国根本就不出产，而有一些国家自己不生产某种工业产品，仅出口原材料而进口制成品。

4. 更快的交货速度、更完善的技术服务和供应的连续性

一些全球性的供应商为了保持自己的竞争优势和良好的声誉，凭借其自身在技术和管理水平方面的巨大优势，可以提供比国内供应商更快的交货速度、更好的技术服务和供应的连续性。

5. 出于竞争的考虑

有的时候，采购者为了向国内供应商施加压力而引进国外供应商来参与竞争。这样做可以使国内供应商为了自身能够长期发展下去，而不断地提高自己的生产效率，以保持国际先进水平。另外，采购者还可以以此向国内供应商施加压力，以获得价格或其他方面的让步。此外，采购方也可能为了保证供给而在国外开辟另一个采购来源。

6. 国际市场采购环境的好转

国际市场采购环境的好转也促进了国际市场采购的发展。这些变化主要有以下几个方面。

（1）质量得到改进。采用ISO9000标准后，有了统一的国际质量标准，甚至连公司的兼并和收购也建立了标准化的细则。

（2）现代技术的发展降低了电子通信的成本，特别是近几年来因特网的迅速发展，更加使通信成为一件简单的工作。

（3）关税在不断降低或取消，虽然大规模的地区贸易壁垒还存在，但在局部范围内降低关税和放宽政府管制已经成为可能。

（4）随着政府管制的解除、现代物流技术的发展，所有运输方式（海洋、航空和陆地）的运输成本也在不断降低。

二 国际采购的特点

国际采购与国内市场采购相比有其特殊性，国际市场采购的特点主要有以下几个方面：

（一）采购地距离遥远

由于国际市场采购一般距离比较远，所以对货源地市场情况不易了解清楚，给采购方选择供应商造成一定困难，供应物流的过程也比较复杂。

（二）采购程序比较复杂

国际采购从采购前的准备，采购合同磋商、签订和履行，以及争议的处理等各个方面都较国内采购复杂得多，需要了解许多国际贸易的专业知识才能顺利完成采购任务。

（三）采购风险比较大

国际采购时间长、距离远，又涉及外汇汇率的变化，国际采购在运输、收货和结算等方面都面临着很大的风险。

三 影响国际采购的因素

在进行国际市场采购时，可能会遇到许多影响因素，采购方必须面对这些问题，认识这种风险，及时采取措施将其每一部分的影响缩至最小。国际市场采购可能遇到以下几方面的问题。

（一）语言问题

不同国家间的文化差异客观存在，因风俗习惯而形成的人们共同遵守的行为规则大不相同。特定国家的国民中进行商品交易的范围、特定人群的利益、习惯、价值观、交流方式和谈判风格等都会受到文化差异的影响。语言通常是一个成功的国际商业关系获得的主要障碍，不同的文化、语言、方言或专有名词等都会造成沟通障碍问题。即使是使用同一种语言，也可能因为文化的差异造成对意思表达或者合同条款的理解不同，有时可能还会造成严重后果。

（二）供应商的选择问题

进行采购的关键问题应该是选择高效、负责的供应商。获得国际供应商的方法基本和选择国内供应商的方法相同。为了获得更多的背景资料，最好的办法就是到供应商所在地进行实地调查。对国外的供应商进行这种评估既耗时又耗力，采购方在异地他乡人生地不熟，很容易上当受骗。例如，通常一个公司如果拟购买价值几百万美元的石油开采设备，负责的采购主管就会花上其工作时间的30%以上去供应商所在地进行调查，并与潜在的和正在供货的供应商进行磋商。

（三）政治问题

供应商所在国的政治问题可能会使供应产生中断。例如，供应商所在国发生战乱或者暴动等。采购者必须对这些风险作出估计，如果风险过高，则购买者必须采取一些措施监视事态的发展，以便及时对不利事态作出反应并寻找替代办法。

（四）隐含成本过高问题

国际市场采购中有时也会出现一些突发事件使国际采购的成本增加，这就是国际采购的隐含成本。影响国际采购的隐含成本的可能因素包括：以采购方所在国货币表示的价格、支付给报关行的佣金、支付方式费用及财务费用、供应商所在国征收的税金、额外存货及其储存成本、额外的劳动力和货运单据带来的费用、商务考察费用、包装和集装箱的费用、咨询费用、检验费用、保险费用、报关费用、进口税率、应对突发事件设立的风险费用等。

（五）汇率波动问题

采购方必须就采用买方国家的货币还是供应方国家的货币作出选择。如果交款时间比较短，就不会出现汇率波动问题。如果交款时间比较长，汇率就会产生比较大的变动，交货结算时的价格相对合同签订时就会有很大的出入。

（六）付款方式

国际市场采购和本土采购在付款方式上有很大差异。资金的国际转账有一定的困难，也会产生一定的费用。某些时候，国际供应商往往要求采购方在订货时或发货前支付货款。

(七) 贸易手续复杂

国际采购除了包括国内采购几乎所有的手续和程序外，还涉及进出口许可证的申请、货币兑换、保险、租船订舱、商品检验、通关，以及争议处理等繁琐复杂的手续和相关事宜。国内采购一般受到较少的限制，但不同的国家由于经济发展水平不同，商品竞争能力存在较大差异，所以实施不同的关税和非关税保护措施。随着经济状况和国际收支状况的变化，其保护措施还会实行动态调整。在进行国际采购时，必须了解本国对所采购商品的进口管制和供应商所在国对商品的出口管制，以便采取相应的对策。

(八) 文本工作费用

文本工作费用是国际市场采购中的主要问题，在国际原材料采购中最困难的工作之一就是简化办理国际运输的手续。这项工作各国都在努力，但目前仍需要改善。

(九) 法律问题

当进行国际市场采购时，要确定出口国、进口国的法庭以及第三方的法庭在发生争执时有没有法律权限。国际市场采购引起的起诉费用昂贵并且会浪费时间，越来越多的合同纠纷倾向于由国际仲裁机构来解决。1988年1月1日《联合国国际销售货物合同公约》生效，其目的是为商品交易提供统一的国际标准。如果与已采用此标准的国家的公司进行商品交易，双方没有达成其他协议，则此标准就是通用的。

四 国际采购的实施

(一) 国际采购前的准备工作

1. 编制国际采购计划

国际采购计划规定了拟进行的国际采购业务的基本要求，它的编制标志着国际采购业务的开始。国际采购商品的种类、用途不同，采购计划的内容也不同，主要包括采购单位名称、采购目的、采购商品名称、品质、数量、单价、总价、采购国别、贸易方式、到货口岸以及经济效益分析等。

2. 市场调研

市场调研包括对采购商品的调研和对出口商资信的调研。对采购商品的调研要根据商品特点有重点地进行，如对一般商品来说，主要需调查商品的适用性、可靠性，以及价格、质量、成分、货源等内容，并予以全面分析和综合考虑。而对大型机器设备及高新技术商品，则要注意调查其技术的先进性。对出口商资信的调查包括：出口商对我国政府的态度；目前的经营状况；以往交往中信用、生产能力、技术水平等。一般来说，应选择资金雄厚、技术先进的大公司作为贸易伙伴，并避免通过中间商交易。

3. 拟订国际采购方案

国际采购方案是采购公司在国外市场调研和价格成本核算的基础上，为采购业务制定的经营意图和各项具体措施安排。其内容包括：采购数量和时间安排；采购交易对象的选择和安排、采购成交价格的掌握、采购方式和采购条件的掌握。

（二）国际采购的磋商

国际采购磋商是国际采购业务进程的重要阶段。在此过程中，国际采购商与数家交易对象分别进行洽购磋商，通过比价、选择和讨价还价，议定价格。磋商的形式大体分为三种：一是书面磋商形式，如往来函件、电报、电传、传真等；二是口头洽商形式，如参加各种博览会、交易会、洽谈会以及出访进行面对面的洽谈；三是行为表示形式，如在拍卖行、交易所等场合进行的货物买卖。不管磋商的形式如何，从程序上看，一般都要经过以下四个环节。

1. 询盘

询盘，是指交易的一方向另一方询问购买或出售某几种货物的各项交易条件的表示。在业务中，多数询盘只是询问价格，故也称为"询价"。询盘在法律上没有约束力，它是询盘一方愿意进行交易的一种表示，在实际采购中，常常由买方发出询盘。

2. 发盘

发盘，是指交易的一方向另一方提出购买或出售某种货物的各项交易条件，并愿按这些条件达成交易、签订合同的一种肯定的表示。发盘具有法律效用，发盘的构成有以下四项必要条件。

（1）向一个或一个以上特定的人提出。

（2）表明发盘人订约意图。

（3）内容必须十分确定。

（4）送达受盘人。发盘一般都规定有效期，只有在有效期内受盘人接受才有效。发盘在送达受盘人之前，可以撤回或撤销。

3. 还盘

还盘指受盘人收到发盘后，对发盘的内容不同意或不完全同意，而提出修改建议或新的限制性条件的表示。一笔交易，有时要经过多次的发盘、还盘再还盘才能敲定。值得注意的是，还盘实际上是对原发盘的拒绝表示，原发盘便宣告失败；此时，还盘遂成为一项新发盘。交易的一方在收到对方的还盘或再还盘后，要将还盘或再还盘同原发盘的内容认真进行核对，找出其异同，并仔细商讨，不宜急于求成。

4. 接受

接受，是指受盘人无条件地同意发盘人在发盘中提出的交易条件，并同意按照这些条件订立合同的一种肯定的表示。一项有效的接受应具有以下四项条件。

（1）接受必须由特定的受盘人作出。

（2）接受必须用一定的方式表示出来，可以是口头或书面的声明，也可以是某种行为。

（3）接受通知必须在发盘的有效期内送达发盘人。

（4）接受必须与发盘相符，对于某些非实质性变更仍构成有效接受。

（三）国际采购合同的履行

1. 开立信用证

买方履行国际采购合同的第一项程序是要按照合同的规定时间开立信用证。具体手续是：买方按合同规定的内容填写开具信用证申请书，连同国际采购合同副本或复印件交送中国银行；中国银行根据国际采购合同的规定，审查开证申请书，无误后便开立信用证寄发国外。对此，要注意以下几点。

（1）开证内容必须与国际采购合同一致。

（2）开证时间要严格按合同规定的时间办理。若迟开，不仅要承担违约责任，还会推迟到货时间；若早开，供应商固然欢迎，但采购方会增加费用支出。

（3）如果开证以对方提供出口许可证（影印本）或履约担保书为条件，则必须在收到对方已确实领到许可证或担保书的正式通知后方可开证。在某些特殊情况下，必须先开证的，也可先行开证，但要在证内附列该证必须在受益人交验许可证或交付保证金后才能生效的限制性条件。

（4）信用证开出后，如果需要修改，则无论由买卖双方中的哪一方提出，均应经双方协商后方可办理。

2. 租船订舱与催装

在开出信用证后，买方应及时委托外运公司办理租船订舱手续。手续办妥后，要迅速将船名、船期通知卖方，以便卖方备货装船，从而做好船货衔接工作。同时，买方还应了解和掌握卖方备货和装船前的准备工作情况，以做好催装工作。必要时，还可委托我驻外机构（企业）或派员就近了解、检查、督促卖方按时履行交货义务。

货物装船后，卖方应按合同规定及时发出装船通知，以便买方提前办理保险和接货等各项手续。如果卖方未发出或未及时发出装船通知，则同样要承担违约责任。

3. 办理货运保险

如果按FOB条件成交的国际采购合同，则办理货运保险是买方的责任。具体手续由买方委托外运公司办理。因此，每批国际采购货物，买方或外运公司在收到国外装船通知后，应将船名、提单号、开船日期、货物名称、数量、装运港、目的港等项内容通知保险公司，以便办理货运保险手续。

4. 审单与付汇

在货物装运后，卖方便将汇票和货运单据交送出口地银行议付，议付行随即将汇票和货运单据转寄中国银行；中国银行在买方的配合下，对单据进行审核，如果符合信用证规定，便向国外卖方付款；如有不符，则应立即要求国外议付行改正或暂停对外付款。按惯例，银行付款后才发现有误时，不能对外国银行行使追索权，所以审单工作一定要认真细致。同时，买方应立即按国家外汇牌价向中国银行购买外汇、赎取单据，以便报关、接货。

5. 报关与接货

国际采购货物抵达目的港后，买方应及时办理报关、接货手续。海关凭进口许可证或报关单，查验货、证无误后放行，买方接货。国际采购货物的报关、接货等工作一般由采购方企业委托外运公司代办。

6. 验收与拨交

国际采购货物在卸船时，港务局要核对卸货。如发现缺少，则应填制"短缺报告"交船方签认，并将其作为索赔的依据；如发现残损，则应将货物存于海关指定的仓库，由保险公司会同商检机构检验，并作出处理。国际采购货物经过检验后，由买方委托外运公司提取货物并转交给订货单位。

7. 索赔

国际采购货物都要进行检验，如果发现其品质、数量、包装等方面有不符合合同规定的，则应当进行鉴定，以便提出索赔。

◆本章小结◆

集中采购，是指政府或企业在核心管理层建立专门的采购机构，统一组织企业所需物品的采购进货业务；分散采购则是由政府或企业下属各单位实施的满足自身生产经营需要的采购。政府采购，是指各级政府为了开展日常政府活动或建设公共工程，为公众提供公共服务的需要，在财政的监督下，以法定的方式、方法和程序，利用国家财政性资金或政府借款，从市场购买商品、工程及服务的行为。招标采购，是指通过在一定范围内公开购买信息，说明拟采购物品或项目的交易条件，邀请供应商或承包商在规定的期限里提出报价，经过比较分析后，按既定标准选择条件最优的投标人并与其签订采购合同的一种采购方式。国际采购就是在全球范围内组织货源，面向全球范围内的供应商实施采购工作，以求在价格、质量、服务等方面达到仅靠国内采购所达不到的竞争优势。

■案例分析■

编制采购文件时，规定实质性要求应当注意什么？

2019年12月，某市采购中心对该市高校食堂食材供应商资格组织公开招标。其中，项目五采购的是鲜、冻鸡肉产品。在实质性资格要求中，规定投标人要具备全国工业产品生产许可证QS，并出具证书复印件。经评审，3家供应商成为中标供应商。中标结果公布后，排名第4的供应商F公司提出质疑，认为排名第3的C公司投标文件中提供的全国工业产品生产许可证QS，许可范围为肉制品（酱卤肉制品），而鲜、冻鸡肉产品并不属于酱卤肉制品，因此，C公司不满足实质性资格要求，应作无效投标处理。

该市采购中心组织原评审委员会对质疑事项进行复核。评标委员会给出的复核意见认为，F公司质疑内容不成立。

所谓QS是"质量安全"（Quality Safety）的缩写，包括食品生产许可和工业生产许可。食品上标注QS才是经检验合格的标志。我国目前已有米、面、油、酱、醋、肉制品、调味品、方便食品、速冻食品、饮料、茶叶等16种食品纳入食品质量安全市场准入制度范围，强制检验加贴"QS"标志后才能进入市场。

由于对全国工业产品生产许可证QS的理解存在争议，该市采购中心通过查证了解到，关于全国工业产品生产许可证QS，国家食品药品监督管理局发布的《速冻食品生产许可证审查细则》明确了该许可证管理的速冻食品范围，即包括速冻面米食品和速冻其他食品。速冻其他食品的定义是指："以农产品（包括水果、蔬菜）、畜禽产品、水产品等为主要原料，经相应的加工处理后，采用速冻工艺加工包装并在冻结条件下贮存、运输及销售的食品。分为：速冻肉制品、速冻果蔬制品及速冻其他制品。"

该市市场监管委相关负责人员表示，在上述定义中"经相应的加工处理"，是指将在肉制品中加入调味料等加工处理。如果只是简单的切丝、切片等，不属于"经相应的加工处理"的范围。鉴于项目五所采购的鸡肉产品只是切丝、切片等简单加工，不属于此许可证的管理范围，因此本包不应设置全国工业产品生产许可证QS的实质性资格要求。在招标文件编制、评审中，项目负责人和评审专家因对行业规范不了解,均未发现此问题,故而导致质疑。

(资料来源:政府采购信息网)

问题讨论

1.编制采购文件,相关人员在规定实质性要求时应当注意什么?

复习思考题

1.对比分析集中采购与分散采购的优势与劣势。

2.政府采购同私人采购相比有何不同?

3.政府采购的方式有哪些?

4.简述招标采购的分类。

5.论述招标采购的程序。

6.为什么要进行国际采购?

7.影响国际采购的因素有哪些?

8.试述国际采购的流程。

实训题

将全班同学分组,具体安排如下:10人负责招标文件的起草和招标公告的发布,7人负责评标,余下同学分为7~8个小组,扮演投标方,模拟某高校100套多媒体电教设备的招标活动。

第九章

新型采购方式

◆学习目标◆

通过本章学习，要求学生掌握JIT采购、MRP采购、网上采购、供应链采购以及国际采购的内涵，掌握JIT采购的原理、特点和JIT采购的实施，理解MRP采购的基本原理和特点，掌握网上采购特点，掌握供应链采购实施方法。

本章是对采购方式发展的专题介绍。掌握采购方式的发展趋势，选择和实施最科学的采购方式，对企业进行采购活动有很大的帮助。

开篇案例

青岛啤酒与京东合作 企业电商化采购或成新蓝海

随着数字经济时代的到来，企业采购呈现出电商化的趋势，而巨大的市场也吸引着电商巨头们纷纷入局。

2019年3月青岛啤酒股份有限公司（以下简称"青岛啤酒"）宣布与京东达成合作，将通过智能采购，加速青岛啤酒数字化转型、落地产业互联网化的进程。这意味着，青岛啤酒各分支机构的日常办公用品采购，以及下属渠道的定制化商品和营销物资采购，将全部通过京东智能采购平台完成。

据了解，此次合作，青岛啤酒将实现全国近百个分支机构的日常办公用品采购，以及下属渠道的定制化商品与营销物资采购的统一对账、统一结算、统一开票。目前，青岛啤酒在全国20个省、直辖市、自治区拥有60多家啤酒生产基地及20多家营销业务单位。

事实上，随着大数据、云计算、物联网及人工智能构成新的基础设施以及电子商务的深入发展，企业信息化程度进一步加深，逐步产生了一种新型的数字化采购模式。而企业电商化采购一端链接丰富的互联网技术资源，一端连接企业内部复杂的供应链管理系统，正在成为连接消费互联网与产业互联网两大市场的通道。

因此，企业电商化采购也迎来了一轮爆发式增长，据《中国企业电商化采购发展报告（2018）》（以下简称报告）报告显示，2018年我国企业电商化采购市场规模约为3,600亿元,同比增速高达80%。作为其中的先导领域,企业对消费通用型产品和服务的采购电商化交易额超过1,500亿元,增长率达62%,远远高于传统B2B交易20%的增长率,也远超网络零售的增长速度。《报告》认为,未来几年,随着企业电商化采购平台模式及相关服务生态的进一步成熟,逐步突破发展瓶颈,企业电商化采购交易规模还将进一步扩大。

在市场如此广阔的背景下,也引来京东、阿里、苏宁等各路巨头的快速布局。《报告》通过网络平台对随机抽取的企业用户开展的分层抽样调查显示,2018年1月~10月采购企业选择使用的企业电商化采购综合型平台中,市场占有率最高的是京东企业购,占整体采购样本的51.2%;其次是阿里企业采购(拥有1688大企业采购、企业汇采、淘宝企业服务、阿里钉钉等四个平台级入口),占比29.8%;再次是苏宁企业购,占比13.9%;慧聪名企采购频道占比1.7%;SAP-Zber占比0.9%;亚马逊企业购占比0.5%;其他平台占比2%。

(资料来源:电商报)

第一节 JIT 采购

JIT(Just-in-Time)采购也称"准时化采购",是一种完全以满足需求为依据的采购方法。它是指只有在需要的时候(不提前,也不推迟)才订购所需要的产品,而且必须达到三个目的:一是争取实现零库存;二是提高采购商品的质量,减少因提高质量而增加的成本;三是降低采购价格。这些目的的实现就是要减少多余库存,避免废次品,去除不必要的订货手续、装卸环节、检验手续等。为适应JIT技术的要求,采购方一方面应向供应商提供恰当的有效需求计划;另一方面应与产品供应商建立长期的合作关系,强调供应商的参与职能,促使供应商充分了解JIT采购的意义,使他们掌握JIT采购的技术和标准,以满足供应商的要求,从而保证JIT的实现。这是一种比较科学、理想的采购模式。

一、JIT采购的产生

JIT采购缘于1973年爆发的全球石油危机及由此所引起的日益严重的自然资源短缺问题，这对于当时靠进口原材料发展经济的日本冲击最大。生产企业为提高产品利润、增强公司竞争力，在原材料成本难以降低的情况下，只能从物流过程中寻找利润来源，降低由采购、库存、运输等产生的费用。这一方法最初是日本丰田公司提出并应用，取得了意想不到的效果。随后，日本其他公司也采用这一技术，它为日本经济的崛起和发展作出了重要贡献。

日本企业的崛起引起了西方企业界的关注。西方企业家追根溯源，认为日本企业在生产经营中采用JIT技术和管理思想是其在国际市场上取胜的基础。20世纪80年代以来，西方经济发达国家十分重视对JIT的研究和应用，并将它用于生产管理、物流管理等方面。有关资料显示，1987年已有25%的美国企业应用JIT技术，现在绝大多数美国企业仍在采用JIT技术。因为JIT已从最初的一种减少库存水平的方法发展成为一种内涵丰富，有特定知识、原则、技术和方法的管理哲学。

二、JIT采购的原理

JIT的基本原理是以需定供，彻底杜绝浪费。其基本思想是：在恰当的时间、地点以恰当的数量和质量提供恰当的物品，使企业的库存达到最小的生产系统。

（一）JIT的内涵

JIT原理虽简单，但内涵很丰富：在品种配置上，保证品种的有效性，拒绝不需要的品种；在数量配置上，保证数量的有效性，拒绝多余的数量；在时间配置上，保证所需时间，拒绝不按时的供应；在质量配置上，保证产品质量，拒绝次品和废品。

（二）JIT供应方式的优点

JIT供应方式主要有以下三个方面的优点。

1. 零库存

用户需要多少就供应多少，不会产生库存，也不会占用流动资金。

2. 最大节约

用户不需求的商品就不订购，这样既可避免商品积压、过时、质变等浪费，也可免去装卸、搬运以及库存等费用。

3. 零废品

JIT能最大限度地减少废品流动所造成的损失。废品只会停留在供应方，不会配送给客户。

JIT既可适用于任何类型的制造业，也可适用于服务业中的各种组织。对于处于发展初期的电子商务，尤其可以采用和吸收JIT技术来降低物流成本，从而使物流成为电子商务中的重要利润源。

三 JIT 采购的特点

准时化采购包括供应商的支持与合作以及制造过程、货物运输系统等一系列的内容。准时化采购和传统的采购方式有许多不同之处，主要表现在如下几个方面。

（一）采用较少的供应商，甚至单源供应

传统的采购模式一般是多头采购，供应商的数目相对较多。从理论上讲，采用单供应源比多供应源好。一方面，管理供应商比较方便，也有利于降低采购成本；另一方面，有利于供需之间建立长期稳定的合作关系，质量上比较有保证。采用单一的供应源也存在一定风险，比如，供应商可能因意外原因中断交货或者供应商缺乏竞争意识等。

在实际工作中，许多企业并不愿意成为单一供应商。一方面，供应商是具有独立性较强的商业竞争者，不愿意把自己的成本数据透露给用户；另一方面，供应商不愿意成为用户的一个产品库存点。实施准时化采购，需要减少库存，但库存成本是从采购企业一边转移到了供应商这边。因此，采购方必须意识到供应商的这种忧虑。

（二）对供应商的选择标准不同

在传统采购模式中，供应商是通过价格竞争选出来的。供应商与用户之间的关系是短期合作关系，当发现供应商不合适时，可通过市场竞标的方式重新选择供应商。但在准时化采购模式中，由于供应商和用户之间是长期合作关系，供应商的合作能力将影响企业的长期经济利益，所以对供应商的要求就比较高。在选择供应商时，需要对供应商进行综合的评估。在评价供应商时，价格不是主要的因素，质量是最重要的标准，这种质量不单指产品的质量，还包括工作质量、交货质量、技术

质量等多方面内容。高质量的供应商有利于建立长期的合作关系。

(三) 对交货准时性的要求不同

交货准时是准时化采购的重要特点，也是实施精细生产的前提条件。交货准时取决于供应商的生产与运输条件。作为供应商，要使交货准时，可从以下几个方面着手：一是不断改进企业的生产条件，提高生产的可靠性和稳定性，减少延迟交货或误点现象；二是作为准时化供应链管理的一部分，供应商同样应该采用准时化的生产管理模式，以提高生产过程的准时性；三是为提高交货准时性，运输问题不可忽视。在物流管理中，运输问题是一个很重要的问题，它决定准时交货的可能性。特别是全球的供应链系统，运输过程长而且可能要先后使用不同的运输工具，还需要中转运输等。因此，要进行有效的运输计划与管理，从而使运输过程准确无误。

(四) 对信息交流的需求不同

准时化采购要求供需双方的信息能高度共享。因此，要保证供应与需求信息的准确性和实时性。由于双方的战略合作关系，所以企业在生产计划、库存、质量等各方面的信息都可以进行交流，以便出现问题时能够及时处理。

(五) 制定采购批量的策略不同

小批量采购是准时化采购的一个基本特征。准时化采购和传统的采购模式之间不同之处在于准时化生产需要减少生产批量。采购的物资也应采用小批量的办法。当然，小批量采购自然会增加运输次数和成本，对供应商来说是很为难的事情，特别是供应商在国外等情形下实施准时化采购的难度就更大。解决的办法可以采取混合运输、代理运输等方式或尽量使供应商靠近用户等。

四 JIT 采购的实施条件与方法

(一) 实施条件

JIT采购的成功实施需要具备一定的前提条件，实施JIT采购的最基本的条件如下。

1. 供应商与采购方的距离越近越好

供应商和采购方的空间距离越小越好。距离太远，操作不方便，发挥不了JIT采购的优越性，很难实现零库存。

2. 制造商和供应商建立互利合作的战略伙伴关系

JIT采购策略的推行，有赖于制造商和供应商之间建立起长期的、互利合作的新型关系，相互信任、相互支持、共同获益。

3. 注重基础设施的建设

良好的交通运输和通信条件是实施JIT采购策略的重要保证，基础设施建设的标准化对JIT采购的推行至关重要。所以，要想成功实施JIT采购策略，制造商和供应商都应注重基础设施的建设。当然，这些条件的改善，不仅取决于制造商和供应商的努力，还须各级政府加大投入。

4. 强调供应商的参与

JIT采购不只是采购方的事，它也离不开供应商的积极参与。供应商的参与，不仅体现在准时、按质、按量供应制造商所需的原材料和外购件上，还体现在积极参与制造商的产品开发设计过程中。与此同时，制造商有义务帮助供应商改善产品质量，提高劳动生产率，降低供货成本。

5. 建立实施JIT采购策略的组织

企业领导必须从战略高度来认识JIT采购的意义，并建立相应的企业组织来保证该采购策略的成功实施。这一组织的构成，不仅应有企业的采购部门，还应包括产品设计部门、生产部门、质量部门、财务部门等。其任务是，提出实施方案、具体组织实施、对实施效果进行评价并进行连续不断的改进。

6. 制造商向供应商提供综合的、稳定的生产计划和作业数据

综合的、稳定的生产计划和作业数据可以使供应商及早准备，精心安排生产，确保准时、按质、按量交货；否则，供应商就不得不求助于缓冲库存，这样会增加其供货成本。有些供应商在制造商工厂附近建立仓库以满足制造商的JIT采购要求，实质上这不是真正的JIT采购，而只是库存负担的转移。

7. 注重教育与培训

通过教育和培训，使制造商和供应商充分认识到实施JIT采购的意义，并使其掌握JIT采购的技术和标准，以便对JIT采购进行不断的改进。

8. 加强信息技术的应用

JIT采购建立在有效信息交换的基础上，信息技术的应用可以保证制造商和供应商之间的信息交换。因此，制造商和供应商都必须加强对信息技术，特别是电子数

据交换技术的投资，以便更加有效地推行JIT采购策略。

(二) 实施方法

有效地实施准时化采购可采取以下的几个方法。

1. 创建准时化采购班组

世界一流企业的专业采购人员有三个责任：寻找货源、商定价格、发展与供应商的协作关系并不断改进。专业化的高素质采购队伍对实施准时化采购至关重要。为此，首先应成立两个班组，一个班组是专门处理供应商事务的班组，该班组的任务是认定和评估供应商的信誉、能力或与供应商谈判签订准时化订货合同，向供应商发放免检签证等，同时还要负责供应商的培训与教育。另外一个班组是专门从事消除采购过程中浪费现象的班组。这些班组人员对准时化采购的方法应有充分的了解和认识，必要时要进行培训。如果这些人员本身对准时化采购的认识和了解都不彻底，就无法与供应商合作。

2. 制定计划

确保准时化采购策略有计划、有步骤地实施，包括制定采购策略；改进当前的采购方式；减少供应商的数量；正确评价供应商；向供应商发放签证。在这个过程中，要与供应商一起商定准时化采购的目标和有关措施，并保持经常性的信息沟通。

3. 精选少数供应商，建立伙伴关系

选择供应商应从产品质量、供货情况、应变能力、地理位置、企业规模、财务状况、技术能力、价格、与其他供应商的可替代性等方面考虑。

4. 进行试点工作

先从某种产品或某条生产线开始，进行零部件或原材料的准时化供应试点。在试点过程中，取得企业各个部门的支持是很重要的，特别是生产部门的支持。通过试点，总结经验，从而为正式实施准时化采购打下基础。

5. 做好供应商的培训，确定共同目标

准时化采购是供需双方共同的业务活动，单靠采购部门的努力是不够的，需要供应商的配合。只有供应商也对准时化采购的策略和运作方法有了认识和理解，才能获得供应商的支持和配合。因此，需要对供应商进行教育培训。通过培训，大家取得一致的目标，相互之间就能够很好地协调，以便做好采购的准时化工作。

6. 向供应商颁发产品免检合格证书

准时化采购和传统的采购方式的不同之处在于买方不需要对采购产品进行比较多的检验手续。要做到这一点，需要供应商提供百分之百的合格产品。当其达到这一要求时，即发给免检合格证书。

7. 实现配合准时化生产的交货方式

准时化采购的最终目标是实现企业的生产准时化。为此，要实现从预测交货方式向准时化适时交货方式的转变。

8. 继续改进，扩大成果

准时化采购是一个不断完善和改进的过程，需要在实施过程中不断总结经验教训，从降低运输成本、提高交货的准确性和产品的质量、降低供应商库存等各个方面进行改进，不断提高准时化采购的运作效果。因此，JIT是一个永不停止的过程。

第二节 MRP 采购

MRP（Material Resources Planning）物资资源计划采购，就是利用MRP技术所进行的采购。MRP的提出总是与生产相联系。运行MRP的结果，一方面是生成生产计划，另一方面就是生成采购计划。生产计划由生产车间实施，而采购计划则交采购部门去实施。它主要应用于生产企业，是生产企业根据主生产计划和主产品的结构及库存情况，逐步推导出生产主产品所需要的零部件、原材料等生产计划和采购计划的过程。这个采购计划规定了采购的品种、数量、采购时间和采购回来的时间，计划比较精细、严格。它也是以需求分析为依据、以满足库存为目的。它的市场响应灵敏度及库存水平都比以前的方法有所进步。

一 MRP 的提出

MRP应用的目的之一是进行库存的控制和管理。按需求的类型可以将库存问题分成两种，独立性需求和相关性需求。

独立性需求，是指将要被消费者消费或使用的制成品的库存，如自行车生产企业的自行车的库存。制成品需求的波动受市场条件的影响，而不受其他库存品的影响。这类库存问题往往建立在对外部需求预测的基础上，通过一些库存模型的分析，制定相应的库存政策对库存进行管理。如什么时候订货、订多少、如何对库存品进行分类等。订货点法只适用于独立性需求的物资。

相关性需求库存，是指将被用来制造最终产品的材料或零部件的库存。自行车生产企业为了生产自行车还要保持很多种原材料或零部件的库存，如车把、车梁、车轮、车轴、车条等。这些物料的需求彼此之间具有一定的相互关系，例如，一辆自行车需要有2个车轮，如果生产1,000辆自行车，就需要1,000×2=2,000个车轮。这些物料的需求不需要预测，只需通过相互之间的关系来进行计算。在这里自行车称为"父项"，车轮称为"子项"（或组件）。

20世纪60年代随着计算机应用的普及和推广，人们可以使用计算机制定生产计划。美国生产管理和计算机应用专家首先提出了物料需求计划，IBM公司则首先在计算机上实现了MRP处理。

MRP基本的原理是由主生产进度计划（MPS）和主产品的层次结构逐层逐个地求出主产品所有零部件的出产时间、出产数量。这个计划叫作"物料需求计划"。如果零部件是靠企业内部生产的，就要根据各自的生产时间长短来提前安排投产时间，形成零部件投产计划；如果零部件是需要从企业外部采购的，就要根据各自的订货期来确定提前发出各自订货的时间、采购的数量，从而形成采购计划。确实按照这些投产计划进行生产和按照采购计划进行采购，就可以实现所有零部件的出产计划，这样不仅能够保证产品的交货期，而且还能够降低原材料的库存，减少流动资金的占用。MRP的逻辑原理，如图9-1所示：

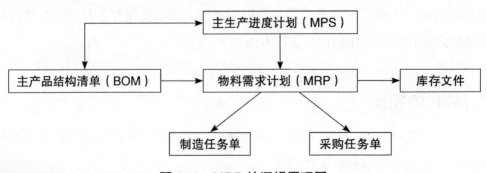

图9-1 MRP的逻辑原理图

二 MRP 采购的特点

（一）需求的相关性

同订货点方法不同，MRP采购是针对具有相关性需求物资的采购方法。不但需求本身之间相关，而且需求和资源、品种数量、时间都相关。

（二）需求的确定性

MRP采购计划是根据主产品生产进度计划、主产品的结构文件、库存文件和各种零部件的生产时间或订货进货时间精确计算出来的，其需要的时间、数量都是确切规定好了的，不能够改变。

（三）计划的精细性

MRP采购计划有充分的根据，从主产品到零部件，从需求数量到需求时间，从生产先后到装配关系都做了明确的规定，无一遗漏或偏差。不折不扣地按照这个计划进行，就能够保证主产品生产计划的如期实现。

（四）计算的复杂性

MRP采购计划要根据主产品生产计划、主产品结构文件、库存文件、生产时间和采购时间把主产品的所有零部件的需要数量、需要时间、先后关系等准确计算出来，其计算量是非常庞大的。特别是当主产品复杂、零部件数量特别多时，如果用人工计算，简直不可想象。借助计算机使得这个工作才有了完成的可能性。

（五）采购的优越性

MRP采购的优越性是很明显的，由于进行了精确的计划和计算，所以使得所有需要采购的物资能够按时、按量到达需要它的地方，一般不会产生超量的原材料库存。事实上对于采购品，从经济订货批量考虑，没有必要一定要追求零库存，这样可以大大节约订货费用和各种手续费用，从而降低生产成本。通过对使用MRP的企业进行的调查显示，这些企业的库存水平平均降低了20%~40%。与此同时，减少零部件缺货率达80%，改进了对用户的服务，服务水平可以达95%。这就很好地解决了库存量与服务水平这两者之间的矛盾，改变了以往那种两者不可兼得的局面。

（六）管理的规范性

MRP采购除了能经济有效地采购企业所需的物料外，还有利于促进企业提高管理水平。因为实行MRP采购，必然使企业采用了MRP系统，而MRP系统输入的信息多、操作规范、时间观念强，这些都要求企业加强系统化、信息化、规范化管理，以提高企业素质和管理水平。也正因为如此，加大了MRP采购管理工作的复杂程度，这不但加大了工作量，而且工作要求也更为精细。

三、MRP 采购系统

MRP采购系统主要由MRP输入、MRP实施和MRP输出三个部分组成。其最终目的是解决下面三个问题：需求什么、需求多少、何时需求。用其确定所需物料的生产或订货日程和进度保证生产进度的正常进行，同时花费最低的库存成本。

（一）MRP 的输入系统

MRP的基本输入系统主要由三部分组成：主生产计划、物料清单和库存状态文件。

1. 主生产计划（Master Production Schedule，MPS）

主生产计划是指在平衡企业资源和生产能力的基础上（例如，根据营销计划、物料清单和工艺规程等），制定出成品出厂时间和各种零部件的制造进度。它决定了产成品与零部件在各个时间段内的生产量，包括产出时间、数量或装配时间和数量等。

计划中的最终产品，是指对于企业来说最终完成要出厂的完成品，它要具体到产品的品种、型号。这里的具体时间段通常是以"周"为单位，在有些情况下也可以是日、旬、月。主生产计划详细规定生产什么、什么时段应该产出，它是独立需求计划。主生产计划根据客户合同和市场预测，把经营计划或生产大纲中的产品系列具体化，使之成为展开物料需求计划的主要依据，从而起到了从综合计划向具体计划过度的承上启下作用。

MPS是确定每一具体的最终产品在每一具体时间段内生产数量的计划。如果制定的生产计划得不到企业现有生产能力的支持，或者制定的计划超过了企业的现有生产能力，那么这种生产计划就失去了现实意义。MPS是MRP系统中最主要的输入信息部分，也是MRP系统运行的主要依据。

2. 物料清单（Bill of Material，BOM）

物料清单，也称"产品结构表"。它反映新产品的层次结构，即所有零部件的结构关系和数量组成。根据BOM可以确定该新产品所有零部件的需要数量、需要时间以及相互关系。MRP系统要正确计算出物料需求的时间和数量，特别是相关需求物料的数量和时间，首先要使系统能够知道企业所制造的产品结构和所有要使用到的物料。产品结构列出构成成品或装配件的所有部件、组件、零件等的组成、装配关系和数量要求。它是MRP产品拆零的基础。通常它的表示方法有两种：一种是树状结构，如图9-2是一个大大简化了的自行车产品结构图，它大体反映了自行车的构成；另一种是表状结构（表9-1）。

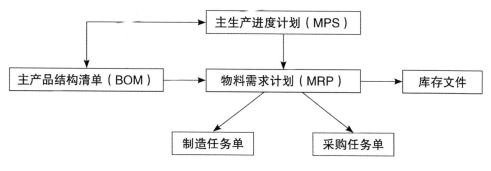

图9-2 自行车产品结构图

当然，这并不是我们最终所要的BOM。为了便于计算机识别，必须把产品结构图转换成规范的数据格式，这种用规范的数据格式来描述产品结构的文件就是物料清单。它必须说明组件（部件）中各种物料需求的数量和相互之间的组成结构关系。表9-1就是一张简单的与自行车产品结构相对应的物料清单。

表9-1 自行车产品的物料清单

层次	物料号	物品名称	单位	数量	类型	成品率	ABC码	生效日期	生效日期	提前期
0	CB950	自行车	量	1	M	1.0	A	950101	97123	20
1	CB120	车架	件	1	M	1.0	A	950101	97123	3
1	CL120	车轮	个	2	M	1.0	A	950101	97123	2
2	LG300	车圈	件	1	B	1.0	A	950101	97123	5
2	GB890	车胎	套	1	B	1.0	B	950101	97123	7
2	GBA30	辐条	根	42	B	0.9	B	950101	97123	4
1	113000	车把	套	1	B	1.0	A	950101	97123	4

（注：类型中"M"为自制件，"B"为外购件。）

MRP系统将独立需求产品的需求展开为各个层次的从属材料需求。这种展开是依据物料清单表示的原材料和零部件在制造加工过程中的先后次序和数量关系推算出来的。很显然,物料清单的微小差错将会导致整个系统需求数据出错。因此,全面准确的物料清单是保证MRP系统正常运作的前提条件,是现代计划工作的基础。

3. 库存状态文件(Inventory Status Records, ISR)

库存状态文件,是指有关材料库存水平的详细记录资料。这些资料包含原材料、零部件和产成品的库存量、已订未到货和已分配但还没有提取的数量、交货周期、材料特性和用途、供应商资料等。因为库存在不断变化,所以这些记录也是动态变化的,需要及时更新。完整、正确、动态的库存信息是保证MRP系统发挥作用、最终减少整体库存水平的保证。下面是必须记录的一些具体数据。

(1)现有库存量:在企业仓库中实际存放的物料的可用库存数量。

(2)计划收到量(在途量):根据正在执行中的采购订单或生产订单,在未来某个时段物料将要入库或将要完成的数量。

(3)已分配量:尚保存在仓库中但已被分配掉的物料数量。

(4)提前期:执行某项任务由开始到完成时所消耗的时间。

(5)订购(生产)批量:在某个时段内向供应商订购或要求生产部门生产某种物料的数量。

(6)安全库存量:为了预防需求或供应方面的不可预测的波动,在仓库中经常应保持最低库存数量作为安全库存量。

● (二)MRP 的实施过程

MRP的实施过程就是根据MPS、BOM和ISR,通过计算求得每个时间段上各种材料的净需求量,同时也确定订货数量、订货时间、订货批量和零部件的加工组装时间等内容。

1. 总需求量的计算

根据MPS、BOM和ISR计算出每个时间段内各种材料的总需求量和需求的时间。

2. 净需求量的计算

$$净需求量=毛需求量+已分配量-计划收到量-现有库存量$$

如果在时间段内总需求量小于该材料的有效库存,则净需求量为零。

3. 材料订货批量和指令发出时间的确定

在求出每个时间段的材料净需求量后,就要根据材料自身的特点选择采购订货的方式。订货的方式有定量和定期两种。不同的企业会根据自己的实际情况来选择订货方式和批量。在考虑供应商的情况和交纳时间的基础上来确定材料的订货时间。

订货时间=计划需求时间-交纳时间

在生产制造过程中，在参考生产能力和加工周期的基础上确定材料的加工开始时间。

加工开始时间=计划完成时间-作业加工时间

4. 开始执行

依据制定好的物料需求计划开始进行采购和生产活动，并对其进行控制。

（三）MRP 的输出过程

MRP是一种很好的安排计划与进度的工具，它的最大好处是可以根据不可预见的意外情况重新安排计划和进度。MRP系统能及时发现物料的短缺与过量，以便采取措施阻止这种情况的发生。

MRP系统提出的报告分为两种：一种是基本报告；另一种是补充报告。

基本报告的内容主要有计划订货日程进度表、进度计划的执行和订货计划的修正调整及优先次序的变更。其中，计划订货日程进度表包括将来的材料订购数量和订购时间，材料加工的数量和加工时间等；进度计划的执行包括材料品种、规格、数量及到货时间、加工结束时间等规定事项；订货计划的修正调整及优先次序的变更包括到货日期、订购数量的调整、订单的取消、材料订货优先次序的改变等事项。基本报告主要为采购部门和生产部门的决策提供依据。

补充报告的内容主要有成果检验报告、生产能力需求计划报告和例外报告。其中，成果检验报告包括物流成本效果，供应商信誉，是否按时到货，材料质量、数量是否符合要求，预测是否准确等；生产能力需求计划报告包括设备和人员的需求预测，工序能力负荷是否满足需求等；例外报告是专门针对重大事项提出的报告，为高层管理人员提供管理上的参考和借鉴。例如，当发生到货时间延后严重影响生产进度造成重大损失时，就到货延期产生的主要原因以及防范应变措施提出的报告。

制定材料需求计划。通过平衡、整合时间段内各个层次所有的材料需求数量、订货（或加工）批量、指令发出时间等制定出材料需求计划。同时，通过生产能力需求计划对材料需求计划进行调整。

四、MRP 采购的实施

(一) 实施 MRP 采购的基础条件

1. 企业已实施 MRP 管理系统

如果企业没有实施 MRP 管理系统，就谈不上进行 MRP 采购；不运行 MRP 系统，物料的需求计划就不可能由相关性需求转换成独立性需求；没有 MRP 系统生成的计划订货量，MRP 采购就失去了依据。如果手工计算，那么计算量可想而知，对于复杂产品的物料相关性需求靠手工计算根本就是不可能的。因此，可以说 MRP 系统与 MRP 采购是相辅相成的。

2. 有良好的供应商管理作为基础

在 MRP 采购中，购货的时间性要求比较严格。如果没有严格的时间要求，那么 MRP 采购也就失去了意义。如果没有良好的供应商管理，就不能与供应商之间建立起稳定的客户关系，则供货的时间性要求很难保证。

3. 及时更新相关数据库

MRP 采购同一般采购管理之间还有一点不同，就是物料采购确定或者物料到达后需要及时更新数据库，这里不仅包括库存记录，还包括在途的物料和已发订货单数量和计划到货量。这些数据都会添加到 MRP 系统中，作为下次运行 MRP 系统的基础数据。

(二) MRP 采购的实施

1. 采购计划的确定

订货计划也就是采购计划。根据这个计划规定的时间发出订货，则经过一个采购提前期，采购回来的物资刚好赶上本期的需要。采购计划的制定如表 9-2 所示。

表 9-2　E 项目采购计划的确定

项目：E（1 级） 订货点：60 订货批量：150 提前期：3 周 / 周次		1	2	3	4	5	6	7	8
总需要量		60	40	60	40	60	40	60	40
计划到货量			150						
库存量	100	40	150	90	50	140	100	40	150
净需要量					150				
计划接受订货					150				
计划发出订货			150						

2.MRP 采购的步骤

MRP采购一般有以下几个步骤：资源调查；供应商认证；询价及洽谈；生成请购单；下达采购单；采购单跟踪；验收入库；结算。

第三节 网上采购

一 网上采购的内涵

网上采购也就是电子采购，最先兴起于美国。它是电子商务环境下的采购模式，是企业实现电子商务的一个重要环节。它已经成为B2B市场中增长最快的一部分。网上采购，是指以计算机技术、网络技术为基础，以电子商务软件为依据、互联网为纽带、EDI电子商务支付工具及电子商务安全系统为保障的即时信息交换与在线交易的采购活动。其基本原理是由采购人员通过上网，在网上寻找供应商、寻找所需品种、网上洽谈贸易、网上订货甚至在网上支付货款，但是在网下进行送货进货。

二 网上采购的特点

网上采购的特点是在网上寻找供应商和商品、网上洽谈贸易、网上订货甚至在网上支付货款。网上采购相对于传统的采购方式，其优势主要体现在以下几个方面：扩大了采购市场的范围、缩短了供需距离，简化了采购手续、减少了采购时间，降低了采购成本、提高了服务质量，加强了信息交流、增强了企业的竞争力，它是一种很有前途的采购模式。

三 网上采购的条件

要实现网上采购必须依靠下列技术支持。

(一)数据库技术

数据库的作用在于存储和管理各种数据,并支持决策。它在电子商务和信息系统中占有重要的地位,是实现电子采购必不可少的技术条件。数据库技术随着业务流程的变化而不断改进,从最初的手工管理发展到现在的数据仓库。数据仓库技术是因企业的需求和技术的成熟而产生的,它包括数据仓库技术、联机分析处理技术和数据挖掘技术。这些先进的数据仓库技术对提高整个信息系统的效率有很大的影响。大量的信息一般以数据的方式存储,各种数据的特点不同,则被使用的情况也不同。在电子采购中,存在供应商数据、采购物资数据、内部物资需求的数据等,有效地组织好这些数据才能更好地支持采购决策的制定和实施。随着企业上网进行商务活动的不断增多,Web数据库产生了,它结合了Web具有的数据量大、类型多的特点和成熟的数据库管理系统,前端是界面友好的Web浏览器,后台是成熟的数据库技术。

(二)EDI技术

企业与企业之间的交易谈判、交易合同的传送、商品订货单的传送等都需要EDI技术。EDI是指具有一定结构特征的数据信息在计算机应用系统之间进行的自动交换和处理,这些数据信息称为"电子单证"。EDI的目的就是以电子单证代替纸质文件进行电子贸易,从而在很大程度上提高商务交易的效率并降低费用。在EDI中,计算机系统是生成和处理电子单证的实体;通信网络是传输电子单证的载体;标准化则将生成的电子单证按规定格式进行转换以适应计算机应用系统之间的传输、识别和处理。

(三)金融电子化技术

电子采购过程包括交易双方在网上进行货款支付和交易结算,金融电子化为企业之间进行网上交易提供了保证。在全球供应链网络中,交易双方可能相隔很远,双方货款只有通过银行系统来结算,银行在企业间的交易中起着重要的作用,它们处理业务的效率将直接影响到企业的资金周转,从而构成影响供应链的资金流动的因素之一。可见,银行是电子采购、电子商务必不可少的组成部分。

(四)网络安全技术

企业上网采购,在进行合同签订、合同传递、订购款项支付等行为过程中,网上信息是否可靠、真实，这是企业十分关心的问题。信息失真会给交易双方带来风险，甚至造成重大经济损失。

网络安全技术是实现电子商务系统的关键技术，其中包括防火墙技术、信息加密与解密技术、数字签名技术等。目前，一个安全的电子商务系统首先必须具有一个安全可靠的通信网络，以保证交易信息安全迅速地传递；其次必须保证数据库服务器的绝对安全，防止网络黑客闯入窃取信息。在基于网络的电子交易中，由于交易各方不进行面对面的接触且有时不使用现金交付，这就对电子交易的可靠性和安全性提出很高的要求。客户要求保证信息不被非法修改；保证只有其目标接受方才可能收到他发送的信息，而不被非法窃取；商户能够验证信息确实来自合法的客户，从而使对方对此信息的发送不能否认，双方均需对彼此合法身份进行验证。这就是网络安全的四大要素：传输保密性、数据完整性、信息不可否认性、证明交易原始性。

（五）计算机及网络技术

网上实现采购和企业内部与采购相关的信息传递、处理都离不开计算机。计算机硬件性能的增强提高了信息处理的速度和准确性；软件功能的完善不但大大方便了操作，也使其操作界面更加完善。

电子采购的网络基础包括局域网技术、广域网互联、接入技术和网络通信协议。在局域网方面，一般参考和引用ISO／OSI模型，结合本身特点制定自己的具体模式和标准。

广域网互联是把跨地区、跨国的计算机和局域网连接起来，所涉及的技术有ISDN、宽带、ATM等。ISDN是一种公用电信网络，与使用Modem设备接入相比，其传输速率具有不可比的优势，ISDN传输速率高达数百Kbps甚至数百Mbps。随着宽带网技术的成熟、提供的网络带宽不断增加，数据传输的瓶颈问题逐步得到解决。

接入技术是负责将用户的局域网或计算机与公用网络连接在一起的技术，对于企业来说就是企业的内部局域网同Internet连接。它要求有高的传输效率，随时可以接通或迅速接通且价格便宜。

四 网上采购的实施

有的企业可能认为目前自己的信息化程度低，怀疑可不可以做电子采购。这个问题有不同层次的答案。因为电子采购可以是一个独立的系统，企业可以没有ERP（企业资源计划）的基础，没有SCM（供应链管理），甚至企业最起码的OA（办公自动化）都没有，但企业只要可以上网就行。另外，一些大型企业集团公司可以建立一个完整的采购平台，将整个采购业务流程纳入其中。当然，国内几家大的行业巨头也可以联合起来建立一个更大的联合采购平台，为所有制造商和供应商提供门户功能、目录管理功能、交易功能、协作功能以及诸多的增值服务，以实现更大范围的利益共享。企业实施电子采购的步骤如下。

(一) 提供培训

很多企业只有在系统开发完成之后，才对使用者进行应用技术培训。但是，国外企业和国内一些成功企业的做法表明，事先对所有使用者提供充分的培训是电子采购成功的一个关键因素。培训内容不仅包括技能方面的知识，更重要的是让员工了解将在什么地方进行制度革新，以便将一种积极的、支持性的态度灌输给员工。这将有助于减少未来项目进展中的阻力。

(二) 建立数据源

建立数据源的目的是为了在互联网上实现采购和供应管理功能而积累数据。其内容主要包括：供应商目录、供应商的原料和产品信息、各种文档样本、与采购相关的其他网站、可检索的数据库、搜索工具。

(三) 成立正式的项目小组

项目小组需要由高层管理者直接领导，其成员应当包括项目实施的整个进程所涉及的各个部门的人员，包括信息技术、采购、仓储、生产、计划等部门，甚至包括互联网服务提供商（ISP）、应用服务提供商（ASP）、供应商等外部组织的成员。每个成员对方案选择、风险、成本、程序安装和监督程序运行的职责分配等进行充分交流和讨论，以取得共识。实践证明，事先作好组织上的准备是保证电子采购顺利进行的前提。

(四) 广泛调研，收集意见

为做好电子采购系统，应广泛听取各方面的意见，包括有技术特长的人员、管理人员、软件供应商等。同时，要借鉴其他企业行之有效的做法，在统一意见的基础上制定和完善有关的技术方案。

(五) 建立企业电子采购网站

在企业的电子采购系统网站中，设置电子采购功能板块，从而使整个采购过程中管理层、相关部门、供应商及其他相关内外部人员始终保持动态的实时联系。网站包括的内容如表9-3所示：

表 9-3　企业电子采购网站包括的内容

提供给供应商的内容	只有内部人员可以访问的内容
网站任务阐述	内部政策和程序
公司或者组织的地址与目录	与内部目录和供应商目录的链接
供应商信息及注册过程	完整的合同
供应商政策	采购申请信息和工具
标准形式的文档，如报价单	与其他采购工具和网站的链接
如何实现购买的帮助信息	内、外部以纸为媒介的文档（以便于快速更新）
采购信息链接	

(六) 应用之前测试所有功能模块

在电子采购系统正式应用之前，必须对所有的功能模块进行测试，因为任何一个功能模块如果存在问题，都会对整个系统的运行产生很大的影响。

(七) 培训

对电子采购系统的实际操作人员进行培训也是十分必要的，这样才能确保电子采购系统能得以很好的实施。

(八) 网站发布

利用电子商务网站和企业内部网收集企业内部各个单位的采购申请。对这些申请进行统计整理，形成采购招标计划，并在网上进行发布。

第四节 供应链采购管理

供应链管理是一种新兴的管理思想和管理模式。国内外的许多知名企业都在运用供应链管理模式，并取得了很好的效益。

一 供应链管理模式

（一）供应链的含义

供应链是围绕核心企业，通过对信息流、物流、资金流的控制，从采购开始，制成中间产品以及最终产品，最后由销售网络把产品送到消费者手中，将供应商、分销商、零售商，直到最终用户连成一个整体的功能网链结构模式。理解"供应链"的概念，有以下几个基本要求。

1. 供应链是由多个"供需节"构成的链条结构

供应链上各个企业都是按供需关系连在一起，互为供需。直接发生供需关系的两个企业构成一个供需节。所有这些供需节均按照一定的顺序依次互相连接成一个供需链。

2. 供应链条结构中有一个核心企业

实际上，供应链都是关于核心企业的供应链，这个核心企业决定了供应链的内容、结构和性质。供应链的内容一般取决于核心企业的产品（或服务）。供应链的结构一般是以核心企业为主，上游依次连接供应商的供应商直到原始资源（地矿、自然资源），下游依次连接分销商和分销商的分销商直到最终用户这样一个具有层次供需节的有序连接结构。

不同性质的核心企业，其供应链的性质不同。如果以一个汽车制造企业作为核心企业，则这个供应链必然是关于汽车的生产、销售和原材料供应的供应链；而如果以一个零售企业作为核心企业，则其供应链就必然是各种零售商品的零售、分销、送货、服务以及商品的采购供应等形成的供应链；如果以一个物流配送中心作为核心企业，则其供应链是由物资的储存、运输、配送、服务以及货主、客户等形成的供应链。

3. 供应链基本的供需内容是产品或服务

在供应链企业之间流动的实体都是物资，为了保障物资流动的通畅，需要有信息沟通、关系协调等方面的工作。有共同的利益关系，从而形成一个利益共同体，这就是供应链。

4. 供应链基本功能是产品或服务的信息流、商流、物流、资金流处理

供应链企业之间通过物资供应和需求联系在一起，为提高物流的运行效率，需要强化企业之间的沟通、强化信息处理、实现信息共享，协调各方的业务，而采用供应链管理的模式。其中信息流处理是最重要的，它既是手段，又是载体，是物流、商流、资金流的载体，而物流、商流、资金流都是通过信息流来实现的。

5. 供应链的宗旨是供应链整体效益最大化

供应链的着眼点，不是在每个企业，而是企业之间，是整个供应链中的所有企业。强调企业之间业务的协调，更好地满足用户需要，实现供应链中各个企业的共赢。市场中的企业都是靠利益驱动的，所以要使供应链有效地运行起来，也需要依靠利益驱动机制。而要做到这点，就必须实现各个企业的效益，以达到共赢。

●（二）供应链管理思想

供应链管理是在激烈竞争的市场环境下，企业不断追求利益最大化和效率化的斗争中逐渐形成的。最初，人们追求一道工序、一个作业的利益最大化，于是改良工具、提高技术、提高工作效率；到每道工序、每个作业都能高效率地运行之后，发现这种办法能够提高的效率有限，工序之间的不协调、工艺流程的不合理、搬运路线的不合理妨碍了各个工序的效率最大化。于是，人们就着眼于生产线的流程优化、搬运路线的最短化、省力化，协调各个工序之间的关系，这样就实现了生产线这个工艺链条的高效率，提高了生产线的运行效率。后来，管理者发现仅是各条生产线、各个车间自己的优化还不够，各条生产线、各个车间、各个部门之间的关系不协调、互相推诿、不负责任等问题又成为妨碍企业经济效益提高的关键。于是，人们又着力于调整企业内部各个单位之间业务关系链条。

20世纪90年代后期，管理者发现，仅抓好各企业自身的优化还不够。在经济全球化背景下，各个企业互相联系、互相依赖，特别是供应链上的各企业联系更加紧密。若有一家企业配合不好，则会导致整个供应链的低效率运行。例如，在汽车这条供应链中，如果发动机的供应商不好好配合，或者分销商不努力，都会造成这个

汽车供应链的低效率。所以，为了使得整个供应链高效率运行，需要供应链上的各个企业互相配合、互相协调、齐心协力才行。这样，就逐渐产生了供应链管理的思想，出现了供应链管理模式。从这个变化过程可以看出，供应链管理思想模式正是人们长期不懈追求利润最大化和工作高效化的必然结果。

从供应链管理思想产生的过程可以看出，其思想精髓主要表现在以下几点。

1. 提高经济效益和工作效率

供应链的思想要求企业不仅要着眼于企业内部，还要着眼于企业外部，特别是那些跟本企业有密切关系的企业。

2. 供应链管理的核心是要协调关系、疏通物流通道、保证物流高效运行

这也可以说是推行供应链管理的宗旨。这里只强调物流，因为它既是联系各个企业的纽带，也是集结其他各种业务关系的核心。其他的如信息流、商流、资金流等都是围绕物流服务的。协调关系是手段，是工作的着眼点；疏通物流是目的，是工作的出发点。

没有一个好的协调关系，就没有供应链的一切。供应链的优势全建立在供应链企业之间存在的友好合作关系的基础之上。因此，要进行供应链管理，就要下大力气协调关系，要在供应链企业之间建立起一种齐心协力、统筹兼顾、责任共担、利益共享的战略伙伴关系。

要做好协调关系，有两个事情很重要：一是信息沟通，二是利益共享。信息沟通，是指要建立起企业间的联网，互相享用对方有关业务信息。只有信息开放、透明，才能建立起企业间的信任关系，也才能实现企业间的业务协调合作。利益共享就是在共同的工作中获得的效益要合理分配，做到公平、公正。这样各企业都感到心理平衡，做到互相信赖、倾力投入。

3. 实行供应链管理，既有机遇又有挑战，既有权利又有责任

实行供应链管理之后，可调动的资源更多了、范围更广了、获取利润的机遇更多了。但是，自己承担的责任也就更大了。企业可以利用别的企业资源来获取利润，也要给对方提供自己的资源，让别人也获得更多利润。只有这样，供应链管理才可能正常实施、健康发展。

4. 供应链整体最根本的目的是为满足最终用户的需求

各个企业在满足用户需求中获得回报、获得利益。只有能够很好地满足最终用户的需求、得到广大最终用户的认可、扩大市场占有率,供应链的操作才有效益。只有供应链整体有了效益,每个企业才会有效益。所以,每个企业都要把立足点放在满足最终用户的需求上,各自要在自己的岗位上,从不同的角度为实现这个目标作出贡献。

在供应链管理中,最常见的一些沟通物流的方法如下。

(1)库存统一优化配置。不要每家都设仓库、各自只管自己的库存,而是要站在整个供应链的角度,统一配置库存点、实现统一库存优化配置。例如,各个零部件厂可以把零部件产品的库存点设到装配厂附近的统一的零部件仓库,把原材料库存实现统一共享等。这样就有利于减少运输费用、库存费用,提高原材料利用率。

(2)供应商管理库存。用户的库存由供应商管理,供应商可以随时根据用户的需求情况,灵活调整生产计划和送货计划,从而做到既满足用户需要,又使供应商能够最大地节约。另外,也可以免除用户繁琐的采购业务和库存管理业务。这样供需双方都能降低成本、提高效益。

(3)供应商连续补充货物。在供应商管理库存以后,供应商可以根据用户需求情况,实行小批量、多批次的连续补充货物,这样可以减少用户的库存。同时,供应商也可以不多生产、不早生产。多生产、早生产都是一种浪费,既占用原材料、劳动力及资金,同时也增加了库存量、保管费用和库存风险。所以,实行供应商连续补充货物可以实现供需双方最大的节约。

(4)JIT技术,即准时化技术。准时化技术包括准时化生产、准时化采购。供应链之间也可以运用准时化采购,从而实现供应链企业之间的采购与供货。因为供应链企业之间必然是一种紧密的合作关系,如果企业相互之间距离不远,则完全有条件实行准时化采购。

(5)随时的信息沟通。除了以上在计算机网络上传输信息、信息共享,还包括网上和网下的信息沟通和业务沟通。在供应链的运行过程中,由于市场变化、经营情况变化,经常会有一些问题出现,妨碍业务的正常进行,所以,供应链企业之间不定期的磋商、协调是非常必要的,不仅可以协调业务、疏通物流,还有利于加深了解、增进感情、协调关系。

二 供应链采购管理

(一) 供应链采购管理的原理

供应链采购,是指供应链内部企业之间的采购,供应链内部的需求企业向供应商企业采购订货,供应商企业将货物供应给需求企业。准确地说,这是一种供应链机制下的采购模式。在供应链机制下,采购不再由采购者操作,而是由供应商操作,称为"供应商掌握用户库存"。按照供应链采购的原理,采购者只需把自己的需求规律信息即库存信息向供应商连续、及时地传递,由供应商根据用户的需求信息预测用户未来的需求量,并根据这个预测需求量制定自己的生产计划和送货计划,以便主动、及时、连续、小批量、多频次地向用户补充货物库存,保证采购者既满足需要又使总库存量最小。

(二) 供应链采购管理的特点

与传统采购相比,供应链采购有以下特点(见表9-4):

表 9-4 供应链采购与传统采购的区别

项目	供应链采购	传统采购
基本性质	基于需求的采购	基于库存的采购
	供应方主动型、需求方无采购操作的采购方式	需求方主动型、需求方全采购操作的采购方式
	合作型采购	对抗型采购
采购环境	友好合作环境	对抗性竞争环境
信息关系	信息传输、信息共享	信息不通、信息保密
库存关系	供应商掌握库存	需求方掌握库存
	需求方可不设仓库、零库存	需求方设立仓库、高库存
送货方式	供应商小批量多频次连续补充货物	大批量少频次进货
双方关系	供需双方关系友好	供需双方敌对关系
	责任共担、利益共享、协调性配合	责任自负、利益独享互斥性竞争

1. 从供应链性质看

(1) 供应链采购是一种基于需求的采购。需要多少就采购多少,什么时候需要什么时候采购。采购回来的货物直接送需求点就进入消费。供应链采购在这点上与JIT采购相同,而与传统采购迥然不同。传统采购是基于库存的采购,采购回来的货物直接进入库存,以等待消费。

(2) 供应链采购是一种供应商主动型采购。由于供应链的需求者的需求信息随时都传送给供应商,所以供应商能够随时掌握用户需求信息,能够根据需求状况、变化趋势即时调整生产计划、即时补充货物,主动跟踪用户需求,生产能适时、适量地满足用户需要。由于双方是一种友好合作的利益共同体,如果需求方的产品质量不好、销售不出去,则供应商自己也会受到损失,所以,供应商会主动关心产品质量,自觉把好质量关,保证需求方的产品质量。需求方到时候支付货款就行了。对需求方来说,这是一种无采购操作的采购方式。

而传统采购则必须靠用户自己主动承担全部采购任务。因为用户的需求信息供应商不知道,供应商的信息用户也不知道,所以用户必须自己主动去采购。这要花费很多时间去调查供应商、调查产品、调查价格,然后选择供应商,再去和供应商洽谈、订合同,还要联系进货,费时费力地进行严格的货检。对于需求方来说,这是一种全采购操作的采购方式。

(3)供应链采购是一种合作型采购。双方为了产品能在市场上占有一席之地、获得最大的经济效益,分别从不同的角度互相配合、各尽其力,所以在采购上也是互相协调配合,从而提高了采购工作的效率、最大限度地降低采购成本、最好地保证供应。

而传统采购是一种对抗性采购。因为双方是一种对抗性竞争关系,所以贸易双方互相保密、唯我主义、只顾自己获得利益,甚至还互相算计对方,贸易谈判、货物检验等都非常吃力。双方不是互相配合,而是互相不负责任,甚至是互相坑害,常以次充好、低价高卖。所以,需求方必须时时小心、处处小心,这就导致花在采购上的时间、精力、费用的代价很高。

2. 从采购环境看

供应链采购是处在一种友好合作的环境中,而传统采购是处在一种利益互斥、对抗性竞争环境中,这是两种采购制度的根本区别。由于采购环境不同,所以导致了许多观念上、操作上的不同。供应链采购的根本特征就是有一种友好合作的供应链采购环境。

3. 从信息情况看

供应链采购的一个重要的特点就是企业之间实现了信息联通、信息共享。供应商能随时掌握用户的需求信息,能够根据用户需求及其变化情况主动调整自己的生产计划和送货计划。供应链各个企业都可以通过计算机网络进行信息沟通和业务活动。这样足不出户就可以很方便地利用计算机网络协调活动，进行相互之间的业务处理活动。例如，发订货单、支付货款等。当然，实现信息传输、信息共享，首先要求每个企业内部的业务数据要信息化、电子化，也就是要用计算机处理各种业务数据、存储业务数据。没有企业内部的信息网络，也就不可能实现企业之间的数据传递和共享。因此，供应链采购的基础是实现企业的信息化、企业间的信息共享，也就是要建立企业内部和外部网络，并且和因特网连通，从而建立起企业管理信息系统。

4. 从库存情况看

供应链采购是由供应商管理用户的库存，用户没有库存即零库存。这意味着用户无需设仓库、无需关心库存。这样做的优点如下。

（1）用户零库存，可以节省费用、降低成本、专心致志地搞好工作，发挥其核心竞争力，提高生产等方面的工作效率。因而，可以提高企业的经济效益，也可以提高供应链的整体效益。

（2）供应商掌握库存自主权，可以根据需求变动情况，适时地调整生产计划和送货计划，既避免盲目生产造成的浪费，也可以避免库存积压、库存过高所造成的浪费以及风险。同时，由于这种机制把供应商的责任与利益相联系，因而加强了供应商的责任心，自觉提高了用户满意水平和服务水平，所以供需双方都获得了利益。而传统的采购由于卖方设置仓库、管理仓库，很容易一方面造成库存积压过高，另一方面又有可能缺货、不能保证供应，同时还造成精力分散、工作低效率，服务水平、工作效率、经济效益都会受到严重影响。

5. 从送货情况看

供应链采购是由供应商负责送货，而且是连续小批量、多频次地送货。这种送货机制可以极大地降低库存，可以实现零库存。因为其送货的目的是直接满足需要，在需要的时间送需要的数量，既可降低库存费用，又能满足需要；可以根据需求的变化，随时调整生产计划，从而做到不多生产、不早生产，因而节省了原材料费用和加工费用；同时，由于紧跟市场需求的变化，所以能够灵活适应市场变化、避免库存风险。而传统采购是大批量、少频次地订货、进货。这样会导致库存量大、费用高、风险大。

6. 从供需关系看

在供应链采购活动中，买方企业和卖方企业之间是一种友好合作的战略伙伴关系，互相协调、互相配合、互相支持，所以有利于各个方面工作的顺利开展，从而提高工作效率、实现双赢。而在传统采购中，买方和卖方是一种对抗性的买卖关系，一个赢，另一个必然输，互相防备、互相封锁，所以办什么事都很难，工作效率低。

7. 从货检情况看

由于传统采购是一种对抗关系，所以货物会常常以次充好、低价高卖，甚至伪劣假冒、缺斤少两，所以买方进行货检的力度大、工作量大、成本高。而在供应链采购中，由于供应商自己责任与利润相连，所以自我约束、保证质量，因此可以免检，既节约了费用、降低了成本，还可保证质量。

从以上的比较可以看出，供应链采购与传统的采购相比，无论在观念上、做法上都有很大的区别。供应链采购具有显著的优越性。

三 供应链采购实施方法

（一）转变观念

供应链采购是一种有魅力的采购方式。但是，要实施供应链采购却是一件不容易的事情。可以说，供应链采购是对传统采购方式的一场革命，无论在观念上还是在做法上都发生了革命性的变化。具体说来，要实现以下几个转变。

1. 从为库存而采购到为需要而采购

传统的采购是为库存而采购，采购回来的物资是用以补充库存的。由于库存掩盖了需求的真实情况，它不能真实地精确反应需求的变化，反而以其具体的存在数量麻痹了人们的思想，掩盖了各个环节的矛盾和问题。因此，常常一方面超量库存，增加了库存成本；另一方面又不能完全满足需要，产生缺货、影响生产。同时，还把生产活动、采购活动当中一些不合理性、浪费性、低效率的环节掩盖起来，增加了生产成本、降低了经济效益。所以，要实现供应链采购就要下力气改变这种做法，转变为为需求而采购，采购回来的物资用来满足直接的需要，不是放到仓库里，而是放到消费点进行使用消费。采购回来的物资直接反映真实的需求，为了真实的需求而采购，最大地提高了采购的效率、最大地降低了库存、最大地实现了节约。这样不但降低了成本、提高了效率，还充分排除了生产活动、采购活动中的不合理性、浪费性和低效率，从而使各个环节合理化、效率化。

2. 从采购管理向外部资源管理转变

传统的采购管理完全是企业内部的事情，立足于企业内部，千方百计使自己从采购中获得效益。但是，若立足于企业内部搞采购，则要去选择供应商、产品、价格、贸易谈判、进货方式、督促进货、直到货物检验等，难度大、工作量大。长期以来企业人员都认为这是应该做的，能够采购回来就感到很满足。殊不知，这些费钱、费力、费时间、效率低的工作企业是完全可以不做的，可以由供应商替企业做，而且做得比企业更好。

供应链采购的实质就是充分利用企业外部的资源、利用供应商的作用来实现企业采购工作。让供应商对自己的产品负责、对物资的供应负责。实现无采购操作的采购，既降低了成本，又提高了效率，从而实现双赢。

3. 从对抗性关系向战略伙伴关系转变

从传统的采购活动中买方和卖方的对抗性的买卖关系向实行供应链采购关系转变，要把与供应商的对抗关系转变成一种战略伙伴关系。只有把供应商看成是自己的合作伙伴，并与之建立起友好合作关系，才能够实现供应链采购。

建立友好合作关系，需要做大量的工作，包括一些基础工作。例如，建立信息系统、实现信息共享、信息沟通，实现责任共担、利益共享等。观念转变之后就要落实到经常性的工作中去，要采取实际的步骤实现"双赢"。

4. 从买方主动型向卖方主动型转变

传统的采购是买方主动型，现在需要转变为供应商主动型，由供应商主动向企业供应货物。采购对供需双方都有利：买方获得货物，保障生产；卖方销售货物，获得利润。卖方的主动更富有效率和效益。因为它不但为买方节省了采购业务支出，而且也为自己主动调整生产计划和送货计划创造了可能，从而实现了最大的节约，真正实现了供需双方的"双赢"。

(二) 基础建设

除了实现以上几个转变之外，还有以下基础建设工作。

1. 信息基础建设

为了实现供应链采购，企业要建立起企业内部网及企业外部网，外部网与内部网相连；还要开发管理信息系统、建立自己的电子商务网站，建设信息传输系统；还要进行标准化、信息化的基础建设。例如，POS系统、EDI系统或其他数据传输系统、各种编码系统等。

2. 供应链系统基础建设

企业要通过扎实稳妥的工作，逐步建立起供应链系统。这就要求企业努力加强业务的联系，加强供应链企业的沟通，逐渐形成供应链各个企业的业务协调和紧密关系。要逐渐建设责任共担、利益共享的机制。

3. 物流基础建设

物流基础建设包括供应链各个企业内部和企业之间的物流基础建设，如：仓库布点、仓库管理、运输通道、运输工具、搬运工具货箱设计、物流网络等，包括一些物流技术，如条形码系统、自动识别技术、计量技术、标准化技术等。

4. 采购基础建设

采购基础建设包括供应商管理库存、连续补充货物、数据共享机制、自动订货机制、付款机制、效益评估和利益分配机制、安全机制等。

通过这些基础建设，形成一定的规范，就可能建立起一个完善的供应链系统，实现供应链采购。

◆本章小结◆

  JIT采购也称"准时化采购",是一种完全以满足需求为依据的采购方法,它是指只有在需要的时候才订购所需要的产品,JIT的基本原理是以需定供,从而彻底杜绝浪费。

  MRP即物资资源计划采购,它的提出与生产相联系,其运行是生成生产计划和生成采购计划。MRP采购系统主要由MRP输入、MRP实施和MRP输出三个部分组成。

  网上采购即电子采购,是集计算机技术、多媒体技术、数据库技术、网络技术、安全技术、密码技术、管理技术等多种技术于一体在电子商务中的应用,其基本特点是在网上寻找供应商和商品、网上洽谈贸易、网上订货甚至在网上支付货款。

  供应链采购是一种供应链内部企业之间的采购。要实施供应链采购必须实现几个转变:从为库存而采购到为需要而采购、从采购管理向外部资源管理转变、从对抗性关系向战略伙伴关系转变、从买方主动型向卖方主动型转变。除此之外,还需要做好信息基础建设、供应链系统基础建设、物流基础建设和采购基础建设等工作。

■案例分析■

"海尔"的JIT采购策略

  "海尔"物流的特色是借助物流专业公司的力量,在自建基础上小外包,总体实现采购JIT、原材料配送JIT和成品配送JIT的同步流程。同步模式的实现得益于"海尔"的现代集成化信息平台。"海尔"用CRM与BBP电子商务平台架起了与全部用户资源网、全球供应链资源网沟通的桥梁,从而实现了与用户的零距离,提高了"海尔"对订单的响应速度。

  "海尔"的BBP采购平台由网上订单管理平台、网上支付平台、网上招标竞价平台和网上信息交流平台有机组成。网上订单管理平台使"海尔"100%的采购订单从网上直接下达,同步的采购计划和订单,提高了订单的准确性与可执行性,使"海尔"采购周期由原来的10天减少到了3天,同时,供应商可以在网上查询库存,根据订单和库存情况及时补货。

网上支付平台则有效提高了销售环节的工作效率,支付准确率和及时率达到了100%,为"海尔"节约了近1,000万元的差旅费,同时降低了供应链管理成本。目前,"海尔"网上支付已达到总支付额的20%。网上招标竞价平台通过网上招标,不仅使得竞价、价格信息管理准确化,而且防止了暗箱操作,降低了供应商管理成本,实现了以时间消灭空间。网上信息交流平台使"海尔"与供应商在网上就可以进行信息互动交流,实现信息共享,强化合作伙伴关系。除此之外,"海尔"的ERP系统还建立了其内部的信息高速公路,实现了将用户信息同步转化为企业内部的信息,实现以信息替代库存,接近了零资金占用。

在采购JIT环节上,"海尔"实现了信息同步,采购、备料同步和距离同步,大大降低了采购环节的费用。信息同步保障了信息的准确性,实现了准时采购;采购、备料同步,使供应链上原材料的库存周期大大缩减;与供应商、分供方的距离同步,有力地保障了"海尔"JIT采购与配送。目前,已有7家国际化供应商在"海尔"建立的2个国际工业园建厂,爱默生等12家国际化供应商正准备进驻工业园。

问题讨论

1. 分析"海尔"物流的特色。
2. 在采购JIT环节上,"海尔"是怎样做的?

复习思考题

1. 试述JIT采购的原理。
2. JIT采购有哪些特点?
3. 实施JIT采购需要什么样的条件?
4. 简述MRP采购的基本原理。
5. 简述网上采购的实施步骤。
6. 简述供应链采购的实施。

实训题

要求学生在物流管理实验室内进行分组,借助已有的网络采购平台进行网上采购模拟;也可以分别模拟采购方和供应商,在网上进行订单和各种票据的网上传输、网上签约等过程;也可以尝试自行开发电子采购系统。

第十章

采购风险与绩效评估

◆学习目标◆

通过本章的学习，要求学生了解采购风险的概念，熟悉采购风险的种类，重点掌握采购风险的防范措施，了解采购绩效和采购绩效评估的概念，理解采购绩效评估的意义和目的，掌握采购绩效评估的指标、标准及体系。

采购管理工作中重要的一环就是加强采购风险管理与绩效评估。只有熟知采购风险的种类和特点，才能较好地规避风险，保证企业采购和经营的顺利进行。同时，只有通过严格的绩效评估，才能实现资源的最大化应用，能使管理者做出有效决策。

开篇案例

政府"服务类采购"规模约万亿元，绩效评价存难点

近日，在上海国家会计学院举办的政府采购与绩效管理研究中心揭牌仪式会上，官员和学者围绕目前政府采购服务绩效评价的突出难点问题，给出对策。财政部副部长刘伟在全国政府采购工作会议上表示，要始终注重提高绩效，将绩效理念和方法深度融入采购制度设计之中、采购预算编制之中，以及执行和监督的全过程，更好地体现结果导向。

近年来，政府购买"服务"规模快速攀升。据财政部给出的数显示，在2016年全国政府采购的约3.1万亿元规模中，服务类采购规模约为1万亿元，若扣除以政府购买服务方式实施的棚户区改造和轨道交通等工程建设项目相关支出，服务类采购同口径规模为4,860.8亿元，同比增长45.4%。

在政府购买服务绩效评价上，如何科学合理地设置绩效评价体系成为一大难题。"政府购买服务项目有别于一般的项目支出，形式多样，内容丰富，涉及面广，个性比较突出，如何确定合理的绩效目标，设计相对科学的绩效评价体系，既体现购买服务项目绩效个性，又能满足一般项目的绩效可比性，难度比较大"。上海财政局总经济师张荣庆如此说。

张林认为，通过绩效评价发现两大问题，一是资金使用效率不高，体现在成本过高或者效果不理想，二是项目预算和绩效目标编制得太简单，这些问题长期存在。科学编制项目的绩效目标和与此匹配的项目预算是绩效管理的首要任务。

政府购买服务类项目的绩效评价结果可以应用于购买主体的部门工作考核、后续年度同类服务项目的预算编制、政府购买服务承接主体的选择、服务项目合同规范与履约管理等诸多方面。毫无疑问，只有在政府购买服务类项目的绩效评价工作机制中，强化了评价结果的应用，绩效评价工作才能落到实处、才能真正引起相关方的高度重视。

（资料来源：中国政府采购网）

第一节 采购风险管理

采购是企业供应链的源头，采购过程中的任何一个环节出现偏差都会影响采购预期目标的实现，这就使得在采购活动中面临着一些采购风险。采购风险就是在采购过程中由于各种意外情况的出现，使采购的实际结果与预期目标相偏离的程度和可能性。

一 采购风险的概念和种类

（一）采购风险的概念

采购风险通常是指采购过程中可能出现的一些意外情况，包括人为风险、经济风险和自然风险。具体来说，如采购预测不准导致物料难以满足生产要求或超出预算、供应商群体产能下降导致供应不及时、货物不符合订单要求、呆滞物料增加、采购人员工作失误或供应商之间存在不诚实甚至违法行为。

（二）采购风险的种类

1. 企业采购外因型风险

（1）意外风险。它是指在采购过程中由于自然、经济政策、价格变动等因素所造成的意外风险。

（2）价格风险。一是由于供应商操纵投标环境，在投标前相互串通，有意抬高价格，从而使企业采购蒙受损失；二是在企业采购认为价格合理的情况下批量采购，但该种物资可能出现跌价而引起采购风险。

（3）采购质量风险。一方面是由于供应商提供的物资质量不符合要求，而导致加工产品未达到质量标准，或给用户在经济、技术或人身安全、企业声誉等方面造成损害；另一方面因采购的原材料的质量有问题，直接影响企业产品的整体质量、制造加工与交货期，降低企业信誉和竞争力。

（4）技术进步风险。一是由于社会的技术进步引起贬值、无形损耗甚至被淘汰，原有已采购原材料的积压或者因质量不符合要求而造成损失；二是采购物资由于新项目开发周期缩短，更新周期越来越短，刚刚采购的设备被淘汰或效率低下。

（5）合同欺诈风险。合同欺诈风险涉及以下几种情况：以虚假的合同主体身份与他人订立合同，以假冒、作废的票据或其他虚假的产权证明作为合同担保；接受对方当事人给付的货款、预付款、担保财产后逃之夭夭；签订空头合同，而供货方本身是"皮包公司"，将骗来的合同转手倒卖，从中牟利，而所需的物资则无法保证；供应商设置的合同陷阱，如供应商无故终止合同，违反合同规定等可能性及造成的损失。

2. 企业采购内因型风险

因市场需求发生变动，影响到采购计划的准确性；采购计划管理技术不适当或不科学，与目标发生较大偏离，导致采购中发生计划风险。

（1）合同风险。一是合同条款模糊不清，盲目签约，违约责任约定过于笼统，口头协议、君子协定较多，经鉴证（或公证）的合同比例过低等。二是合同行为不正当，卖方为了改变在市场竞争中的不利地位，往往采取一系列不正当手段，如对采购人员行贿，套取采购企业标的；给予虚假优惠，以某些好处为诱饵公开兜售假冒伪劣产品。有些采购人员则贪图蝇头小利，牺牲企业利益，不能严格按规定签约。三是合同日常管理混乱。

（2）验收风险。在数量上缺斤少两；在质量上鱼目混珠、以次充好；在品种规格上货不对路、不合规定要求；在价格上发生变动等。

（3）存量风险。一是采购量不能及时供应生产需要，生产中断造成缺货损失而引发的风险；二是物资过多，造成积压，大量资金沉淀于库存中，失去了资金的机会利润，形成存储损耗风险；三是物资采购时对市场行情估计不准、盲目进货，从而造成价格风险。

（4）责任风险。许多风险归根到底是一种人为风险，主要体现为责任风险。例如，在合同签约过程中，由于工作人员责任心不强未能把好合同关造成合同纠纷；或是采购人员假公济私、收受回扣、谋取私利。

二 采购风险的回避与防范措施

任何事物都有风险，采购风险归根结底也是可以通过一定手段和有效措施加以防范和规避的。企业可从以下几个方面去防范采购风险。

（一）建立与完善企业内部控制制度

建立与完善内部控制制度与程序是企业为完成既定目标进行风险控制的有效措施。针对企业存在的以上风险，建立相应的"预付款管理措施""存货管理措施""合同管理措施"等，严格按操作规程办理业务，落到实处，并定期对其采购活动进行追踪、检查、考核，从而做到有法可依、有章可循、正确采购、规范管理、强化执法力度。

（二）加强对物资采购招标与签约的监督

1. 加强对物资采购招标的监督

检查采购招标是否按照规范的程序进行，是否存在违反规定的行为发生。采购经办部门和人员是否对供应商进行调查以选择合格供应商，是否每年对供应商进行一次复审评定。

2. 加强签约监督

检查合同条款是否有悖于政策、法律，避免合同因内容违法、当事人主体不合格或超越经营范围而无效；通过资信调查，切实掌握对方的履约能力；对那些不讲效益、舍近求远、进人情货等非正常情况严格审定；审查合同条款是否齐全，当事人权利义务是否明确，有否以单代约，手续是否具备，签章是否齐全。

（三）加强对物资采购全过程、全方位的监督

全过程的监督，是指从计划、审批、询价、招标、签约、验收、核算、付款和

领用等所有环节的监督。重点是制定计划、签订合同、质量验收和结账付款四个关键控制点的监督，以保证不弄虚作假。全方位的监督，是指内控审计、财务审计、制度考核三管齐下。

1. 加强对物料需求计划、物资采购计划的审计

审查企业采购部门物料需求计划、物资采购计划的编制依据是否科学；调查预测是否存在偏离实际的情况；计划目标与实现目标是否一致；采购数量、采购目标、采购时间、运输计划、使用计划、质量计划是否有保证措施。

2. 做好合同鉴证审计

审查签订经济合同当事人是否具有主体资格，是否具有民事权利能力和行为能力；审查经济合同当事人意思表示是否真实；审查经济合同主要条款是否符合国家的法律和行政法规的要求；审查经济合同主要条款是否完备，文字表述是否准确，合同签订是否符合法定程序。通过审计签证，可以及时发现和纠正在合同订立过程中出现的不合理、不合法现象；提请当事人对缺少的必备条款予以补充；对显失公平的内容予以修改；对利用经济合同开展的违法活动予以制止，从而减少和避免经济合同纠纷的发生。

3. 做好对合同台账、合同汇总及信息反馈的审计

当前，合同纠纷日益增多，如果合同丢失，那么在处理时会因失去有利的地位而遭受风险。因此，建立合同台账、做好合同汇总，运用先进管理手段向相关部门提供及时、准确、真实的反馈信息，是加强合同管理、控制合同风险的一个重要方面。

4. 加强对物资采购合同执行中的审计

审查合同的内容和交货期执行情况，是否做好物资到货验收工作和原始记录，是否严格按合同规定付款；审查物资验收工作执行情况，在物资进货、入库、发放过程中都要对物资进行验收控制；对不合格品控制执行情况进行审计，发现不合格品时应及时记录，并采取措施；重视对合同履行过程中违约纠纷的处理，合同履行过程中违约纠纷客观存在，若不及时处理，则不仅企业的合法权益得不到保护，而且有可能使合同风险严重化。

5. 加强对物资采购绩效考核的审计

建立合同执行管理的各个环节的考核制度并加强检查与考核，把合同规定的采购任务和各项相关工作转化、分解成指标和责任，明确规定出工作的数量和质量标准，并分解、落实到各有关部门和个人，结合经济效益进行考核，以尽量避免合同风险的发生。

●（四）选择合适的采购方式

每一种采购方式都有其自身的优缺点和适用范围，企业在具体的采购活动中要注意选择合适的采购方式。如果不根据采购项目的要求和特点灵活选取，则必然会增加采购风险，增加不必要的人、财、物消耗。对那些复杂或高成本的采购项目要进行市场调研等工作。通过广泛的市场调研和市场分析，可以掌握有关采购的最新行情，了解采购产品的来源、价格、货物和设备的性能参数以及可靠性等，并提出切实可行的采购清单和计划，为下一步确定采购方式和供应商资格提供可靠的依据。

●（五）针对不同风险采取不同措施

企业最为直接和有效防范风险的方法就是针对不同风险采取不同措施。比如，针对预付款风险，企业可以采取的措施就是对供货方的产品质量、价格、财务状况、偿债能力等进行分类管理，对产品质量好、信誉好、规模大的供货方可以实行预付款。加强预付款购货的追踪管理，防止欺诈行为；针对存货风险企业可以采取的措施就是以销定购、适时控制、盘活库存，及时清理和报批；针对合同风险，企业可以采取的措施就是组织业务人员认真学习《合同法》。在采购活动过程中，除"即时清结"外，必须签订合同，明确双方的权利、义务及违约责任，定期进行合同追踪调查，并加强监控力度。

第二节 采购绩效评估

一 采购绩效评估的定义

采购绩效主要是用来衡量采购部门的目标达成情况以及采购部门的工作表现。商品采购工作在一系列的作业程序完成之后是否达到了预期的目标、企业对采购的商品是否满意是需要经过考核评估之后才能下结论的。商品采购绩效评估就是建立一套科学的评估指标体系，并用来全面反映和检查采购部门工作实绩、工作效率和效益。

对商品采购绩效的评估可以分为对整个采购部门的评估和对采购人员个人的评估。对采购部门绩效的评估可由企业高层管理者来进行，也可以由外部客户来进行；而对采购人员的评估常由采购部门的负责人来操作。对商品采购绩效的评估可围绕采购的基本功能来进行。

二 采购绩效评估的目的

许多企业对采购部门和采购人员的考核仍然沿用"工作品质""工作能力""工作知识""工作量"等一般性的指标，这些指标不能体现出采购活动的专业性和采购工作的重要性，从而得不到管理层应有的重视。进行采购绩效评估要有助于真实反映采购的绩效水平，促使管理者客观地认识采购活动；把企业的实际绩效和行业领先及平均水平比较，有助于发现问题；通过绩效评估，还可以确定用于评估采购人员业绩的基本规则；进行采购绩效评估会得到各种数据，这些数据无论是对于采购部门还是其他部门乃至整个公司都具有重要的作用与意义。认真做好采购绩效评估工作能够达到如下目的。

●（一）对采购绩效的有效评估能够确保采购目标的实现

企业的采购目标各有不同且各有侧重。例如，政府采购的采购单位侧重"防弊"，采购作业以"按期""按质""按量"为目标；而民营企业的采购单位则注重"兴利"，采购工作除了维持正常产销活动外，非常注重成本的降低。因此，各个企业要针对自己所追求的主要目标加以评估，并督促其实现。

●（二）对采购绩效的有效评估有助于提供改进绩效的依据

企业实行绩效评估制度，可以提供客观的标准来衡量采购目标是否达成，也可以确定采购部门目前的工作表现如何。有效的采购绩效评估能够及时发现和总结采购过程中的问题，从而兴利除弊，使采购工作按照计划顺利地进行。

●（三）对采购绩效的有效评估促使采购工作更加透明

采购绩效评估信息共享有利于采购部门与设计、仓储、销售等其他部门的沟通和合作。另外，定期的采购计划和执行评估，如果作为销售、售后等部门的一份宣传资料，则可以让客户清楚地看到企业如何对原材料、商品等采购严格把关，还可以让客户提供一些建设性意见，在今后的采购工作中不断改进，而改进的过程又可以反映在评估结果中让客户监督、核实。

（四）对采购绩效的有效评估能够为奖惩采购部门及采购人员提供参考

采购工作绩效评估显然能够清楚地反应采购部门和采购人员的工作表现，一方面可以将采购部门的绩效彰显出来；另一方面也可以成为人事考核的参考资料。同时，采购部门人员也将更清楚地了解自己的工作状态和工作效率，及时总结采购工作中的不足与成绩，从而产生更高的工作热情。

（五）对采购绩效的有效评估能够促进部门之间的沟通

采购部门的绩效受其他部门能否配合的影响很大，采购部门的职责是否明确，表单、流程是否简单、合理，付款条件及交货方式是否符合公司管理制度，各部门的目标是否一致等均可通过绩效评估来判定，并可以改善部门之间的合作关系、增进企业整体的运作效率。如通过分析那些需要特别检查的发货单，使付款程序得到合理的安排，从而增强采购部门与管理部门之间的协调。

此外，对采购绩效的有效评估可以服务于对某个供应商绩效的评价。采购部门是直接与供应商接触的部门，对其工作绩效的评估显然要涉及与供应商合作的具体情况，从而有助于评价某个供应商作为合作伙伴的可靠性等。

三 采购绩效评估指标

采购人员在其工作职责上，应该达到"适时、适量、适质、适价、适地"等目标。其绩效评估应以"五适"为中心，并以数量化的指标作为衡量尺度。根据采购专家的经验，具体可以把采购部门及人员的考核指标分为五大类。

（一）数量绩效指标

当采购人员为争取数量折扣以达到降低价格的目的时，却可能导致库存过多，甚至发生呆料、废料的情况。数量绩效就是用来评估这方面的工作效果，具体指标包括以下几个方面。

1. 储存费用指标

储存费用，是指存货利息及保管费用之和，企业应当经常将现有存货利息及保管费用与正常存货水准利息及保管费用之间的差额进行考核。

2. 呆料、废料处理损失指标

呆料、废料处理损失，是指处理呆料、废料的收入与其成本的差额。存货积压的利息及保管的费用愈大，呆料、废料处理的损失愈大，这就显示出采购人员的绩效愈差。不过，此项数量绩效指标有时受到公司营业状况、物料管理绩效、生产技术变更或投机采购的影响，并不一定完全归咎于采购人员。

（二）质量绩效指标

质量绩效指标主要是指供应商的质量水平以及供应商所提供的产品或服务的质量表现，它包括供应商质量体系、来料质量水平等方面。主要有包括如下几个方面。

1. 来料质量

来料质量包括批次质量合格率、来料抽检缺陷率、来料在线报废率、来料免检率、来料返工率、退货率、对供应商投诉率及处理时间等。

2. 质量体系

质量体系包括：通过国际质量体系认证的供应商比例、实行质量免检的货物比例、质量免检供应商比例、免检货物的价值比例、实施SPC的供应商比例、SPC控制物料的比例、开展专项质量改进的供应商数目及比例、参与本公司改进小组的供应商人数及供应商比例等。

同时，采购的质量可由验收记录及生产记录来判断。验收记录指供应商交货时，为公司所接受（或拒收）的采购项目数量或百分比；生产记录是指交货后，在生产过程发现质量不合格的项目数量或百分比。

（三）时间绩效指标

这项指标是用以衡量采购人员处理订单的效率，并对供应商交货时间进行控制。延迟交货可能形成缺货现象，提早交货也可能导致买方发生不必要的存货储存费用或提前付款的利息费用，具体指标如下。

1. 紧急采购费用指标

紧急采购费用，是指因紧急情况采用紧急运输方式（如空运）的费用。将紧急运输方式的费用与正常运输方式的费用之间的差额进行考核。

2. 停工待料损失指标

停工待料损失，是指原材料供应不及时造成停工，由此造成的生产车间作业人员工资及有关费用的损失。

事实上，除了上述指标所显示的直接费用或损失外，还有许多间接损失。例如，经常停工待料会导致订单流失，来料后恢复生产必须对机器进行检修和调整；紧急采购会使所购物料价格偏高、质量欠佳，此外为了赶进度会产生额外的费用。这些费用与损失通常都没有估算在此项指标内。

（四）价格绩效指标

价格绩效是企业最重视及最常见的衡量标准。通过价格指标，可以衡量采购人员议价能力以及供需双方力量的消长情形。采购价差指标通常有下列数种。

1. 实际价格与标准成本的差额

实际价格与标准成本的差额，是指企业采购商品的实际价格与企业事先确定的商品采购标准成本的差额。它反映企业在采购过程中实际采购成本与采购标准成本的超出或节约额。

2. 实际价格与过去移动平均价格的差额

实际价格与过去移动平均价格的差额，是指企业采购商品的实际价格与已经发生的商品采购移动平均价格的差额，它反映企业在采购过程中实际采购成本与过去采购成本的超出或节约额。

3. 使用时的价格与采购时的价格之间的差额

使用时的价格与采购时的价格之间的差额，是指企业在使用材料时的价格与采购时的价格差额。它反映企业采购材料物资时是否考虑市场价格的走势，如果企业预测未来市场的价格走势是上涨的，则企业应该在前期多储存材料物资；如果企业预测未来市场的价格走势是下跌的，则企业不应该多储存材料物资。

4. 物资采购比价

物资采购比价是将当期采购价格与基期采购价格之比率与当期物价指数与基期物价指数之比率相互比较，该指标是动态指标，主要反映企业材料物资价格的变化趋势。只要实行物资采购比价管理，就可以取得明显的经济效果。

(五) 采购效率指标

采购绩效还可用采购效率来衡量。

1. 年采购金额

年采购金额是企业一个年度商品或物资的采购总金额，包括生产性原材料与零部件采购总额、非生产采购总额（包括设备、备件、生产辅料、软件、服务等）、原材料总额占总成本的比例等，其中最重要的是原材料采购总额。

2. 年采购金额占销售收入的百分比

年采购金额占销售收入的百分比，是指企业在一个年度里商品或物资采购总额占年销售收入的比例，它反映企业采购资金运用的合理性。

3. 订购单的件数

订购单的件数，是指企业在一定时期内采购商品的数量，主要是按ABC管理法对A类商品的数量进行反映。

4. 采购人员的人数

采购人员的人数，是指反映企业专门从事采购业务的人数，它是反映企业劳动效率指标的重要因素。

5. 采购部门的费用

采购部门的费用是一定时期采购部门的经费支出，它是反映采购部门的经济效益指标。

6. 新供应商开发数

新供应商开发数，是指企业在一定期间采购部门与新的供应商的合作数量，它反映企业采购部门的工作效率。

7. 采购计划完成率

采购计划完成率，是指在一定期间内企业商品实际采购额与计划采购额的比率，它反映企业采购部门采购计划的完成情况。

8. 错误采购次数

错误采购次数，是指在一定时期内企业采购部门因工作人员失职等原因造成错误采购的数量，它反映企业采购部门工作质量的好坏。

9. 订单处理的时间

订单处理的时间，是指企业在处理采购订单的过程中所需要的平均时间，它反映企业采购部门的工作效率。

四 采购绩效评估标准

有了绩效评估的指标之后，企业要考虑的就是制定什么样的绩效标准作为与实际绩效的比较基础。一般企业运用的标准如下。

（一）以往绩效

选择公司以往的采购绩效作为评估目前绩效的基础，这是企业十分有效的做法。通过与以往采购绩效的比较，可以看出企业现在的采购绩效是提高了还是降低了。通过分开项目比较，如，比较现在的采购材料成本和以前的材料成本，现在的经营成本与以前的经营成本，现在的采购时间和以前的采购时间，还可以看出企业应该在哪些方面再接再厉，在哪些方面需要继续努力，在哪些方面需要作出改进。这种方法只适用于公司的采购部门，包括在组织、目标和人员等均没有重大变动的情况下，否则就没有价值了。

（二）预算或标准绩效

如果企业过去没有做过类似的绩效评价，或过去的绩效资料难以取得，或企业的组织机构、组织职责、采购人员发生了较大的变动，那么，显然上面以"以往绩效"作为评估标准的做法是行不通的。在这个时候我们可以采取预算或标准绩效作为评估的标准。

标准绩效的确定，一般可以采取以下几种方法。

1. 固定的标准

固定的标准，是指一旦确定了标准，一般情况下就不再变动。这种方法简便易行，容易与过去指标进行对比，以找出差距、进步或失误之处；但是，企业的情况是千变万化的，市场信息也是瞬息万变的。因此，这种标准恐怕难以适应变化的环境。

2. 理想的标准

理想的标准，是指在完美的、具备一切条件的工作环境下企业应有的绩效。这种方法易于激励员工的工作积极性，促使其最大限度地发挥工作潜力。但是，一般的企业很难具备"完美的"工作环境。因此，对于员工，这样的标准未免太遥远，并会导致工作中出现挫折感。

3. 可达成的标准

可达成的标准，是指在现有的条件环境下，企业可以达到的标准，通常依据当前的绩效加以适当的修改制定。这种方法是比较可行的，应该说是综合了以上两种方法的优点。这一标准使员工感到是可行的，它既不像固定标准那样一成不变，难以适应迅速变化的环境，也不像理想标准那样可望而不可即。

（三）同业平均绩效

以上所说的"以往绩效"是绩效的纵向的比较，现在所说的"同业平均绩效"就是横向的比较。

如果其他的同业的公司在采购组织、采购职责以及人员配备等方面都与公司有相似之处，那么公司就可以与同业的平均绩效水平进行比较，从中看出自己的采购工作在成效上的优劣。当然，不同的公司都有各自的特性，即使是同业中非常相似的公司也是这样，这就要求公司不能一概而论，要对比较的结果作深入的分析和对比，不能盲目作结论。

（四）目标绩效

这里所提出的"目标绩效"和预算或理想的绩效不同。前者是指在现有的情况和条件下，必须经过一番特别艰辛的努力才能达到的，否则就无法完成；而后者是指在现有的情况下，应该可以达到的工作绩效。所以，前者是更注重实际的标准。

目标绩效通常代表公司的管理层对采购部门追求最佳绩效的期望值。这个标准的制定通常以采取同业最佳的绩效水平为标准。

五 采购绩效评估体系

一般来说，企业有以下四种绩效评估体系可供选择。

（一）效率导向绩效评估体系

效率导向绩效评估体系强调成本和采购部门的经营效率，是评估采购绩效的传统方法。采购绩效的评估就是看采购材料的成本是否降低了、经营成本是否减少了、采购时间是否缩短了。采购材料的成本包括材料的价格、材料的库存成本、材料的运输报关等费用，材料的成本降低可以直接降低产品和服务的成本，为企业的利润作出贡献；经营成本包括办公费、邮寄费、差旅费、代理费、由于采购计划变更而导致的谈判、重新协商等管理成本；采购时间，是指从接到采购要求到安排采购的这段时间。

用效率评估采购绩效的公司可以指定确切的量化的与效率相关的具体目标。比如，公司可以规定，采购部门要在1个月或1年内将某种特定材料的价格降低1%，或者减少经营费用1万元，或者缩短采购周期。这种评估方法简单明了，可以直观地看到采购部门的绩效。但是，正是因为量化的指标太绝对，从而忽视了其他一些影响到具体目标的定性指标。

(二) 实效导向绩效评估体系

实效导向绩效评估体系评价采购部门对利润的贡献、与供应商的关系的质量和顾客满意水平。在这一效率体系中，重点是降低采购材料的价格。同时，在这一效率体系中，可以直接或间接地评估采购部门对利润的贡献水平。采购企业的效益可以来自降低经营成本或材料成本，以提高其他绩效。如提高材料质量以减少次品数量、使顾客满意等，缩短供货提前期，使消费者认为物超所值而提高销售额。实效体系认为净利润是公司的整体目标，而不是采购部门的目标。对比目标价格和实际支付价格或目标节约成本和实际节约成本，为评价绩效和提出改进建议或意见提供有用信息。

评估供应商关系需要看关系双方。衡量供应商绩效不仅包括传统的质量、价格、交货提前期和准时性、运输成本等方面，还包括通讯和合作等更为本质的东西。在此过程中，由采购部门提供给供应商的服务质量也要通过相应的标准进行评估和测量。

尽管实效导向绩效评估体系中纳入了这样一条评估标准，但在实际工作中这项标准却很难操作。如果采购人员作出的决定提高了最终产品质量，就有可能对消费者满意度产生积极的影响，促使消费者更多地购买或向其他人推荐本企业的产品或服务，提高企业的销售额。当然我们也不能忽视另外一个方面，如果采购人员只注重的是降低采购价格，那么最终采购的产品的质量或可靠性可能有所降低，而这无疑会损害消费者的感情、降低消费者的满意度。所以说，采购部门和供应商的这种关系很难量化。

(三)复合目标绩效评估体系

复合目标绩效评估体系是以上两种评估体系的结合,也就是说,这种评估体系同时考虑了效率和实效的评估。这种多重的评估体系将定量的标准和定性的标准结合起来,有助于给决策层提供客观的依据。但是,这种评估体系也有缺陷,那就是它所结合的两个目标——效率和实效常常彼此冲突。比如,采购人员比较关注于以最低的成本获得货物或所需的材料。那么,在效率这个目标上,采购成本得到的评价就会很高。但是,这种价格采购也许会引起对利润贡献的消极评价,因为价格低就存在产品质量低劣、次品率提高的风险,这样做的结果就是导致消费者满意度降低,而这一目标显然是实效方面的。

存在这样的问题,并不代表这种方法不可行。对于企业或者采购部门,或者对于具体从事采购绩效评估的部门,关键就是认真、全面地构造一个多重目标绩效评估体系,避免效率和实效的冲突。

(四)自然绩效评估体系

自然绩效评估体系中不提供目标或标准,采购者仅被告知将会对其采购绩效进行评价。现在许多企业由于没有建立一套完整可行的评估标准,所以采用这种方式进行经营。我们知道,如果没有具体的目标,也没有绩效评估和反馈,就不能对工作进行及时的总结,而采购人员也就不可能发挥其最大的潜力。

六 采购绩效评估及改进

绩效管理是指管理者与员工之间就目标与如何实现目标上达成共识的基础上,通过激励和帮助员工取得优异绩效从而实现组织目标的管理方法。绩效管理包括采购绩效计划的制定、采购绩效计划的执行、采购绩效考核评估和采购绩效结果改善等几个方面。绩效管理是以结果目标和过程目标为导向的,采购绩效管理贯穿于整个采购管理过程中,采购绩效管理有两个主要目的:一是确保采购达到绩效期望,满足公司的需求;二是帮助供应商持续改进,促进企业合作。

(一)采购绩效评估的人员与流程

1. 参考采购绩效评估的人员及评估流程

实施采购绩效评估的组织应该具有以下特点:具有专业领域知识、具有协调能力和公正性。采购绩效评估时,常选择以下几个部门的相关人员参与评估。

(1)采购部门的管理者。采购部门的管理者对采购人员最为熟悉,而且所有的采购工作任务的分配都是由采购部门的管理者直接指派和监督,由采购部门的管理者来进行评估可以体现公平性。

(2)会计及财务部门的管理者。采购工作需要大量资金,当采购金额占企业总支出的比例较高时,采购成本的节约对企业利润的贡献较大。会计和财务部门不但掌握企业生产和销售成本的数据,对于资金的获得和支出也是非常熟悉的。

(3)工程部门或生产管制部门的管理者。采购部门采购物资的品质和数量直接影响到企业的工程部门和生产部门,所以工程部门和生产部门应参与采购部门和人员的绩效评估。

(4)供应商。从供应商的调查中可以间接的了解采购部门和人员在采购实施过程中的效率和素质。

(5)外部的专家或管理顾问。通过外部专家和管理顾问对企业的采购制度、组织、人员及工作绩效进行客观的分析,并能给予企业最为中肯的建议。

2. 采购绩效评估的流程

实施评估是一个系统性的工作,需要很多部门的良好沟通与配合,实施的结果要及时反馈。这时候管理者要思考的问题是如何才能更好地利用反馈结果。评估的结果一方面表明了采购部门所取得的成绩,另一方面也揭示了采购中存在的诸多问题。在肯定成绩的同时也要着力解决发现的问题。只有这样才达到实施采购绩效评价的目的。

采购绩效评估的流程为以下几个步骤:

(1)确定评估的绩效类型;

(2)设定具体的绩效评估指标;

(3)建立绩效评估标准;

(4)选定绩效评估人员;

(5)确定绩效评估的时间和频率;

(6)实施评估并反馈评估结果。

其中(1)~(5)属于采购绩效评估的准备阶段,第(6)阶段包括绩效评估的沟通、记录、评估、识别、反馈、改进与激励等活动。

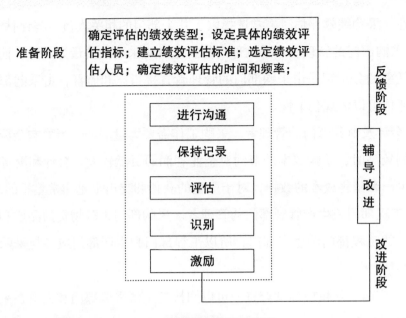

10-1　采购绩效评估流程图

(二) 采购绩效评估的方式与方法

1. 采购绩效考核的评估方式

（1）定期评估。定期评估是配合公司年度人事考核制度进行的。一般来说，定期评价是全面评价，也是有准备期的例行评价。它的特点是按部就班，具有固定的节奏。一般以目标管理的方式，从绩效指标中选择比较重要的绩效目标指标如工作态度、协调精神等，年终按实际达到的程度加以考核，可以一定程度提升个人或部门的采购绩效。

（2）不定期评估。不定期绩效评估，是以项目、方案的方式进行的。比如企业要求某项特定产品的采购成本降低10%，当设定期限到时，评估实际的成果是否高于或低于10%，并就此成果给予采购部门或人员适当奖励或处分。这种考核评估方式，较适用于新产品开发、资本支出预算、成本降低的专案。

2. 采购绩效考核的评估方法

采购绩效评估方法直接影响评估计划的成效和评估结果的正确与否。常用的评估方法有以下几种。

（1）直接排序法。排序法是管理者按照绩效评估的结果的好坏来对采购人员进行排序，这种绩效既可以是整体的绩效，也可以是某种特定工作的绩效。

（2）比较法。比较法是指在某个绩效标准的基础上，把每个员工的绩效结果都与其他员工进行比较,判断出"更好"的员工,记录每个员工"更好"的次数,按次数高低进行排序。

(3)等级分配法。等级分配法是由评估小组或企业主管先拟定有关的评估项目,按评估项目对采购人员的绩效进行粗略的排序。

(4)360度绩效考核法。360度绩效考核法又称为全方位考核法或多源绩效考核法,是由企业英特尔首先提出并加以实施的。该方法指从与被考核者发生工作关系的多方主体那里获得被考核者的信息,以实现对被考核者进行全方位、多维度的绩效评估的过程。这些信息的来源包括:来自上级监督者的自上而下的反馈(上级);来自下属的自下而上的反馈(下属);来自平级同事的反馈(同事);来自企业内部的支持部门和供应部门的反馈(支持者);来自企业内部和外部的客户的反馈(服务对象);以及本人的反馈。该方法较适用于对中层以上的人员进行考核,对组织而言可以建立正确的导向。

(5)关键绩效考核指标法。关键绩效考核指标法的理论基础是二八法则,由意大利经济学家帕累托提出。该方法对战略目标的分解为可操作的工作目标的,对工作绩效表现进行量化,能够直接衡量工作完成效果,反映最能有效影响企业价值创造的关键驱动因素。根据二八法则,企业80%的价值来自20%的因子,企业在绩效管理时应当抓住主要矛盾,重点关注与实现企业战略目标最紧密的那20%关键绩效指标。

(6)平衡计分卡。平衡计分卡由哈佛商学院的卡普兰和美国复兴全球战略集团创始人诺顿提出。该方法从财务、顾客、内部业务流程、学习和成长四个维度来衡量企业的业绩。在这四个维度中,财务维度是最终目标,顾客维度是关键,内部流程维度是基础,学习与成长维度是核心。平衡计分卡的四个维度是相互支持的,它综合考虑影响企业的内外因素及重要的利益相关者,把投资者、顾客、供应商、员工的利益有机地结合起来,把企业的短期目标与长期目标、动因与成果指标有机地结合起来,通过满足利益相关者来实现企业价值的最大化。

● **(三)改进采购绩效的途径**

1. 营造绩效改进的工作氛围

在采购组织内外部存在矛盾和竞争,采购人员与供应商相互之间不信任,缺乏合作诚意。在采购工作环境角度,采购绩效的改进一般可以从三个方面入手:

（1）培育以绩效管理为导向的企业文化。树立正确的激励导向，不断地进行宣传，形成积极的绩效文化氛围，将绩效文化渗入到日常工作中。

（2）建立标杆管理机制。标杆管理是一种通过和该企业最大的竞争者或者行业领导者进行比较,对产品、服务、流程、行动和方法进行连续评价的方法。依照作为基准的对象不同，将标杆管理分为内部标杆管理、竞争者标杆管理、广泛标杆管理、流程标杆管理。采购管理人员通过与优秀企业的比较，找出本企业采购管理中深层次问题和矛盾，发现采购技术或管理上的突破，完善采购管理。

（3）对采购物品供应绩效进行测评，通过排行榜方式，奖励先进，鞭策落后。

2. 强化内部管理

采购绩效管理指明了采购工作的目标和方向，并且考核和督促个人。从管理角度提升采购绩效主要有以下四个方面：

（1）建立合适的采购队伍，提供必要资源；

（2）选聘合格人员担当采购人员，给予培训；

（3）设立有挑战性但又可行的工作目标；

（4）对表现突出的采购人员给予物质及精神的奖励。

3. 更新采购绩效评估的理念

（1）树立整体采购成本的观念。降低采购价格要向整体采购成本目标出发。整体采购成本又称为战略采购成本，是除采购成本之外考虑到原材料或零部件在本企业产品的全部寿命周期过程中所发生的成本，包括采购在市场调研、自制或采购决策、产品预开发与开发中供应商的参与、供应商交货、库存、生产、出货测试、售后服务等整体供应链中各环节所产生的费用对成本的影响。作为采购人员，其最终目的不仅是要以最低的成本及时采购到质量最好的原材料或零部件，而且要在本公司产品的全部寿命周期过程中，即产品的市场研究、开发、生产与售后服务的各环节，都要将最好的供应商最有效地利用起来，以降低整体采购成本。

（2）跨部门跨企业采购团队的运用。长期以来，随着企业规模扩大和专业门类的细化，大企业内部各部门之间的壁垒越来越严重，特别是产品研发设计、采购部门、制造部门、供应商之间缺乏协调沟通，常常只是从本部门、本企业的立场出发，而不是从整体出发加以考虑，导致成本居高不下，产品丧失竞争力。建立包括采购部门、产品研发，财务、销售、IT部门、供应商的跨部门、跨企业的采购组织,由他们确定战略采购的优先重点和顺序,发展物品采购策略,并设计供应商选择与评价的衡量体系和相关因素。同时,这种跨部门跨企业采购团队人员间通过沟通协作、共享信息和知识、共担风险,实现采购决策的最优化。

(3)加强供应商管理和资源整合。通过加强供应商管理和优化,充分利用供应商技术、服务及劳务成本等优势,实现部分不增值业务或作业外包,降低供应链中的成本,实现供需双方的双赢。

4. 与供应商建立长期伙伴关系和开发新的供应商

(1)与供应商建立长期伙伴关系。随着经济全球化的发展和市场竞争的加剧,制造企业单纯依靠自身资源与能力获取竞争优势变得越来越困难,供应商在制造企业发展过程中的重要作用日益凸显。长期以来,与供应商构建紧密合作的制造商—供应商二元关系或利用供应商间的竞争关系一直被视为企业获取供应商资源、提升采购绩效的重要途径。加强与供应商的合作,改进采购绩效,如在采购成本降低方面,可以通过与供应商制订可行的成本降低计划;与供应商签订长期的采购协议;让供应商参与到早期产品设计中去。

(2)开发新的供应商。为了改善采购绩效,采购人员把相当部分精力放到了开发优秀新供应源上,许多大企业的采购部成立了"供应商开发小组",甚至有的企业把它作为一个独立的部门来运作。一般要求新供应商的地理位置在采购方所在地附近,这样有助于解决开发过程中的问题。如果一个企业因历史原因致使大部分或主要供应商在海外,那么它的供应商开发工作其实就是"本地化",本地化不仅可大大缩短交货期,而且采购单价一般可降低20%~40%。对大部分物料(商品)而言,国内廉价的制造成本使得海外制造企业在价格上已无法和国内企业进行竞争。

5. 采用新技术

采购是一个长期的工作,如果想要实现规划化的评估,需要有一套完整的采购管理流程和管理系统,可以从采购寻源、供应商协同、供应商绩效、采购分析与总结等多个业务节点进行监控、追溯。

(1)建立企业内部网。内网获取信息,免去了频繁召集会议的辛苦;外部电邮传送图纸或技术文件,供应商获得清晰原件,信息传递迅速又准确。

(2)使用国际互联网。节约采购成本、缩短采购周期、增加采购流程透明度、增加有效供应商、促进企业现代化。

（3）推行MRP系统。MRP系统中的数据不仅全面，而且实时性好，许多采购人员所需的数据如采购历史数据如采购量、历史价格、供应商信息等、一种物资有几个合格供应商、供应商的基本情况（地址、联系方式）、采购前置时间、采购申请单、收货状态、库存量、供应商的货款支付状况等均可查询。

（4）使用条形码。产品包装上使用条形码，包含了物料名称、物料编号、价格、制造商信息用读码器扫描直接输入电脑中，迅速准确，避免了手工输入工作量大容易出错。

（6）与供应商进行电子数据交换（EDI）。EDI系统是指能够将如订单、发货单、发票等商业文档在企业间通过通信网络自动地传输和处理的系统。

◆本章小结◆

采购风险，是指采购过程中可能出现的一些意外情况，可以分为外因型风险和内因型风险。面对风险，企业应从以下几个方面做好防范工作：建立与完善企业内部控制制度；加强对物资采购招标与签约的监督；加强对物资采购全过程、全方位的监督。

采购绩效主要是用来衡量采购部门的目标达成情况以及采购部门的工作表现，采购绩效的评估可以分为采购部门的评估和采购人员个人的评估。考核指标可分为五大类：数量绩效指标、质量绩效指标、时间绩效指标、价格绩效指标和效率绩效指标。采购绩效评估的标准有：以往绩效、预算或标准绩效、同业平均绩效、目标绩效。企业有四种绩效评估体系可供选择：效率导向体系、实效导向体系、复合目标体系、自然体系。

案例分析

惠普采用合同组合策略控制采购风险

"面对剧烈波动的市场价格、不稳定的供需情况,以及日趋复杂的产品组合,惠普公司推出"采购风险管理计划",旨在建设性地管理定价和可供货水平、减少利润风险。惠普采购风险管理集团主管说:"随着PC和服务器业务不断成熟,利润已非常微薄,这将使我们面临传统采购流程难以应付的风险。"

惠普于两年前推出"合同组合策略控制采购风险"计划,针对目标供应商合同采用相应的组合方法。这种方法使惠普能够使用一组合同,以满足公司长期需求并准确反映不断变化的供求平衡,该计划首先应用在存储器件以及电源和客户服务合同领域,如今已经为惠普每年节约2,000万美元。

1.确定目标,建立模式

惠普团队在项目开始时就明确了最终目标,即平衡长期合同与选择更有利的数量和价格条款的风险。惠普采购元件通过预测和采购订单进行,但主要是在现货市场购买,供应商在数量和价格方面没有具备约束力的承诺。在执行订单时,价格可能发生很大变化。惠普发现,对元器件需求做出更稳定承诺的采购计划将获得更多的价格折扣,如9个月或12个月计划。但在此之前,采购风险管理集团的经理认为,惠普必须明确需求预测中存在的问题,着手改进衡量预测准确性的方法,并计算因价格不稳定将带来的风险。

为解决这些问题,惠普开发了专用的数学和分析软件工具,以评估所采购元件的不确定性、可供货水平和预测。通过观察数据组合,惠普能更好地预见风险成本,签订供应商合同也更加科学。

2.采用合同组合,控制风险

行业分析师相信,更多的公司将采取这种组合方法。这也是采购风险管理的精髓所在,订立一组合同,利用供应商的力量,并能保持OEM对预定风险的责任。通过对不同情况下的合同采用组合方案,惠普能够决定需求预测中的哪些元件应由内部进行管理,哪些风险在付费的基础上转由供应商承担。

目前,惠普的合同组合包括:短期现货采购、承诺固定的采购量或市场可供货总量的百分比、长期交易、数量可通融的采购、价格上限采购和按固定价格采购。

3. 与供应商协作

越来越多的公司开始采用新的产品管理战略作为管理变革的一部分。一些供应商也正看到越来越多的客户采用减少采购风险的战略，美国东芝电子元器件公司执行副总裁说，目前行业经济现状仍对客户合同的设计产生很大影响，许多合同仍是为满足短期目标而设计的。他说："那些高瞻远瞩的顶级公司正在努力采用必要的工具以规避风险。不幸的是，更多的公司还是愿意签订短期合同，只有少部分公司在思考未来，努力平衡当前和长期的需求。重新构筑合作关系的需求源于新的认识，目前'转移风险'的管理在电子商务驱动的新环境中将无法实行。在过去两年中，人们对通过反向拍卖进行现货采购的电子商务吹捧有加。然而事实却是，这些项目牵涉风险转移，而不仅仅是降低风险。我想整个行业可能更愿意接受稳定的价格。"

事实上，风险管理也努力提高了采购和供应链管理水平，能够对利润底线产生重要的影响。通过与OEM进行预计产量的公开交流，能够妥善安排生产以支持产量。惠普计划将风险管理项目扩展到其他领域，包括硬盘驱动器、打印机配件、ASIC和LCD等。同时，该公司还在探索如何更好地利用其软件工具来选择。预计，在未来12~18个月内，该工具在惠普和康柏合并业务中的应用可带来1亿美元的节约。除了有助于采购之外，更有效率的合同潜在地支持惠普的销售。

随着惠普不断扩大风险管理项目的应用，销售贡献将可能增至5亿~10亿美元。这主要来自于物料成本减少以及避免由于供货延误而导致的成本问题。

（资料来源：华强电子网）

问题思考

1. 普惠采购风险管理主要采用什么方法？通过该案例你如何复制这种风险管理？

复习思考题

1. 简述采购风险的种类和类型。
2. 怎样防范采购风险?
3. 开展采购绩效评估有何意义?
4. 采购绩效评估的内容有哪些?
5. 采购绩效评估的指标有哪些?
6. 采购绩效改进措施有哪些?

实训题

通过实训,掌握企业实施采购风险防范的一般做法。

编写后记

随着新时代经济的迅速发展，为了实施教材建设应符合人才培养目标和培养模式的要求，编者对安徽大学出版社2014年出版的安徽省十三五规划教材《物流管理系列教材》丛书之《现代物流采购管理》一书进行了修订。

本次修订遵照"理论够用、能力为重、启迪思考、强化实践"的基本原则，力求教材内容的更新与产业需求改革的同步，保持原教材宜教易学的体系和风格。

王红副教授负责本次修订的组织工作，并总纂定稿。张支南、赵亚娟等负责全书写作大纲的拟定和编写。为了进一步完善教材，在听取各方专家和学者意见、建议和深入研讨的基础上，对本教材主要做了以下几个方面的修订工作：

1. 根据采购管理职业和实务操作需求，对第一、三、七、十章压缩删减、调整和补充，主要增加了采购市场环境、采购预算和采购合同等方面的内容；

2. 对教材开篇案例和章后结束案例根据教学环境变化，针对教学内容做了修改和充实，增加了案例的针对性、时效性和可探索性，保证学生通过对案例的理解提高对各章节重要问题的理解；

3. 梳理各章知识点，有利于各章节知识的系统连贯学习；

4. 对教材图表、文字、公式做了修改完善。

在每次修订中，不论是体系的调整，还是内容上的更新，以及文字上的勘误，安徽大学出版社的编辑们提出了许多宝贵意见，提高了本教材的质量，保证了教材修订工作的顺利完成，谨向他们表示感谢。由于编者的学识水平有限，虽经辛苦努力，书中存在的错误和不足一定还是难免，盼望得到各位专家与学者的指正。在此我们一并表示感谢！

编者

2020年11月

参考书目

[1] Kenneth Lysons.采购与供应链管理(第8版)[M].北京:电子工业出版社,2014年.

[2] 汉德菲尔.采购与供应链管理[M].北京:清华大学出版社,2010年.

[3] CIPS.采购与供应的组织环境[M].北京:机械工业出版社,2014年.

[4] RobertB.Handfield.采购与供应链管理(第5版)[M].北京:电子工业出版社,2014年.

[5] 英国皇家采购与供应学会.供应链风险管理[M].北京:机械工业出版社,2014年.

[6] 刘宝红.采购与供应链管理——一个实践者的角度[M].北京:机械工业出版社,2012年.

[7] 孙佩红,唐磊.企业采购控制精细化管理全案[M].北京:人民邮电出版社,2014年.

[8] 丁宁,宋莺歌,吕振君.采购与供应商管理[M].北京:清华大学出版社,2012年.

[9] 赵艳俐.采购与供应链管理实务(第2版)[M].北京:人民交通出版社,2014年.

[10] 李恒兴,鲍钰.采购管理(第3版)[M].北京:北京理工出版社,2014年.

[11] 龚国华.采购与供应链(第2版)[M].上海:复旦大学出版社,2011年.

[12] 霍红、华蕊.采购与供应链管理(第2版)[M]. 北京:中国财富出版社.2014年.

[13] 徐杰、鞠颂东.采购管理(第2版)[M].北京:机械工业出版社,2009年.

[14] 梁军.采购管理(第2版)[M].北京:电子工业出版社,2010年.

[15] 韩建国.采购管理工具大全[M].北京:人民邮电出版社,2013年.

[16] 潘波.现代物流采购(第2版)[M].北京:机械工业出版社,2014年.

[17] 王炬香.采购管理实务(第2版)[M].北京:电子工业出版社,2011年.

[18] 王槐林.采购管理与库存控制(第3版)[M]. 北京:中国财富出版社,2009年.

[19] 杨军,赵继新.采购管理(第2版)[M].北京:高等教育出版社,2010年.

[20] 张理.现代物流案例分析(第2版)[M].北京:中国水利水电出版社,2008年.

[21] 秦小辉.采购管理(第4版)[M].北京:高等教育出版社,2014年.

[22] 鲁楠,刘明鑫.采购管理与库存控制(第4版)[M].大连:大连理工大学出版社,2018年.